安吉古城考古遗址公园研究

张士轩　高月　著

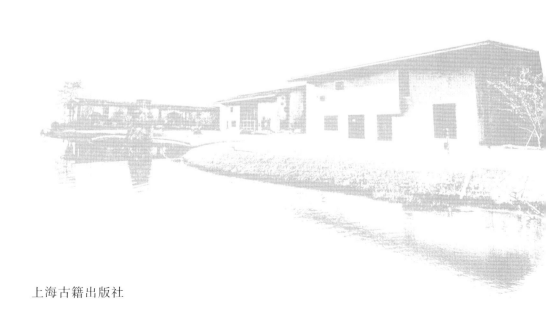

上海古籍出版社

本书得到

浙江省文物局"新鼎计划"优秀青年文博人才项目支持

安吉县文物局资助

彩版一　安吉古城遗址遥感影像图

彩版三　窑山遗址及外围环壕

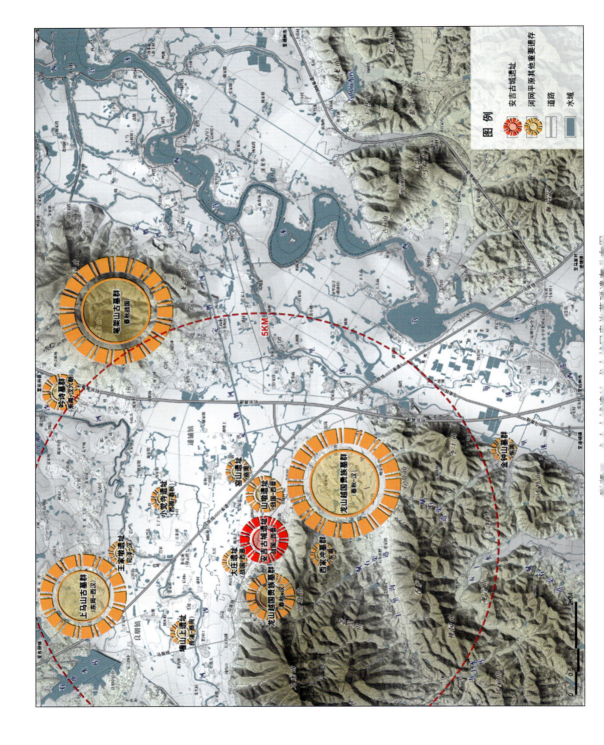

彩版五　良渚国家考古遗址公园反山展示点

彩版六　浦江上山考古遗址公园

彩版七　浙江自然博物院安吉馆

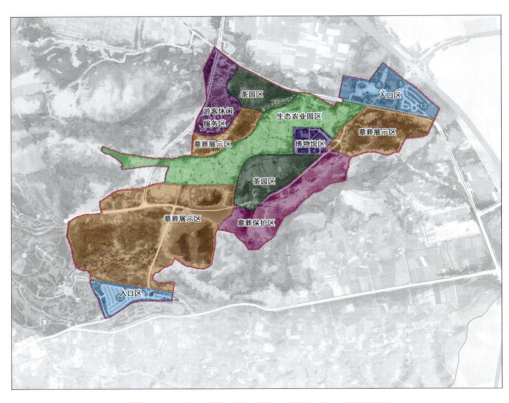

彩版八　安吉古城国家考古遗址公园一期功能分区图

彩版九　八亩墩越国贵族墓园航拍

彩版一〇　安吉古城考古保护中心

彩版一一　安吉古城遗址博物馆

彩版一二　露天展示九亩墩及游步道

彩版一三 老虎岭水坝遗址现场保护展示棚

彩版一四 八亩墩保护展示设计效果图

彩版一五　安吉古城遗址博物馆展厅

彩版一六　2014年北京大学考古夏令营在安吉安乐遗址(方向明在为学员讲解)

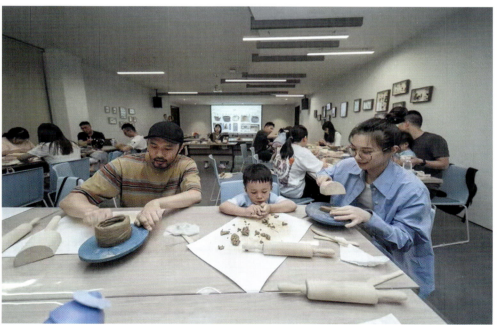

彩版一七　安吉古城考古图书馆和研学教室

彩版一八 上马坎遗址
(中间为试掘点)

彩版一九 安吉永安寺塔

序

张士轩，我们习惯称他为"张局"，因为有段时间他曾在安吉县文物局供职。只记得在两年前，就听说他在写与遗址公园相关的文章。没想到几天前摆放在我办公桌上的，竟然是即将付梓的厚厚书稿，说是让我给写序。着实让人有些惶恐，虽然因为考古工作的因缘，我在安吉古城区域已连续开展考古工作二十余年，有幸见证或参与了安吉古城考古遗址公园从初创到逐步成型的整个过程，安吉几乎成为了我的第二故乡，但对考古遗址公园概念及政策法规的理解却远不及张局，还是写点学习心得更为妥当。

书名为《安吉古城考古遗址公园研究》，但书中内容却远不止此，正如作者在前言部分概括的那样，"全书通过回顾大遗址的发现研究历程、剖析规划建设的背景逻辑、呈现建设运营细节等方式，将与之相关的理论性、实践性认识汇总成册"。尤其是书中的第二章，是对大遗址考古与保护展示、考古遗址公园展示利用发展历程的回顾，其余段落之间也时刻穿插相关知识点的普及，是对大遗址和考古遗址公园理念的详尽分析和解读，而安吉古城考古遗址公园的孕育和成长与这两个理念相伴相生，本书的出版对安吉古城考古遗址公园的未来发展也具有很强的指导意义。

全书以安吉古城考古遗址公园的建设和发展为主线，将政府、企业、专家与遗址公园的关系植入每一个章节，是对已初见雏形的安吉古城考古遗址公园的全程回顾与总结。从基础性考古工作的陈述铺垫到保护规划，再到遗址公园规划的制定，从政府营造的外部环境，到全社会日益浓厚的公众考古和考古研学氛围，从专家精心设计导引的考古学堂实践，到企业带着社会责任和历史情怀的全情投入，各个环节层层推进，完整展现了安吉古城考古遗址公园的成长历程，其间所面临的矛盾和纠结也为有志于开展考古遗址公园建设和运营的同行提供了宝贵的经验借鉴。安吉古城遗址虽然位列国家大遗址名录，国家考古遗址公园也于新近获批，但作为一个考古人，一个遗址公园建设的参与者，我们深知与更多知名的大遗址相比，安吉古城依然属于小众，作为公园核心和生命之源的考古工作还有很长的路要走，三位一体的遗址公园建设和运营模式还在不断的摸索之中。

考古遗址公园建设是永远无法结项的系统性工程，建设永远在行进的路上，随着考古工作的开展以及对遗产全方位价值阐释的不断更新，遗址公园的社会价值和经济价值逐渐释放，相信通过各方的共同努力形成合力，和谐共生的安吉古城考古遗址公园必将展现出更加灿烂美好的明天，这是考古人的期待，更是政府、企业、古城村民以及关心支持遗址公园发展的专家学者的共同期许。

田正标

2023 年 6 月 30 日

前　言

　　考古遗址公园立足于遗址及其背景环境的保护、展示与利用，兼顾教育、科研、游览、休闲等多项功能，是中国大遗址保护实践与国际文化遗产保护理念相结合的产物。自 2009 年《国家考古遗址公园管理办法（试行）》印发以来，我国已累计挂牌 55 处、立项 80 处国家考古遗址公园，考古遗址公园模式已发展为目前国内最具操作性和现实意义的大遗址保护利用方式。如何建设和运营考古遗址公园，实现大遗址的可持续发展就成为了亟待考古工作者和社会各界人士共同参与解决的重大课题。

　　在考古遗址公园的实践探索中，各地结合自身实际以及大遗址特点取得了很多创新突破，为我国大遗址保护的展示利用积累了宝贵经验。由于起步相对较晚，安吉古城得以在充分吸收借鉴已有经验的基础上更好地发挥"后发优势"。和其他考古遗址公园一样，安吉有着包括地理区位、经济结构、人文历史在内的独特优势，安吉古城遗址及龙山越国贵族墓群所承载的越国、秦汉郡郡等文化为考古遗址公园建设创造了条件。纵观全国的考古遗址公园，虽然文化内涵千差万别，但在筹措建设资金和可持续运营方面却都面临着同样的难题。由于考古遗址的公共性以及遗址公园的公益性，政府的财政资金成为资金来源的绝对主流，并由此带来了"政府托底"的运营问题。投资建设和运营考古遗址公园，确实是当地政府不可推卸的责任，而且在建设速度和质量方面也有着明显优势。但不可否认，一方面巨额的基建和运营资金始终在考验着地方政府的决心和信心，由此导致很多考古遗址公园难以推进；另一方面考古遗址作为一种独特的遗产资源，越来越吸引社会各界的关心关注，其中就包含了社会投资力量。西安大明宫考古遗址公园的做法虽然在一定范围内遭受批评，但为考古遗址公园的建设开拓了思路和实现路径。在浙江民营经济较为发达的大环境和安吉以往文物工作创新实践的小环境中,社会企业与考古遗址公园不期而遇。社会企业的参与并非简单的投资主体发生变化,而是引发了规划分期、功能布局、权责划分、收益分配等一系列新问题。安吉古城考古遗址公园的规划建设过程,其实可以概括为解决这些新问题的过程。这一过程远比预想更为复杂,否则以安吉古城考古遗址公园这样的体量,无须耗费十年的规划建设时间。本书认为这种复杂性正是安吉古城考古遗址公园探索创新的价值所在。基于安吉古城考古遗址公园探索创新的价值,本书希望通过回顾大遗址的发现研究历程、剖析规划建设的背景逻辑、呈现建设运营细节等方式,将与之相关的理论性、实践性认识汇总成册,以供同仁讨论批评。

本书主体共分六章。第一章讲述浙江考古人坚守田野发现,研究安吉古城遗址的历程;第二章着重分析安吉古城在顺应大遗址保护利用趋势的外部环境中,立足自身实际走上考古遗址公园之路的缘由;第三章从规划设计、考古研究以及环境整治方面陈述规划建设的重点内容;第四章结合大遗址展示普遍存在的难题剖析遗址公园的展示教育定位与导向;第五章从社会参与的必要性、可行性以及具体实践方面讲述企业参与考古遗址公园的探索之路;第六章基于安吉古城考古遗址公园产生的辐射影响,希望更多考古遗址公园践行好自身的初心使命。

目　录

第一章

植根田野：安吉古城遗址面世历程

第一节　安吉古城遗址发现研究历程

安吉县位于浙江北部的湖州市，处于天目山北麓延伸至太湖南岸的交接地带。安吉地形三面环山，南依天目山北麓，东西为天目山支脉环抱，唯有北部面向太湖和狭窄平原。境内西苕溪自西南山区发源，在孝丰镇和县城区域汇聚南溪、西溪、递铺港、浒溪等多条支流后，形成西苕溪干流。西苕溪流经明清时期的安吉县城——安城后，往东北折向湖州，并在湖州市区与东苕溪合并后汇入太湖。西苕溪上游以山区为主，河床落差较大，且雨季山洪频发，不利于人类大规模聚居以及水资源的利用。西苕溪下游地区以冲积平原为主，地势较低，极易受到洪涝灾害影响。新中国成立之初，安吉县治曾因旧城破坏严重而临时搬迁至下游的梅溪镇，但最终因西苕溪洪水频发而不得不回迁至中游的递铺盆地。安吉古城所在的中游地区，河床落差较小，水流相对和缓，且支流尚未完全汇聚到西苕溪干流，非常适宜人类居住和从事生产活动。

安吉古城遗址东约 3 千米为西苕溪主流，西侧紧邻西苕溪支流沙河，南接九龙山脉之白石山，北面正对笔架山，两山之间为相对广阔平坦的平原之地。借助背山面河的开阔之利、防御之便，这一区域在历史上形成了以安吉古城为中心的聚落、城址甚至早期都城。对安吉古城的重新认识，始于 20 世纪 70 年代的文献考证和田野考古调查。安吉古城遗址即为秦、西汉初期的郢郡郡治所在，得到了两重证据的互为印证。随着考古调查、发掘和研究工作的深入，安吉古城遗址的始建年代有可能上溯至吴越争霸的春秋晚期。

一、郢郡的历史记载

关于郢郡的文献记载最早见于《汉书·高帝纪》："六年，春正月丙午，韩王信等奏请以故东阳郡、郢郡、吴郡五十三县立刘贾为荆王。"汉初承袭秦郡

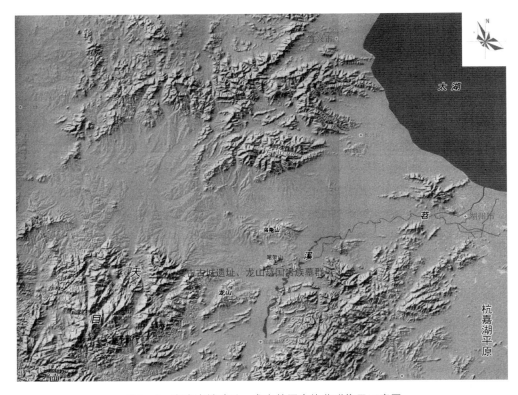

图 1-1　安吉古城遗址、龙山越国贵族墓群位置示意图

县制，《汉书·高帝纪》所载"故东阳郡、鄣郡"之"故"字，表明班固认为鄣郡在秦时已经设置，汉初袭置。关于秦代郡县设置的记载，《史记·秦本纪》《史记·秦始皇本纪》都明确提到了秦始皇二十六年（公元前 221 年）分天下为三十六郡这一重要政治事件。遗憾的是，司马迁在《史记》中并没有详细列出三十六郡的名目，由此在秦汉史学界长期存在不同三十六郡名目的说法。《汉书·地理志》出现了三十六郡的详细名目[①]，但其中并无鄣郡。《续汉书》《史记集解》之后，相继有史学家将鄣郡考证为秦置，或纳入三十六郡、四十六郡之列，如谭其骧在 1948 年发表的《秦郡新考》中就将鄣郡列入秦置四十六郡之列。

　　鄣郡是否为秦郡或秦三十六郡尚无定论，但其为汉郡的记载则是相对明确

---

　　① 《汉书·地理志》记载秦三十六郡为：河东、太原、上党、三川、东郡、颍川、南阳、南郡、九江、泗水、巨鹿、齐郡、琅邪、会稽、汉中、蜀郡、巴郡、陇西、北地、上郡、九原、云中、雁门、代郡、上谷、渔阳、右北平、辽西、辽东、南海、桂林、象郡、邯郸、砀郡、薛郡、长沙。

的。《史记·荆燕世家》记载："汉六年春，会诸侯于陈，废楚王信，囚之，分其地为二国……立刘贾为荆王，王淮东五十二城，高祖弟交为楚王，王淮西三十六城。"由此可知，"淮东五十二城"或"五十三县"中应该包括了鄣郡所辖的县城。不过，在汉初极不稳定的政治环境下，包括鄣郡在内的郡县的归属划分存在很大的不确定性。

《史记·荆燕世家》又载："高祖十一年秋，淮南王黥布反，东击荆……十二年，立沛侯刘濞为吴王，王故荆地。"据《越绝书·越绝外传记吴地传》记载，汉文帝前九年，鄣郡一度与会稽郡合并，"太守治故鄣，都尉治山阴"。汉景帝时期，"七国之乱"爆发，鄣郡归属再次发生变化。《史记·吴王濞列传》记载七国之乱被平定后，"徙汝南王非王吴故地，为江都王"。至此，鄣郡归属为江都国，《汉书·地理志》又载："丹扬郡，故鄣郡，属江都。"元狩二年（公元前121年），江都王刘建被指谋反，"遂自杀。国除，地入于汉，为广陵郡"。据周振鹤考证，江都国被降为广陵郡时，原本所辖的鄣郡收归中央并与庐江郡所辖的春谷、宣城、泾县、陵阳四县合并为一郡，郡名改为丹阳（扬）郡①。鄣郡更名丹阳（扬）郡在《汉书·地理志》中有所记载，不过所载的更名时间为元封二年（公元前109年）。

由以上文献记载推知，鄣郡存续的时间大致为汉初至武帝元狩二年，初设时间或可上溯至秦，撤并时间或可迟至元封二年，存续时间约为百年。百年期间，鄣郡归属多有变化，其辖境和郡治是否同样存在变迁呢？有关鄣郡辖境的文献记载唯《汉书·地理志》较为详细："丹扬郡，故鄣郡。属江都。武帝元封二年更名丹扬。属扬州……县十七：宛陵、於赞、江乘、春谷、秣陵、故鄣、句容、泾、丹阳、石城、胡孰、陵阳、芜湖、黝、溧阳、歙、宣城。"如前文所述，春鼓、泾、陵阳、宣城四县从庐江郡划入，此前的鄣郡辖境可能包括故鄣等十三县。根据三国时期韦昭所注《前汉书·高帝纪》，故鄣县乃是鄣郡的演化，"后郡徙丹杨，转以为县，故谓之故鄣也"。该文献不仅首次提到故鄣县，也为考证鄣郡的郡治提供了关键线索。县治与郡治同为一地，不仅是汉代郡县设置的常态，也是汉代以降历代的通常做法。由此可以推断（故）鄣县应为鄣郡的郡治所在地。那么，（故）鄣县县治位于何处呢？弘治版《湖州府志》记载："故鄣城在安吉西北十五里。"《太平寰宇记》记载："鄣郡故城，即

---

①　周振鹤：《汉书地理志汇释》，安徽教育出版社，2006年。

秦时鄣郡城，今俗号府头是也，在（长兴）县西南八十里。"长兴县西南八十里今属安吉县。1997年，安吉县博物馆在递铺镇郎里村发现东汉时期砖室墓，出土了"永元七年（公元95年）七月故鄣长"铭文砖，结合其他文献和安吉古城遗址周边西汉高等级墓群出土资料，可以推定（故）鄣县治为安吉古城遗址，即鄣郡郡治。

二、安吉古城的考古调查发掘收获

20世纪70年代，安吉县博物馆（文物保护管理所）匡得鳌同志根据同治版《安吉县志》有关"晏子城"的记载，首次进行调查就发现了安吉古城遗址。1982年，嘉兴地区文物普查小组对该遗址的年代、地理环境、总体布局进行了调查、记录。随着考古调查、研究和管理工作的深入，安吉古城遗址的面貌逐渐呈现出来。安吉古城遗址平面略呈方形，东西长约600米，南北宽约550米，占地面积33万平方米。土筑城墙环绕遗址一周，城墙大部分保存较好，下宽24～26米，上宽12～15米，残高4～6米（彩版一）。

2001～2002年，为进一步了解安吉古城遗址的文化堆积，浙江省文物考古研究所与安吉县博物馆（文物保护管理所）联合对安吉古城遗址进行了试掘。试掘地点在遗址东南部及东北部，并在西城墙北段对城墙进行了解剖[①]。城内试掘中出土的砖瓦残件多有经火烧过的迹象，部分砖块的侧面或端面有纹饰或文字，其中有模印反书"宜官"字样的铭文砖；出土瓦当均为带兽面纹或云纹的圆形瓦当。第五层的出土器物均为印纹硬陶和少量的原始瓷与夹砂陶残件，已不见汉代及其以后的陶片。印纹硬陶有方格纹、席纹、米筛纹和米字纹，以方格纹占多数，可辨器形有坛、罐等印纹硬陶器，盅、盅式碗、罐等原始瓷器，以及夹砂陶的圆锥形鼎足、支座和鼎、釜口沿等。试掘城墙发现，城墙为平地堆土筑成，保存较好。墙基宽24米，不见基槽及明显的夯层和版筑迹象。城墙堆土中的包含物主要有春秋战国时期的印纹硬陶和原始瓷残片。浙江省文物考古研究所田正标认为，城墙堆筑年代不会晚至汉代。从少量出土的叶脉纹、回纹、折线纹硬陶陶片看，可早到春秋中期前后，但绝大部分纹饰如米字纹、方格纹、麻布纹、米筛纹等都是战国时期的流行纹饰。并且出土的原始

---

① 根据浙江省文物考古研究所考古发掘资料，安吉县博物馆（文物保护管理所）整理编制的《全国重点文物保护单位安吉古城遗址、龙山越国贵族墓群记录档案》。

瓷盅（杯）、敛口钵式碗和外表有直条纹的罐或瓿也都具战国时期器物特征。考虑到城墙是一次性堆筑而成，与一般居住址地层堆积的成因有别，早期陶片的存在并不能代表其始筑年代的上限，只能根据最晚遗物来确定其建筑年代。由于浙江地区战国时代的考古分期谱系尚未完善，故各层年代尚难更为具体化或细化。

三、重新认识古城遗址

党的十六大以来，浙江省的经济社会继续快速发展，位于浙江西北部的安吉县也迎来了巨大的发展契机。杭长高速和多条省道的建设全面起步，坐落于安吉古城遗址外围的良朋工业园区也在筹备建设。配合基本建设考古繁重的压力，让安吉古城遗址的考古工作不得不暂时中止，但进一步的考古发掘工作始终是浙江考古人特别是田正标心中的牵挂。

2011年，《安吉古城考古五年计划（2011～2015）》获得国家文物局批准。随后安吉古城及其外围的考古调查、勘探、发掘工作全面铺开。五年中，通过对古城遗址及周边遗址、墓群全面系统的调查、勘探、测绘和发掘整理等工作，考古工作者基本掌握了古城遗址内、外排水系统及内、外城结构，在城址外围发现了一批与城址有关的遗址、小型城址、夯土基址、窑址等遗存，部分遗址已进行了小面积发掘。同时，为配合基本建设，上马山墓群发掘了近600座先秦及汉六朝墓葬，取得了极为丰硕的成果。

安吉古城遗址保存较好，四面城垣大多保存，高度达4～6米，城四周护城河也基本保存了原貌。城址范围和整体平面十分清晰，城内除有几十家农民住户外，其余多为农田，未有太大破坏，保存状况良好。因此，安吉古城不但是迄今保存最好的越国城址之一，也是太湖流域保存最好的越时期城址，在春秋战国时期城址研究中具有十分重要的地位。

除春秋战国时期地层外，城内尚有秦汉至两晋时期地层的存在。这些地层堆积丰厚，内涵丰富，表明城址一直沿用至两晋时期，且城址的地位相当高。根据这一考古迹象，并结合有关文献记载，推测该城址可能是秦鄣郡郡治和西汉武帝元封二年（公元前109年）后的故鄣县县治所在。因此安吉古城遗址不仅对于研究越国历史和文化具有重要意义，而且对于探索秦汉时期鄣郡郡治的地望，研究秦汉时期的郡治建置，也具有十分重要的价值。安吉古城是战国、秦汉时期本地区极为重要的城址，不仅是因为它处在东西方文化的传播走廊及楚越交接处这一特殊位置，更为重要的是，作为秦汉时期的区域政治中心——

鄣郡郡治，它集中反映了当时的社会政治、文化、经济、丧葬习俗等各方面的情况，是综合研究当时社会和还原古代历史的重要资料。

作为大遗址概念下的安吉古城，包括了中心城址、外围附属小城、周边大型聚落及不同时段、不同等级的墓葬群等多方面的复杂内涵，可全方位展示当时的历史面貌。通过对城址及周边聚落的研究，可进一步阐明当时的城址性质、城市结构、政治体制、社会文化发展状况等内容。

第二节　龙山越国贵族墓群发现研究历程

一、龙山墓群的考古发现

龙山越国贵族墓群位于安吉古城遗址南侧九龙山向北延伸处。墓群主要分布于海拔 50 米左右的丘陵山地，50 米以下的农田区及 250 米以下的山脊线等地也有分布。龙山越国贵族墓群现已调查发现土墩（墓）268 座，由 6 个片区组成，总面积约 9.2 平方千米。根据调查和抢救性发掘资料，分布于山脊的墓葬以石室土墩墓为主，分布于丘陵和农田区的以土坑墓为主。墓葬分布有一个显著特征，即以组为单位，若干组构成片，再由几个片区形成一个范围较广、分布较集中的墓葬群①。从现存封土观察，少则几座为一组，多则几十座为一组，每组以一座大墓（土墩）为主墓，其余中小型土墩紧依中心大墓，呈团状或串状分布，形成一座大土墩与数十座中小型土墩构成的墓群。龙山越国贵族墓群以小山墓群、龙 D2、龙 D5、龙 D1、八亩墩、九亩墩等规模较大。

小山墓群位于古城村山墩自然村东约 300 米，分布面积约 3 万平方米，地形为隆起的小型山体，直径约 150 米，海拔高度为 40 米。主墓位于山顶，平面呈覆斗状，东西长 80 米，南北宽 50 米，封土相对高度约 8 米。周围成组分布着龙 D154～D161，土墩直径为 15 米左右，封土相对高度为 2～3 米，这些成组分布的小墩疑为主墓的陪葬墩。龙 D2 位于古城村石角自然村沈家湾的农田中心，分布面积约 1 万平方米，是用熟土堆起的呈椭圆形的封土墩，东西长 80 米，南北宽 50 米，封土高 8 米，海拔高度为 16 米。土墩南侧有 1 000 平方米的水塘。龙 D5 位于龙 D2 的西南侧 180 米处，分布面积约 1 万平方米，东西长 60 米，南北宽 30 米，封土高 6 米，海拔高度为 16 米，龙 D5 四周呈团状分

---

① 程亦胜：《浙江安吉古城区土墩墓考古调查》，《东方博物》第六辑，浙江大学出版社，2001 年。

布着龙 D3、龙 D4、龙 D11、龙 D217 等土墩。据当地居民回忆，龙 D2、龙 D5
四周原有数座小土墩，20 世纪 80 年代末开荒时改作农田。

　　为配合工程建设及农田整理，浙江省文物考古研究所、安吉县博物馆（文
物保护管理所）先后对龙山越国贵族墓群中的龙 D1、龙 D233、龙 D234、龙
D235、龙 D236、龙 D141 等进行了抢救性考古发掘。龙 D141 因遭砖厂取土及
非法盗掘的严重破坏。2004 年，浙江省文物考古研究所与安吉县博物馆（文
物保护管理所）联合对其进行抢救性发掘。发掘表明，这是一座带墓道的长方
形土坑木椁墓。墓上堆筑有高大的封土，墓外设置有陪葬器物坑。封土墩长径
约 50 米，短径 42 米，中心高达 8 米，规模巨大，气势雄伟。从保存较好的
西、北两面观察，封土呈覆斗状。该墓平面呈甲字形，东西长 15.4 米，南北
宽 7.6 米，墓道残长 10 余米。木椁为两面斜坡状，内施黑漆，外包多层树皮。
墓葬封土之外挖有陪葬器物坑，虽然前半部已被盗掘彻底破坏，仍出土生活用
器和仿铜陶、瓷礼器达 100 多件。其中有仿铜的悬铃这种乐器，不排除原先还
有编钟、磬等一整套仿铜原始瓷乐器存在的可能。此外，还出土了 2 件龙形玉
佩。从该墓的形制及出土器物分析，其年代为战国时期，墓主应是一位越国的
高级贵族①。

图 1-2　龙山越国贵族墓群 D141M1

　　①　浙江省文物考古研究所、安吉博物馆：《浙江安吉龙山越国贵族墓》，《南方文物》2008 年第
3 期。

二、隍壕大墓的震撼面世

1989 年，为参加浙江省考古学会"江南石室土墩遗存专题研讨会"，安吉县博物馆（文物保护管理所）程亦胜等人在古城遗址周边开展土墩墓专题调查。此次调查中发现八亩墩、九亩墩等墓群（彩版二）。

安吉龙山 107 号古墓葬（俗称八亩墩）位于安吉古城遗址东南侧约 850 米处，是龙山越国贵族墓群中规模最大、等级最高的一座。八亩墩俯视呈长方形，东西长 260 米左右，南北宽 180 米左右，总面积近 5 万平方米，相对高度在 20 米上下。八亩墩中心主墓呈长方形覆斗状，长 56 米，宽 30 米，高 8 米。除中心大墓外，周边有两周 30 余座等距离分布的小型土墩围绕中心主墓，小墩外围有人工挖掘宽 21～23 米且与墓葬等级相对应的隍壕，构成一个要素齐备、相对封闭的高等级贵族墓园。该墓于 2014 年被盗，盗掘案件侦破后追缴了 4 件精美的原始瓷器。初步判断其时代为春秋晚期。

九亩墩位于古城行政村古城自然村的南侧 600 米，西 50 米为石角自然村至古城自然村的村道，北距八亩墩 100 米。该墓群分布面积约 5 万平方米，是在隆起的小山包上用熟土堆作的封土墩，直径约 250 米，海拔高度为 22 米，地表上种有松树、杉树、小竹等，主墓建于炮台山之巅。龙 D60 为中心大墩，该墩平面呈长方形，东西长约 120 米，南北宽约 70 米，相对高度约 35 米，有高达 15 米左右的墓上封土。该墩周围分布有两圈成对排列的小土墩 30 多座，土墩直径为 15～30 米，封土相对高度为 2～4 米，这些呈团状分布的小墩为龙 D60 的陪葬墓。

三、古城外围墓群的发现

安吉古城遗址从春秋战国时期的越、楚，经秦、两汉时期，一直沿用至西晋时期；从越国早期都城、楚国江东重镇到秦汉鄣郡郡治，再到汉晋时期的故鄣县县治，一直是浙江北部、太湖南岸的政治、经济、文化中心。与之相匹配的是周边共存的龙山越国贵族墓群、笔架山越国贵族墓群、上马山战国至汉代墓葬群等大批墓葬群。

笔架山墓群位于安吉古城遗址东北约 2.6 千米处的笔架山的山脊及丘陵地带。墓葬基本呈组，或团状或串状分布，部分土墩外观呈覆斗状，总分布面积约 6 平方千米。1998 年 3 月至 1999 年 5 月，为配合 04 省道建设，在浙江省文物考古研究所指导下，安吉县博物馆（文物保护管理所）对省道沿线垄坝、兰田、良朋段古墓葬进行抢救性考古发掘。共发掘土墩 20 余座，清理墓葬 80 余座，出土各类陶瓷器、金器、玉器、青铜器、石器等 1 200 余件。2000 年 3～7 月，为配合 11 省道建设，安吉县博物馆（文物保护管理所）对沿线马家渡至鞍山段文物遗存进行抢救性考古发掘。此次共清理春秋战国时期土墩墓 3 座，汉至明各时期窑址 10 座，出土器物近百件。2005 年 7～9 月，在配合杭长高速的抢救性考古发掘中清理土墩 4 座、墓葬 9 座。从笔架山墓群采集的文物标本和出土的遗物看，该墓群的随葬器物以印纹硬陶为主。笔架山墓群出土的印纹硬陶、原始瓷器以及玉器等，是浙北地区春秋战国时期最高等级的随葬品，说明该墓群与安吉古城遗址存在密切联系。

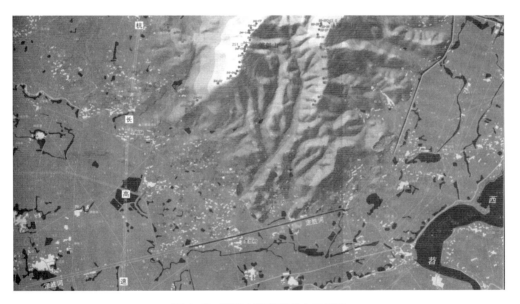

图 1-3　笔架山墓葬群分布示意图

上马山墓群位于安吉古城遗址西北 3.5 千米的上马山及石冲水库北侧。该墓群分布面积约 60 万平方米，有明显土墩 50 余座。土墩封土外貌有的呈覆斗状，有的呈馒头状，封土相对高度在 2～6 米之间，底径 15～50 米不等。2007～2015 年连续对其进行了抢救性发掘，发掘土墩 142 座，清理先秦、两汉、六朝时期的墓葬 600 多座[①]，主要为西汉竖穴土坑墓。出土陶、瓷、铜、

---

① 田正标、黄昊德、刘建安等：《浙江安吉上马山墓地发掘》，中国文物信息网，2010 年 4 月 1 日。

铁、玉、石等各类随葬器物 6 000 多件。墓葬均分布在海拔 10～20 米，相对高度 10 米左右的低矮土岗上，基本均呈墩状分布。土墩或为人工堆筑营建的高墩式墓地，或为土坑墓上封土成墩，小部分为先秦时期平地掩埋的土墩墓。土墩平面多呈圆形，也有椭圆形和不规则形，直径以 10～20 米居多，最大的土墩直径达 72 米。墩内墓葬少则 1 座，最多的有 22 座，小型土墩常见两墓并穴的合葬现象，大型土墩常见布局有序、等级及时代相近的多座墓葬，应为一个经严密规划的家族墓地。

2019 年 8 月至 2021 年 1 月，为继续配合安吉县天子湖工业园区建设，浙江省文物考古研究所联合安吉县博物馆（文物保护管理所）对上马山 D179 进行考古发掘。D179 现为高于地表的土墩，顶部较平，略呈覆斗状。平面呈长椭圆形，东西长径约 65 米，南北短径约 30 米，面积约 1 600 平方米，现存高度 5～6 米。根据墓葬形制、出土器物和草裹泥里炭样的测年结果推测，D179 的营建年代和 M3 的埋葬年代为春秋早期，是典型的越文化墓葬。根据层位关系和出土器物，K1、K2、F1 是与 M3 营建相关的遗存，年代与 M3 相当。D179 虽然严重被盗，仅残留少量随葬品，但是土墩体量巨大，人工堆筑超过 6 000 立方米。D179 的发掘较完整复原了整个土墩的营建过程，为以后土墩墓的田野发掘提供了借鉴和参考。墓葬中出土的器物和测年数据，为土墩墓的年代研究提供了明确的参考标尺。同时，这是浙江地区首次发现完整的土墩墓墓下建筑遗迹，也是首次发现由草裹泥堆筑的东周时期大型覆斗状封土土墩，为研究江南地区先民的丧葬习俗、建筑技术提供了重要资料，也为安吉古城遗址早期的营建、使用等提供了重要旁证[①]。

2015 年 1 月，浙江省文物考古研究所、安吉县博物馆（文物保护管理所）联合对安吉县天子湖工业园区的三处汉代土墩遗存进行了抢救性考古发掘，其中对编号为 D14 的大型土墩遗存的发掘取得了重要收获[②]。D14 为椭圆形土墩，现存封土南北长 33 米，东西宽 25 米，清理汉代土坑墓葬 6 座。汉代墓葬皆为竖穴土圹墓，年代为西汉早、中期。6 座汉墓可分成三排、四组。面积最大的甲字形墓葬 M7 位于土墩中央，全长 16.5 米，宽 4.2 米，深 3.2 米，推测为夫妻同穴合葬墓，年代为西汉早期。随葬品皆以釉陶器为主，组合多见

---

① 　游晓蕾：《安吉上马山 179 号土墩考古发掘》，"浙江考古"公众号，2021 年 2 月 23 日。
② 　刘建安：《浙江安吉汉代土墩遗存》，《大众考古》2015 年第 8 期。

图 1-4　安吉上马山 D179M3 全景

图 1-5　安吉五福 D14 发掘后全景

鼎、盒、壶、瓿、罍、罐，另有少量钫、熏炉、釜等。随葬漆器亦较为普遍，但保存情况较差，难以分辨器类。铜器以铜镜、铜钱为主。五福 D14 内的 6 座汉墓从墓葬形制、排列方式、随葬品组合等方面考察，有极强的共性，显现出家族合葬的迹象。五福汉墓的发掘为研究汉代土墩遗存堆积形成过程、西汉早中期家族墓地制度提供了重要材料，发掘成果对研究安吉古城地区汉代历史与社会面貌具有重要意义[①]。

第三节   大遗址格局的形成

20 世纪末，受中国经济发展、城市化建设浪潮的冲击，如何保护和利用古代遗址成为学界和管理部门乃至公众重点关注和反复探讨的话题，基于遗址保护和管理工作的"大遗址"概念逐渐成型。在大遗址理念的指导下，浙江省文物考古研究所田正标研究员在配合基本建设之余，开始跳出安吉古城遗址的局限，致力于古城遗址外围近 30 平方千米的考古调查、勘探和试掘工作。为此，浙江省文物考古研究所编制了《安吉古城考古五年计划（2011～2015）》。山墩遗址、大庄遗址、墙山上遗址、王家墩遗址、窑山遗址等围绕在古城遗址外围的城址、聚落址逐步被发现和认识，最终形成了以安吉古城遗址、龙山越国贵族墓群为核心的春秋晚期至汉代的大遗址格局。

一、聚落群的发现

2012 年上半年，浙江省文物考古研究所开展古城遗址及外围 30 多平方千米范围的拉网式调查，新发现山墩遗址、大庄夯土台基、墙山上遗址等。从已有考古调查和部分勘探、试掘资料来看，以上遗址或为大型聚落址，或为小型城址，遗址年代和文化因素均与安吉古城遗址及其周边的墓群相当。作为安吉古城遗址的关联遗址，其重要性不言而喻。

山墩遗址位于安吉古城遗址的东侧，遗址总面积近 40 万平方米，堆积厚度 0.6～1.6 米。为进一步了解遗址的文化内涵及其与安吉古城遗址的关系，2014 年 3～5 月，浙江省文物考古研究所对山墩遗址进行发掘，发掘面积 400 平方米，出土了大量战国至汉晋时期的绳纹瓦片、印纹硬陶片、原始瓷片及青

---

① 　罗汝鹏：《安吉五福汉墓考古发掘取得了重要收获》，浙江文物网，2015 年 4 月 27 日。

瓷片等。发掘区域文化层厚度 0.8～1 米，其中第⑤层为战国时期的堆积，第③、④层为战国时期的夯土遗迹。第③层夯土面上的 64 个柱坑和柱洞遗迹是本次发掘的重要发现，不少柱洞外围有矩形、椭圆形的柱坑，部分柱洞的底部还有柱础石。柱坑内填土纯净，偶见战国时期印纹陶片和原始瓷片。由于此次发掘揭露面积较小，故对遗址总体性状尚难以作出确切的判断，但可确认其为人工营建的大体量遗迹。根据地层叠压关系及打破夯土的灰坑、水井等遗迹判断，夯土的时代为战国至西汉早期。加上打破夯土的两汉至两晋时期灰坑、水井等，遗址的时代跨度与安吉古城遗址基本对应。

大庄遗址位于古城遗址城墙西北，直线距离仅约 100 米，为高于地表的独立高台。土台平面呈长方形，面积约 4 450 平方米。2013 年，浙江省文物考古研究所在土台的西北角发掘 400 平方米。土台的探沟解剖表明，整个土台自下而上逐层夯筑而成，夯土厚度约 3 米，夯土结构坚实，土质较纯净。根据打破土台的东汉砖室墓及土台夯土内的出土遗物初步判断，其始建年代不早于战国，废弃年代不晚于东汉。大庄夯土台遗址是安吉古城外围最重要的遗址之一，二者应存在紧密的关联，但具体情况尚不明确。

墙山上遗址东南距安吉古城遗址约 1 500 米，是一处略呈圆形的夯土高台。该遗址南北长 160 米，东西宽 152 米，面积约 24 300 平方米。遗址南、西、北三面最边缘处仍存有部分高出遗址区 1～5 米，上宽 2～8 米的土筑墙体。遗址中心偏西处有一面积约 600 平方米的椭圆形池塘。台地地表可见米筛纹硬陶片，现有断面发现有丰厚的文化堆积，钻探发现文化层厚度可达 3 米左右，遗址的时代跨度为新石器晚期至商周时期。2015 年 10 月，浙江省文物考古研究所、安吉县博物馆（文物保护管理所）对该遗址再次进行调查，并对遗址西面最边缘处高出遗址区 5 米的墙体进行解剖，发现文化层堆积达 5.5 米，并在遗址区台面采集到回纹硬陶片等。

王家墩遗址东南距安吉古城遗址约 4 千米，于 2008 年 5 月全国第三次不可移动文物普查时发现。该遗址南北长约 80 米，东西宽约 90 米，遗址相对高度 1.5～2 米，占地面积约 7 200 平方米，遗址外围环壕宽约 20～26 米。良朋工业园区的排水沟从该遗址穿过，使其暴露出较为明显的断面，出土标本有新石器时期的夹砂陶足、夹砂陶釜等，商周时期的组合纹、回纹、曲折纹、云雷纹、方格纹等印纹硬陶片，包含物比较丰富。

1989 年，安吉县博物馆（文物保护管理所）在调查土墩石室墓时首次发现窑山遗址。窑山遗址位于安吉古城遗址偏北 850 米的窑山自然村，西南为龙山山脉，北距西苕溪支流沙河 1.6 千米。窑山遗址平面呈圆角方形，南北长约 215 米，东西宽约 191 米，面积共 37 290 平方米。四面城墙保存较好，在北城墙北侧发现壕沟 1 处，东、南、西三面现存环壕，总面积约 10 万平方米（彩版三）。该遗址相对高度 0.5～5 米。根据灰褐色文化堆积和以往在遗址区采集的印纹硬陶片推断，该遗址的时代为商周时期。2002 年，因水土流失，当地文物部门在遗址的北面土筑墙体上抢救性发掘西汉时期墓葬一座。2010 年浙江省文物考古研究所对古城遗址周边做了进一步调查，并推断窑山遗址是一处与古城遗址性质近似的重要遗址。2015 年 4～6 月，浙江省文物考古研究所对窑山遗址进行了考古勘探，初步确定窑山遗址由城外环壕、四周城墙及城内台地三部分组成。

　　2015 年 9 月，浙江省文物考古研究所联合安吉县博物馆（文物保护管理所）对该遗址进行考古发掘，试掘面积 150 平方米。试掘证实了窑山遗址是一处以春秋时期夯土城墙遗迹为主要文化内涵的遗址。此次发掘区的地层堆积较为清晰，春秋时期文化层包含较多印纹硬陶片，器形主要为罐、瓿等，纹饰有回形纹、方格纹等，时代约为春秋中晚期。城墙本体叠压于春秋时期文化层之下。总体来看，城内高台堆积较为纯净，包含物较少。城内最上一层堆土中发现一组分布密集的陶片堆，其中包括印纹硬陶和原始瓷器。发掘表明，整个城墙均选用纯净的硬质土夯筑而成，可见版筑形成的垂直于城墙走向的整齐条状夯土带，城内发现的春秋晚期堆积叠压城墙，而西汉早中期的竖穴土坑墓打破城墙夯土，表明小城始建年代不晚于春秋晚期，废弃年代不晚于西汉中期。

　　窑山遗址是安吉境内除安吉古城遗址之外，规模最大、保存最完整、级别最高的遗址。结合遗址外围环壕和遗址台地边缘的土筑墙体，以及考古调查采集和发掘出土的印纹硬陶片分析，该遗址是一处商周时期城址。目前考古调查和发掘资料表明，窑山遗址与安吉古城遗址在城址使用的年代上基本相近或略早于安吉古城遗址。

二、跻身大遗址名录

　　2002 年，国家文物局在调查研究的基础上向国务院提交《"大遗址"保护"十五"计划》，根据我国大遗址保护的现状和实际情况，重点实施 50 处大遗址保护项目。这一年，安吉古城遗址的考古试掘才刚刚结束，向国家级大遗址迈出了微弱而又坚实的第一步。

2006 年国家制订并颁布《"十一五"期间大遗址保护总体规划》，将分布于 27 个省区的 100 处大遗址列为重点保护项目。之后各地纷纷启动大遗址保护规划的编制工作，采取多种方式对大遗址进行保护与利用。到"十一五"末，我国已初步形成了以"三线"（长城、丝绸之路、大运河）、"两片"（西安片区、洛阳片区）为核心，以 100 处大遗址为重要节点的保护格局。2006 年，是安吉古城遗址的价值和意义凸显的关键一年。是年，它被国务院公布为第六批全国重点文物保护单位。在"十一五"期间，安吉县的文物保护工作取得了跨越式发展，成为全国第一批、浙江省第一个"全国文物工作先进县"。

"十二五"规划则明确提出了构建以"六片""四线""一圈"为重点，以 150 处重要大遗址为支撑的大遗址保护新格局。这一规划在实际工作中又发展成为以"六片""六线""一圈"为重点的布局，即囊括的范围和重点均有所扩大。"十二五"开局之年，正是安吉县热火朝天建设安吉生态博物馆的关键之年，也是安吉古城考古遗址博物馆脱胎于龙山古墓葬生态博物馆的元年，还是安吉古城考古五年规划的启动之年。事实上，浙江省有良渚遗址、马家浜遗址、南宋临安城遗址、慈溪上林湖越窑窑址、龙泉大窑龙泉窑遗址 5 处被列入"十二五"150 处重要大遗址名单。通过十年的不懈努力，安吉古城遗址已经初具大遗址的规模和格局。外围上马山墓群 600 多座东周至汉代古墓葬的发现，则从侧面证实了安吉古城遗址的重要价值和影响力所及范围。接下来五年，正如前文所述的众多考古勘探成果和考古发掘收获，安吉古城距离成为国家级大遗址，只差一次展示的机遇。

2016 年，国家文物局改革了考古发掘领队制度，改称众所周知的"考古发掘项目负责人"。在考古领队们还在热议身份之时，安吉县委县政府向国家文物局积极争取承办了第一届"全国考古发掘项目负责人岗前培训班"。来自全国各地考古界的师友齐聚安吉。培训期间，国家文物局召集商周考古专家听取了浙江省文物考古研究所田正标研究员关于安吉古城遗址的工作汇报。与会专家一致认为，安吉古城遗址 2011 至 2015 的考古工作，全面改变了以往安吉地区相关考古的旧格局，以大遗址、聚落考古概念摸清了全区域的情况，并对重点区域进行了深入了解，为遗址未来的保护和进一步利用奠定了基础。意义更为深远的是，安吉古城遗址、龙山越国贵族墓群经历十五年的长跑，终于跻身国家文物局《大遗址保护"十三五"专项规划》，成为全国 150 处重要大遗址之一（彩版四）。

三、考古人的坚守与传承

20 世纪 70 年代，安吉县博物馆（文物保护管理所）匡得鳌同志首次调查并发现安吉古城遗址。历经近半个世纪，安吉古城遗址从古城村荒芜的土埂变身国家级大遗址，再到正在建设的国家考古遗址公园，完成了美丽的蝶变，曾被淹没的历史和辉煌，终得以再现世人面前。考古遗址公园的日新月异，离不开一代又一代考古人在田野上始终如一的坚守与面向未来的传承。

和全国各地一样，伴随着新中国成立后的大建设特别是水库建设，安吉的考古事业在水库施工工地上热火朝天地起步了。根据零星的发掘简报，浙江文物考古事业的开拓者之一牟永抗先生曾在 20 世纪 50 年代初到安吉县天子湖镇抢救发掘过东汉两晋时期的砖室墓，可视为安吉考古发掘的正式肇始。由于专业技术力量的严重缺乏，即便是省级文物考古队伍都尚在拼凑组建的初期，更不要说地处偏远的安吉山区有什么考古力量了。

20 世纪 70 年代初期，在老一辈考古学家的极力争取下，部分文物考古部门得以率先重新组建。1972 年，匡得鳌入职安吉县文化馆（县博物馆、县文保所的前身）。匡得鳌出生于 1944 年，山东青岛人，1964 年考入长春地质学院古生物专业，1972 年 1 月被分配到安吉县文化馆从事文物工作。从地质学院古生物专业转行到考古，不得不说，匡得鳌先生无意中与中国考古的发展脉络完美契合，与安吉考古结下了不解之缘。同年 9 月，匡得鳌先生参加了湖州城西弁南罗家浜红山岗的东晋墓葬发掘。初次参与考古发掘，匡得鳌就展示出了从事考古所必需的专注和认真，得到省市文物主管部门和专家的高度认可。

1973 年，国家文物局联合长江流域规划办公室在湖北荆州举办了"长江流域各省考古人员训练班"，著名考古学家石兴邦、黄景略等一大批经验丰富的学者参与培训。匡得鳌先生作为浙江组的学员全程参加了理论知识培训和田野实习。70 年代后期，匡得鳌先生又参加了著名的河姆渡遗址的考古发掘和资料整理工作。安吉地方的考古力量就这样缓慢起步了。1976 年 1 月 29 日，在安吉县三官乡周湾村修路改田工程现场，他从农民锄头下抢救清理出商代青铜鼎、瓿、爵等一批重要青铜礼器，为太湖南岸所罕见，至今仍是研究中国南方特别是浙江地区商代青铜器的重要材料[①]。匡得鳌先生根据同治版《安吉县

---

① 　浙江安吉县博物馆：《浙江安吉出土商代铜器》，《文物》1986 年第 2 期。

志》有关"晏子城"的相关记载，首次进行考古调查并发现古城城址。1982年，第二次全国文物普查期间，匡得鳌参与嘉兴地区文物普查小组对该城址的年代、地理环境、总体布局进行调查、记录。1984年，在开展安城地区古墓葬调查时，首次发现龙山墓群区的部分墓葬，为安吉古城遗址、龙山越国贵族墓群的发现研究开了先河。

20世纪90年代初，在经济社会各方面蓬勃发展的同时，安吉的文物考古力量也逐步得到加强。程亦胜、周亚乐、邱宏亮、楼志强、周意群、程永军等先后承担起了安吉文物考古的重任。本文仅以程亦胜为例，简要回顾一下近三十年安吉文物考古人的坚守与执着。第二次全国文物普查之后，安吉县组织力量对普查结果进行了重点复查。参与复查的程亦胜等人首次发现高规格王陵级大墓八亩墩、九亩墩，并将其推荐为浙江省文物保护单位。程亦胜虽不是考古科班出身，但同样表现出对考古的钟爱和认真，加之90年代大规模基本建设涉及抢救性考古发掘，在实践中逐步成长为省内颇负盛名的地方考古专家。1989年，程亦胜对龙山、笔架山墓群进行了深入的野外调查，并撰写了《安吉古城地区石室土墩遗存考古调查》一文。1993年，参与发掘天子岗汉晋贵族墓地，出土并追回包括胡人骑羊俑在内的大批珍贵文物。1994年专程在古城附近墓区做了一个星期的专项调查，并撰写了《安吉古城地区土墩墓考古调查》一文。1997～2002年多次参与或现场主持工业园区、交通道路等基本建设考古项目。2006年推荐安吉古城遗址（原称递铺城址）升级为全国重点文物保护单位。程亦胜不仅带领全县文物干部保护抢救了大批文物，还致力于深入研究文物考古材料背后的历史，助力安吉县成为"全国文物工作先进县"。2013年程亦胜退休后仍十分关心文物考古工作，特别是挂念八亩墩大墓的考古发掘。2016年至2020年，他几乎全程参与了浙江省文物考古研究所主持的龙山D107大墓考古发掘工作，为自己参与八亩墩的发现、研究和发掘画上了完美的句号。

在安吉古城遗址的考古研究历程中，注入精力最多、取得成就最大的考古人非田正标莫属。20世纪90年代，随着安吉交通、工业等基本建设的开展，安吉古城遗址周边一度成为浙江商周至汉代考古的重点地区。最早来安吉古城遗址主持考古试掘的是陈元甫老师，跟随他一起来还有田正标老师。和其他人不同，田正标成为常驻安吉的考古人。1988年6月，田正标从吉林大学历史系考古专业毕业，进入浙江省文物考古研究所工作，主要从事商周、秦汉考古研究。田正标主持或参与了绍兴印山越王陵、德清独仓山与南王山土墩墓群、安吉古城遗址、上马山墓群、五福墓群等考古发掘项目，参与出版了《印山越王陵》《德清独仓山与南王山土墩墓发掘报告》等考古报告，还发表考古报告、简报、论文等数十篇。自 2001 年 11 月第一次参与安吉古城遗址考古发掘以来，田正标作为考古发掘领队，带领浙江省文物考古研究所和安吉县博物馆（文物保护管理所）共同组成的考古队，经过多年艰辛调查、勘探、发掘，最终发掘古墓葬近 800 座，出土文物达近万件。毫不夸张地说，走进全新的安吉县博物馆，展厅陈列的一半以上文物来自田正标的发掘。经过田正标多年考古调查发掘和研究，安吉古城遗址和外围的龙山越国贵族墓群在 2013 年被公布为全国重点文物保护单位。2016 年起，田正标作为项目负责人，开始对八亩墩越国贵族墓园进行持续三年的抢救性发掘和研究。这是浙江省继绍兴印山越王陵之后又一越文化考古重大项目。虽然八亩墩越国贵族墓园发掘项目与"全国十大考古新发现"擦肩而过，但在田正标发掘和研究的基础上，安吉古城国家考古遗址公园建设亮点纷呈，八亩墩贵族墓园成为遗址公园内最重要的现场展示点。八亩墩考古发掘结束之后，田正标重新将研究重点转向安吉古城遗址和周边的聚落群，继续探索安吉古城大遗址的未解之谜。

第二章

顺势而为：考古遗址公园艰难起步

第一节　大遗址保护利用现状与形势

一、大遗址保护利用历程回顾

"大遗址主要包括反映中国古代各个发展阶段，涉及政治、宗教、军事、科技、工业、农业、建筑、交通、水利等方面历史文化信息，具有规模宏大、价值重大、影响深远特点的大型聚落、城址、宫室、陵寝墓葬等遗址、遗址群"①。价值重大是大遗址区别于其他古遗址和古墓葬等不可移动文物的显著特点。大遗址的价值主要体现在基本价值和社会衍生价值两个方面。基本价值即通常所说的历史、科学和艺术价值，社会衍生价值包括经济价值和社会发展价值②。衍生价值的更好发挥有利于加强社会对大遗址基本价值的认可程度，进而增强社会对大遗址保护的支持力度③。大遗址价值的二重性决定了我们对大遗址保护利用的基本态度（表2-1）。

表 2-1　大遗址的价值分析及保护利用需求

角　度	价　值		特　征	保护利用需求
文化遗产	基本价值	历史	信息量大、面广，有待不断地揭示和研究	做好真实性、完整性、持续性保护，以及价值判读、阐释和相关研究
		科学		
		艺术		

---

① 国家文物局、财政部：《关于印发〈"十一五"期间大遗址保护总体规划〉的通知》，2006 年 11 月 29 日。

② 中国文化遗产研究院：《大遗址保护行动跟踪研究》，文物出版社，2016 年。

③ 参见曲凌雁、宋韬：《大遗址保护的困境与出路》，《复旦学报（社会科学版）》2007 年第 5 期。

续表

角　度	价　值		特　征	保 护 利 用 需 求
社会资源	衍生价值	文化	相关历史文化信息独一无二的载体和见证	在遗址安全的前提下充分发挥其文化体验、情感教育、旅游经济、生态环境等方面的价值，提升社会效益，防止可能有损遗址安全的破坏性和掠夺式开发
		社会	空间性、地域性、共同的记忆	
		经济	衍生价值发挥可能带来的经济收益	

（一）大遗址保护利用理念和政策

　　大遗址是我国文物保护工作者在数十年的工作实践中提炼出来的、适合我国文物保护国情的学术概念。这一概念的形成和广为传播，反映了我国文化遗产学术研究和保护管理观念的进步[①]。

　　1953 年起，我国开始实行国民经济发展五年计划，各地掀起了农业生产和工业建设的高潮，文物安全随之受到威胁。为此，国家层面确立了文物工作"重点保护，重点发掘，既对基本建设有利，又对文物保护有利"的"两重两利"方针，并于 1953 年、1956 年先后颁布《关于在基本建设工程中保护历史及革命文物的指示》和《关于在农业生产建设中保护文物的通知》[②] 两项文件，列出了包括安阳殷墟等在内的"重要的古文化遗址"名单。1961 年，国务院公布第一批全国重点文物保护单位名单，其中就包括 40 余处现今的大遗址。同年，《文物保护管理暂行条例》颁发，这是我国第一部综合性文物行政法规，创建了通过不可移动文物普查评定各级文物保护单位，并以文物保护单位的形式管理不可移动文物的工作模式。此外，国家文物主管部门还专门召开专题会议，就大型古遗址保护与生产建设关系及科学保护等问题开展研究和部署。如1964 年，文物部门在河北易县燕下都遗址举办"大型古遗址保护工作座谈会"，就遗址保护和发掘工作交流经验和意见。该会议也被认为是大遗址保护的缘起和肇始[③]。会上，学者们就遗址保护交流了经验与看法，如苏秉琦提出

---

　　①　孟宪民：《梦想辉煌：建设我们的大遗址保护展示体系和园区——关于我国大遗址保护思路的探讨》，《东南文化》2001 第 1 期。

　　②　《关于在农业生产建设中保护文物的通知》，《中华人民共和国国务院公报》，1956 年 4 月 2 日。

　　③　李晓东：《大型古遗址保护的开创阶段》，《中国文物科学研究》2006 年第 2 期。

"文物重要的，建设让路，文物不重要的，文物让路"等理念①。

"文革"时期，文物保护事业受到冲击，但仍有《关于在无产阶级文化大革命中保护文物图书的几点意见》（1967 年）、《关于加强文物保护工作的通知》（1974 年）等文物保护重要文件出台，它们皆重点强调了对古遗址、古墓葬等遗址类文物的保护。1977 年，国家文物事业管理局发布《关于在农业学大寨运动中加强文物保护管理的报告》，首次提出了实施"文化补偿"的方法。

上述情况表明，早在 20 世纪五六十年代，国家就已认识到保护"大遗址"的重要性，并通过出台法律法规和政策、进行文物普查并划分文物保护单位等级、召开专题会议等举措，对古遗址和古墓葬进行重点管理和保护。政策理论层面的"重要古遗址地区""重要的古代文化遗址""大型古遗址"等概念，无论是表述还是内涵，均与 2005 年正式开启大遗址保护行动时的"大遗址"基本接近。

改革开放后，国家的工作重心重新转移到经济建设方面。1982 年，《中华人民共和国文物保护法》正式颁布实施，标志着我国文物保护法律制度的创立。到了 20 世纪末，受中国经济发展、城市化建设浪潮的冲击，如何保护和利用考古遗址成为学界和管理部门乃至公众关注和反复探讨的话题。针对我国考古遗址数量多、分布广的特点，国家文物局通过梳理和遴选遗址资源，将最具价值的遗址列为重点保护对象，指导各级政府将有限的力量集中投放在最有意义、最急需的保护项目上——基于遗址保护和管理工作实践的"大遗址"概念应运而生。1999 年，国家文物局向国务院报送《大遗址保护展示体系建设规划基本思路》，首次在公开发布的国家层面的文件中使用"大遗址"这一称谓。此后，这一概念频繁出现在政府文件当中。

以文物事业五年规划为基础，国家文物局开始制定大遗址保护的五年计划。2002 年，国家文物局在调查研究的基础上向国务院提交《"大遗址"保护"十五"计划》，根据我国大遗址保护的现状和实际情况，重点实施 50 处大遗址保护项目。2005 年，国家文物局编制了《"十一五"期间大遗址保护总体规划》，将分布于 27 个省区的 100 处大遗址列为重点保护项目，建立起国家级大遗址保护项目库。同年，财政部、国家文物局正式印发《大遗址保

---

① 李晓东：《大遗址保护与考古工作——苏秉琦在 1964 年"大型古遗址保护工作座谈会"上的发言》，《中国文物报》，2012 年 3 月 2 日。

护专项经费管理办法》，为大遗址保护行动提供专项资金支持。这两个重要文件的出台使得"大遗址"概念得以在中国文物事业中普遍应用①。此后，全国各地纷纷启动了大遗址保护规划的编制工作，采取多种方式对大遗址进行保护与利用。"十一五"期间，我国初步形成了以"三线"（长城、丝绸之路、大运河）、"两片"（西安片区、洛阳片区）为核心，以100处大遗址为重要节点的保护格局。

2013年，《大遗址保护"十二五"专项规划》进一步提出构建以"六片"（西安、洛阳、荆州、曲阜、郑州、成都）、"四线"（长城、丝绸之路、大运河、茶马古道）、"一圈"（明清海防）为重点，以150处重要大遗址为支撑的大遗址保护新格局②。2016年11月，《大遗址保护"十三五"专项规划》颁布，鼓励各地参照国家考古遗址公园模式开展省级考古遗址公园建设，推进大遗址保护利用工作。很多大遗址所在地政府和文物管理部门或积极创造条件，争取进入国家考古遗址公园行列，或着手建设了省级考古遗址公园，大遗址保护工作取得明显进展。

2020年，国家文物局专门印发了《大遗址利用导则（试行）》，提出"直接责任主体""相容使用"等概念，为全国古遗址、古墓葬类国保单位的利用提供了技术性规范，释放出鼓励各地政府和社会力量参与大遗址利用事业的强烈信号，体现了我国文物保护工作的深入发展。2021年发布的《大遗址保护利用"十四五"规划》继续将推广考古遗址公园模式和推动国家考古遗址公园高质量发展作为大遗址保护利用的主要抓手，提出开展第四批国家考古遗址公园评定工作，引导地方人民政府有序建设省级考古遗址公园。规划标题中由"大遗址保护"到"大遗址保护利用"的措辞调整，无疑是大遗址利用工作得到更多关注的直观体现和强大推力。

（二）大遗址保护利用理论研究

2001年，学界提出将大遗址抢救保护与展示宣传予以整体考虑，纳入国家规划，逐步建设大遗址保护展示体系和历史遗址园区③。此后，赵荣与王建

---

① 林留根：《中国"大遗址考古"理论的阶段性观察》，《自然与文化遗产研究》2021年S1期。

② 这一规划在实际工作中又发展成为以"六片""六线"（增加了蜀道和秦直道）"一圈"为重点的布局，即囊括的范围和重点均有所扩大。

③ 孟宪民：《梦想辉煌：建设我们的大遗址保护展示体系和园区——关于我国大遗址保护思路的探讨》，《东南文化》2001年第1期。

新①、陈同滨②、陆建松③等都对大遗址类型、保护现状、面临问题、保护原则、保护政策等问题进行了颇为系统的阐述。同时，学界对大遗址保护理念、方法的研究也逐渐增多，并逐渐成为讨论热点。如刘科伟提出通过合作、合资、租赁经营等方式吸引资金④，喻学才倡议"遗址旅游"⑤，权东计提出汉长安城形象景观建设方法⑥，杨海娟设想在遗址区发展都市农业⑦，陈稳亮提出遗址协调发展的五项对策⑧，樊海强提议创建文化产业园区⑨。此外，田林⑩、李海燕⑪、崔明⑫等对大遗址价值评估体系设计、综合利用方式等进行了研究和架构，张韵对国内大遗址管理机构的管理现状进行了调查和分析⑬，刘军民⑭、陈稳亮⑮、曹楠⑯还就遗址区居民生活质量、区域经济发展问题进行了探讨。

借鉴国外大遗址保护经验方面，国际古迹遗址理事会（ICOMOS）中国国家委员会融合国内外文物保护的优秀理念和成果，于 2002 年制订了《中国文

---

① 国家文物局"全国大遗址保护规划现场研讨会（2004 年 10 月中国西安）"上赵荣、王建新所作报告《大遗址保护规划的理论探索——基于陕西案例的探索》。

② 陈同滨：《城镇化高速发展进程下的中国大遗址背景环境保护主要规划对策》，《中国文物报》2005 年 10 月 14 日；《中国大遗址保护规划与技术创新简析》，《东南文化》2009 年第 2 期。

③ 陆建松：《中国大遗址保护的现状、问题及政策思考》，《复旦学报（社会科学版）》2005 年第 6 期。

④ 刘科伟、牛栋：《汉长安城遗址保护与开发利用的现状、问题及对策探讨》，《经济地理》1999 年第 5 期。

⑤ 喻学才：《遗址论》，《东南大学学报（哲学社会科学版）》2001 年第 2 期。

⑥ 权东计、朱海霞：《汉长安城保护与利用发展战略研究》，《经济地理》2003 年第 3 期。

⑦ 杨海娟、周德翼：《西安汉城遗址保护区内发展都市农业的设想》，《西北大学学报（自然科学版）》2002 年第 1 期。

⑧ 陈稳亮、张祖群、赵荣：《大遗址保护的 PRED 协调发展案例与模式——基于汉长安城的实证与思考》，《城市规划》2006 年第 7 期。

⑨ 樊海强、袁寒：《大遗址保护与利用互动发展新模式——汉长安城保护与利用总体规划》，《规划师》2008 年第 2 期。

⑩ 田林：《大遗址遗迹保护问题研究》，天津大学博士学位论文，2004 年。

⑪ 李海燕：《大遗址价值评价体系与保护利用模式研究》，西北大学硕士学位论文，2005 年。

⑫ 崔明：《江苏省大遗址保护规划与利用模式研究》，东南大学硕士学位论文，2006 年。

⑬ 张韵：《我国大遗址管理机构现状及功能研究》，西北大学硕士学位论文，2010 年。

⑭ 刘军民：《中国文物大遗址保护利用与区域经济发展研究——以陕西省为例》，西北大学博士学位论文，2006 年。

⑮ 陈稳亮：《大遗址保护与区域发展的协同——基于〈汉长安城遗址保护总体规划〉的探索》，西北大学博士学位论文，2010 年。

⑯ 曹楠：《城市建成区内大遗址保护与城市建设之间的关系——以大辛庄遗址保护为例》，西北大学硕士学位论文，2010 年。

物古迹保护准则》，推动中国文物保护思想和理念走向成熟。在文化线路和文化景观等新型遗产保护理念兴起的国际背景下，王志芳等介绍了美国"遗产廊道"的保护形式①，蔡晴提出大遗址景观遗产地保护观念②。杜久明③和许凡④分别介绍了日本平城宫和吉野里历史公园遗迹的展示和保护方法。于冰分析了美国的考古资源保护财政制度，提出根据不同保护模式完善我国大遗址保护的财政制度⑤。李海燕、权东计也对国外大遗址保护利用的情况进行了简要论述⑥。

　　另外，中国社会科学院考古研究所等科研院所还发起和组织了"中国大遗址保护研讨会"等全国性学术会议，表达了当时学界对大遗址保护的关切，并就相关问题形成若干共识⑦。为推动大遗址保护相关政策的具体落实，2008 至 2011 年，国家文物局在多处重要遗址地召开现场会和大遗址保护高峰论坛，分别形成了《大遗址保护西安共识》⑧《关于建设考古遗址公园的良渚共识》⑨《大遗址保护洛阳宣言》⑩《大遗址保护荆州宣言》⑪ 等一系列理论成果。这些"共识"和"宣言"，既是实践经验的总结，也是理论知识的探索⑫。

　　2010 年前后，大遗址保护工作回顾、保护方法探讨的相关研究成果集中出现，各家论述皆重点涉及了与考古遗址公园相关的内容。例如，龚良对江苏省大遗址保护的尝试进行总结⑬；赵荣介绍了适合于不同大遗址类型的 4 种模式⑭；蔡武归纳了 4 种大遗址展示利用途径⑮；王守功结合山东地区大遗址现

---

① 王志芳、孙鹏：《遗产廊道——一种较新的遗产保护方法》，《中国园林》2001 年第 5 期。
② 蔡晴：《基于地域的文化景观保护》，东南大学博士学位论文，2006 年。
③ 杜久明：《殷墟遗址与日本奈良平城宫遗址保护展示的比较研究》，《殷都学刊》2006 年第 3 期。
④ 许凡、张谨、刘硕、钟彦华：《史前遗址的展示——以日本吉野里国家历史公园为例》，《小城镇建设》2008 年第 6 期。
⑤ 于冰：《美国考古资源保护财政制度解析》，《东南文化》2015 年第 5 期。
⑥ 李海燕、权东计：《国内外大遗址保护与利用研究综述》，《西北工业大学学报（社会科学版）》2007 年第 3 期。
⑦ 王学荣：《"中国大遗址保护研讨会"纪要》，《考古》2008 年第 1 期。
⑧ 国家文物局：《大遗址保护高峰论坛文集》，文物出版社，2009 年。
⑨ 国家文物局：《大遗址保护良渚论坛文集》，浙江古籍出版社，2009 年。
⑩ 国家文物局：《大遗址保护洛阳高峰论坛文集》，文物出版社，2010 年。
⑪ 国家文物局：《大遗址保护荆州高峰论坛文集》，文物出版社，2013 年。
⑫ 关于这些会议、论坛的内容，杜金鹏有比较全面的论述和总结。参见杜金鹏：《大遗址保护的里程碑》，《中国大遗址保护调研报告（一）》，科学出版社，2011 年。
⑬ 龚良：《中国东南地区大遗址保护的可行性方法——以江苏为例》，《东南文化》2009 年第 1 期。
⑭ 赵荣：《陕西省大遗址保护新理念的探索与实践》，《考古与文物》2009 年第 2 期。
⑮ 蔡武：《文物保护领域相关理论和实践创新. 在全国文化厅局长座谈会上的发言》，2011 年 7 月 6 日。

状及保护工作实例，就大遗址保护方法进行了探讨①；唐仲明根据我国大遗址资源不同特点，提出了多种利用与发展的措施和模式②。

总之，21 世纪初，大遗址保护利用尚为新的热点课题，相关讨论多着力于大遗址内涵、价值评估体系和保护规划编制体系、保护和利用方式构思和介绍等方面。考古和文物工作者为解决经济社会发展对大遗址的威胁，在文化遗产保护原则的框架下进行大遗址保护和利用的积极探索。考古遗址公园作为其中的热点方案，被反复述及和论证。

二、考古遗址公园实践与理论

2021 年，《中华人民共和国国民经济和社会发展第十四个五年规划和 2035 年远景目标纲要》发布，考古遗址公园建设被首次写入国民经济和社会发展五年规划之中。考古遗址公园是指以重要考古遗址及其环境为主体，具有科研、教育、游憩等功能，在考古遗址研究阐释、保护利用和文化传承方面具有示范意义的特定公共文化空间③。自 2009 年《国家考古遗址公园管理办法（试行）》印发，国家考古遗址公园驶入规范管理轨道以来，我国已累计评定 55 家国家考古遗址公园挂牌单位，考古遗址公园模式在大遗址保护利用领域显示出强大的生命力和优越性。

（一）考古遗址公园实践历程

以 2005 年财政部和国家文物局联合印发《大遗址保护专项经费管理办法》和 2016 年《关于进一步加强文物工作的指导意见》公布为界，考古遗址公园模式产生和发展的实践历程可以划分为起步期、发展期和深化期三个阶段。

1. 起步期（1949 年至 2005 年）

如前节所述，1949 年以来，在文物保护与生产生活发展的矛盾日益凸显的形势下，国家通过出台法律法规和政策、进行文物普查并划分文物保护单位等级、召开专题会议等举措对古遗址和古墓葬类文物进行了重点管理和保护。此外，我国于 1985 年加入联合国教科文组织（UNESCO）世界遗产委员会，成为《世界遗产公约》缔约方；后又于 1993 年加入国际古迹遗址理事会

---

① 王守功：《大遗址保护与考古遗址公园建设——以山东地区为例》，《东方考古》2014 第 1 期。
② 唐仲明：《大遗址资源的保护与发展研究》，《山东社会科学》2013 年第 7 期。
③ 国家文物局：《国家考古遗址公园管理办法》，2022 年 3 月 15 日。

（ICOMOS），成立中国古迹遗址保护协会。这使得中国的文物保护工作接入了国际轨道。

以国内遗址保护实践为基础并结合国外文化遗产保护经验，部分遗址出现了建设遗址博物馆、遗址公园的实践。1958 年，唐兴庆宫公园开始修建，在考古发掘基础上建立的半坡博物馆开放①。1987 年，以殷墟遗址为依托的殷墟博物苑建成。20 世纪 80 年代，北京先后建设了圆明园遗址公园、团河行宫遗址公园（南海子公园前身）和元大都城垣遗址公园；1997 年，陕西省征地 3 000 亩建设汉阳陵遗址公园。1998 年，偃师商城考古现场也开启了遗址公园建设②。2000 年，《圆明园遗址公园规划》获得国家文物局批复，使得圆明园遗址公园成了我国最早的以文化遗产保护为核心、经过统筹规划且最终建设形成的"遗址公园"。2001 年，国家文物局颁布《文物事业"十五"发展规划和 2015 年远景目标纲要》，提出"认真探索在社会主义市场经济体制条件下，大型古代文化遗址保护的新思路、新体制，建设国家大遗址保护园区，逐步扭转大遗址保护被动局面"。2003 年起，高句丽遗址和殷墟遗址率先建设兼顾保护和展示的考古遗址公园，并先后成功申报世界文化遗产，极大鼓舞了国内建设考古遗址公园、实施大遗址整体保护的信心。

由此可见，"遗址公园""遗址博物馆"等保护展示方式自 20 世纪中叶开始在我国零星出现，作出了对文化遗产进行现场展示和整体保护的尝试。这一阶段的"遗址公园""大遗址保护展示示范园区"等均可视为后来考古遗址公园的雏形，而针对大遗址开展系统考古研究、划定保护范围、制定保护规划、动员民众参与、建设遗址公园和遗址博物馆等保护实践更是一直发展沿用至今。不过，由于这些遗址公园多以景观绿化和重点复建的方式来强调遗址的可观赏性，较少关注遗址本体的原真性和完整性，故与后来"考古遗址公园"的内涵仍存在差别，考古遗址公园模式尚在起步阶段。

2. 发展期（2005 年至 2016 年）

2005 年，财政部和国家文物局联合印发《大遗址保护专项经费管理办法》，为大遗址保护设立专项经费。这标志着我国大遗址保护工作得到国家认

---

① 西安半坡博物馆：《西安半坡博物馆正式开放》，《考古通讯》1958 年第 6 期。
② 杜金鹏：《大遗址保护与考古遗址公园建设》，《东南文化》2010 年第 1 期。

可并步入正轨①。2006 年，《"十一五"期间大遗址保护总体规划》将"探讨大遗址保护展示的科学途径，建设大遗址保护展示示范园区（遗址公园）和遗址博物馆"列入总体目标，设立国家大遗址保护项目库，明确提出建设遗址公园。如前所述，此时国内已有部分大遗址自发地通过"遗址公园"等形式进行保护展示的创新性实践。国家文物局对此采取了出台专项文件、开展国家级考古遗址公园评选等措施，在基本肯定考古遗址公园这种大遗址保护利用方式的基础上，引导已出现的考古遗址公园达到全国示范性的保护管理水平，并借此规范日后考古遗址公园的立项、规划、建设和运营等事务。由此，考古遗址公园模式进入蓬勃发展时期，并得到文物行业、政府和公众的广泛认可，成为大遗址保护利用的重要方式和平台。

2009 年，国家文物局印发《国家考古遗址公园管理办法（试行）》及其附件《国家考古遗址公园的评定细则（试行）》，明确界定了国家考古遗址公园的定义、管理主体、立项与评定要求、管理机构职责与奖惩制度等内容。由此，国家考古遗址公园进入了规范管理的轨道，我国考古遗址公园的实践、理论和制度建设都进入了一个新的阶段②。

以"十一五"重要大遗址保护项目库和《国家考古遗址公园管理办法（试行）》为基础，国家文物局于 2010 年评定并公布了首批 12 处国家考古遗址公园挂牌单位和 23 处立项单位。次年，首批 12 家国家考古遗址公园的代表在西安成立中国考古遗址公园联盟，公布了提倡文化遗产与人、与城市、与自然的和谐共生的《国家考古遗址公园联盟宣言》，并约定每年举办一次联席会议。2013 年，第二批国家考古遗址公园名单公布，产生了 12 家国家考古遗址公园挂牌单位和 31 家立项单位。受此带动，很多大遗址所在地政府和文物管理部门积极创造条件，争取进入国家考古遗址公园行列；浙江省还率先筹划了省级考古遗址公园评定工作。大遗址保护工作得到有序推进。

3. 深化期（2016 年至今）

2016 年是中国文物保护事业发展的关键一年，《关于进一步加强文物工作

---

①　中国文化遗产研究院：《国家考古遗址公园实用手册》，文物出版社，2015 年。
②　张忠培：《关于建设国家考古遗址公园的一些意见——在"2009 大遗址保护·良渚论坛"上的发言》，《东南文化》2010 年第 1 期。

的指导意见》① 和《关于促进文物合理利用的若干意见》② 相继发布，开启了我国文物事业由"保护"向"保护利用"的深化发展进程。2017 年，第三批12 家国家考古遗址公园挂牌单位和 32 家立项单位公布。包括安吉古城考古遗址公园在内的 67 处考古遗址公园被列入国家考古遗址公园立项名单。2022 年4 月，《国家考古遗址公园管理办法》和《国家考古遗址公园评定细则》修订完成并公布实施，更加注重考古遗址公园创建前的可行性论证，明确了立项单位汇报机制和建成后的监测评估巡查要求、退出机制，使得国家考古遗址公园评定和管理体系更加健全和完善。

目前，建设考古遗址公园已经成了国内最常见的大遗址保护利用方案。考古遗址公园模式一方面协调了文化遗产保护与城乡发展的关系，为保护大遗址提供必要空间；另一方面，也通过展示和利用大遗址，推动了公共考古事业和大遗址保护成果的全民共享。考古遗址公园展现出前所未有的活力和生命力，已经得到文物行业、各级政府、社会群众的广泛认可，为国际文化遗产保护领域提供了中国案例和中国经验③。

（二）考古遗址公园理论研究

我国考古遗址公园的发展具有实践探索先于理论研究的特点④。自 21 世纪初大遗址概念出现在我国文化遗产保护领域以来，考古遗址公园模式作为大遗址保护利用的热点方案之一，成为学者们反复述及和论证的对象。

2009 年，国家文物局举办了以"大遗址保护与国家考古遗址公园建设"为主题的大遗址保护良渚论坛，研讨国家考古遗址公园相关评定和管理办法，并通过了《关于建设国家考古遗址公园的良渚共识》。同年，《国家考古遗址公园管理办法（试行）》发布，考古遗址公园驶入规范管理的轨道。以此为契机，2010 年，时任国家文物局局长单霁翔对过去大遗址保护利用逐渐走向广泛和深入的历程进行了全面总结。在《大型考古遗址公园的探索与实践》一文中，他通过剖析考古遗址公园理念形成和建设实践逐步扩大的历程，详细阐述了考古遗址公园的功能，正式提出推进考古遗址公园建设将是今后一个阶段大

---

① 国务院：《关于进一步加强文物工作的指导意见》，2016 年 3 月 8 日。
② 国家文物局：《关于促进文物合理利用的若干意见》，2016 年 10 月 11 日。
③ 国家文物局：《国家考古遗址公园发展报告》，http://www.ncha.gov.cn/attach/-1/1909120459 39742305.pdf。
④ 单霁翔：《大型考古遗址公园的探索与实践》，《中国文物科学研究》2010 年第 1 期。

遗址保护的工作重点①。此时，关于考古遗址公园建设的重大作用、方针原则及具体要求的文章大量涌现，如张忠培②、杜金鹏③、李爱民④、肖莉⑤分别对考古遗址公园的建设思路、目的和原则、优势、对城市发展的作用等方面展开讨论。并且，大遗址保护新形势下，张忠培、杜金鹏等皆强调了考古发掘者切不可把遗址视为考古学的"特殊领地"，而应当树立新的文物保护思路，支持考古遗址公园的建设，把考古成果展示给公众。

　　总之，在 2010 年前后，由于国外遗址保护园区建设先例的示范、国内考古遗址公园建设实验的成效及相关政策的出台，考古遗址公园模式显示出较强的可行性和现实意义，逐渐脱颖而出，成为国内大遗址综合保护利用的理想方案。考古遗址公园不仅构成了实际意义上的大遗址保护和展示的场所，也为各个专业领域的研究者搭建了一个广阔的话题平台，召唤和催生了一系列关于考古遗址公园的专题和综合研究。根据研究内容和成果大致可以归纳为以下八种类型。

　　1. 保护和规划研究

　　主要包括保护开发模式研究、保护规划的编制和设计、考古遗址公园建设的原则和可持续发展等方面的较为宏观的研究，以及结合考古遗址公园案例的总结和思考。如赵文斌在其博士论文中尝试建立考古遗址公园规划设计模式⑥，林琴对考古遗址公园保护规划内容和原则的剖析⑦，张关心对大明宫遗址公园建设的经验总结⑧，张剑葳将 GIS 技术应用于大遗址保护规划编制中的尝试⑨，以及赵倩⑩、

① 单霁翔：《大型考古遗址公园的探索与实践》，《中国文物科学研究》2010 年第 1 期。

② 张忠培：《关于建设国家考古遗址公园的一些意见——在"2009 大遗址保护·良渚论坛"上的发言》，《东南文化》2010 年第 1 期。

③ 杜金鹏：《大遗址保护与考古遗址公园建设》，《东南文化》2010 年第 1 期。

④ 李爱民：《考古遗址公园在我国大遗址保护中的优势》《社会科学家》2010 年第 9 期。

⑤ 肖莉：《让城市守护历史让历史守望未来大遗址保护与考古遗址公园建设》，《中国文化遗产》2010 年第 1 期。

⑥ 赵文斌：《国家考古遗址公园规划设计模式研究》，北京林业大学博士学位论文，2012 年。

⑦ 林琴：《考古遗址公园保护规划研究》，湖南师范大学硕士学位论文，2012 年。

⑧ 张关心：《大遗址保护与考古遗址公园建设初探——以大明宫遗址保护为例》，《东南文化》2011 年第 1 期。

⑨ 张剑葳、陈薇、胡明星：《GIS 技术在大遗址保护规划中的应用探索——以扬州城遗址保护规划为例》，《建筑学报》2010 年第 6 期。

⑩ 赵倩：《新型城镇化背景下国家考古遗址公园规划设计的创新思考》，东南大学硕士学位论文，2016 年。

夏晓伟[①]等对考古遗址公园规划设计的思考等。

2．景观设计研究

主要是对考古遗址公园环境、文化景观规划设计原则和方法的讨论，以及针对具体考古遗址公园案例或考古遗址公园某个部分的展示而进行的规划和设计。其中，植物景观设计方面的研究成果数量最多。如王璐艳的《国家考古遗址公园绿化的原则与方法研究》[②]，雷宇的《运用植物要素展示遗址的景观设计方法初探》[③]，以及杨昌鸣等对考古遗址公园城墙遗址展示模式的研究[④]，邱建等对金沙考古遗址公园的景观设计等[⑤]。

3．价值阐释研究

价值阐释与景观设计皆为展示方面的内容。与景观设计专注于大地景观和植物景观的规划设计相比，价值阐释工作则侧重对大遗址进行价值评估，并对大遗址及文物的文化内涵进行研究与展示。此类型的专题研究明显少于前述景观设计研究。相关成果有黄可佳等对德国杜佩遗址公园展示方式的介绍[⑥]，朱晓渭[⑦]、吴铮争[⑧]对考古遗址文化展示体系的构建，杨琳琳基于在大辛庄遗址和嬴城遗址的工作经验，对考古遗址阐释与展示体系的研究[⑨]，以及王政对屈家岭考古遗址公园展示的研究[⑩]等。

4．融资和建设研究

关于考古遗址公园建设项目管理方面的研究，代表性成果如梅海华[⑪]、杨

① 夏晓伟：《考古与遗址公园——国家考古遗址公园建设中的两个定位》，《东南文化》2011 年第 1 期。

② 王璐艳：《国家考古遗址公园绿化的原则与方法研究》，西安建筑科技大学博士学位论文，2013 年。

③ 雷宇：《运用植物要素展示遗址的景观设计方法初探——以杜陵国家考古遗址公园规划设计为例》，西安建筑科技大学硕士学位论文，2020 年。

④ 杨昌鸣、李旋、李湘桔：《直接展现与间接再现——国家考古遗址公园城墙遗址展示模式的比较》，《中国园林》2013 年第 5 期。

⑤ 邱建、张毅：《国家考古遗址公园及其植物景观设计：以金沙遗址为例》，《中国园林》2013 年第 4 期。

⑥ 黄可佳、韩建业：《考古遗址的活态展示与公众参与——以德国杜佩遗址公园的展示和运营为例》，《东南文化》2014 年第 3 期。

⑦ 朱晓渭：《考古遗址公园文化展示问题探讨》，《理论导刊》2011 年第 4 期。

⑧ 吴铮争、张萌：《真实性视野下考古遗址公园文化展示的思考》，《西北大学学报（自然科学版）》2013 年第 6 期。

⑨ 杨琳琳：《考古遗址的阐释与展示体系规划研究》，山东大学硕士学位论文，2017 年。

⑩ 王政：《考古学视野下的屈家岭考古遗址公园研究》，北京建筑大学硕士学位论文，2019 年。

⑪ 梅海华：《陕西省大遗址旅游项目 BTO 融资模式及风险控制研究》，西安建筑科技大学硕士学位论文，2003 年。

朝君①对 PPP 模式应用与风险管控的研究，骆志平关于项目可行性的研究②，李雍对于利益相关者的分析③等。值得关注的是，考古和文物工作者对考古遗址公园建设和运营研究的介入很少，这一专题的研究者大多具有工商管理或工程管理专业背景，一些论文在进行考古遗址公园建设的利益相关者分析时甚至并没有列出考古和文物工作者这一群体。

5. 运营研究

主要指涉及考古遗址公园宣传、策划、营销、旅游开发和游客体验等方面的研究，以及针对某一具体案例的运营现状评估、旅游产品设计以及游客体验调查等。这一类的研究成果有席岳婷的《国家考古遗址公园文化旅游研究》④，付蓉对大明宫国家考古遗址公园保护与运营现状的调研⑤、王新文对考古遗址公园旅游产品设计的研究⑥以及刘凡⑦和张中华⑧等人对游客体验的研究。

6. 与城市和区域经济发展关系的研究

包括城市化背景下大遗址保护利用研究⑨、考古遗址公园与区域经济发展和文化民生的互动⑩、遗址区居民生活质量及公众参与问题的研究⑪等。

---

① 杨朝君：《大遗址旅游项目 PPP 模式的应用与风险管理研究》，西北大学硕士学位论文，2013 年。

② 骆志平：《铜官窑国家考古遗址公园建设项目可行性研究》，中南大学硕士学位论文，2011 年。

③ 李雍：《PPP 模式下文化综合体项目利益相关者的博弈分析》，西安建筑科技大学硕士学位论文，2020 年。

④ 席岳婷：《国家考古遗址公园文化旅游研究》，科学出版社，2020 年。

⑤ 付蓉：《世界文化遗产框架下大明宫国家考古遗址公园保护与运营现状研究》，复旦大学硕士学位论文，2014 年。

⑥ 王新文、刘克成、王晓敏：《基于保护的考古遗址公园旅游产品设计初探》，《西北大学学报（自然科学版）》2012 年第 4 期。

⑦ 刘凡：《国家考古遗址公园使用后评价（POE）研究》，西安建筑科技大学硕士学位论文，2013 年。

⑧ 张中华、段瀚：《基于 Amos 的环境地方性与游客地方感之间的关系机理分析——以西安大明宫国家考古遗址公园为例》，《旅游科学》2014 年第 4 期。

⑨ 王守功、张宾、刘凯：《城市化进程中大遗址的保护与利用》，《南方文物》2020 年第 1 期。

⑩ 白海峰：《大遗址环境整治与区域发展的互动》，西北大学硕士学位论文，2008 年。刘宝山：《考古遗址公园建设与文化民生研究》，科学出版社，2015 年。

⑪ 马建昌、张颖：《城市大遗址保护利用中公众参与问题研究——以唐大明宫考古遗址公园的建设和管理运营为例》，《人文杂志》2015 年第 1 期。

7. 与公众考古关系的研究

关于考古遗址公园与公众考古关系方面的专题研究成果数量较少，如王斐对考古遗址公园与公众考古传播之间的关系进行的探索①，孙悦以具体案例分析遗址公园对公众考古发展的作用②。

8. 案例研究

这一分类主要是指针对考古遗址公园个案或特定地域的多个考古遗址公园进行的多角度的综合研究，可列入此类的研究数量很少。如汤诗伟对金沙考古遗址公园运营理念和模式进行的总结和介绍③，张贺君针对河南省大遗址的保护研究④。

大遗址保护利用和考古遗址公园建设是一个系统工程，对其进行的研究自然涉及考古学、文化遗产学、经济学、管理学等多个学科领域。审视现有研究成果不难发现，考古遗址公园建设之初，先行者积极搭建框架，后来的研究多根据遗址公园建设过程中出现的问题，从某一个专业角度出发，提出解决问题的方案，但大多并未落地接受检验。另一方面，综合运用相关学科理论和方法，以经验总结为导向的完整的案例研究极为少见。这一现状，与近20年来全国范围内百余处考古遗址公园轰轰烈烈的立项和建设活动并不相称。实践出真知。无论优劣成败，每个鲜活的考古遗址公园建设和运营过程都是大遗址保护工作的"社会史诗"，是无比珍贵的经验宝库。针对具体案例进行全生命周期的分析和总结，能为未来的考古遗址公园建设提供切实的思路和方法，从而观往知来，更好地发挥后发优势。

三、大遗址保护利用的困境

根据中国文化遗产研究院的调研，我国的大遗址保护利用现状可以划分为保护区、开放参观区和混合居住区三大类⑤（表2-2）。这三种状况不是截然分开的，一处大遗址的不同部分可能存在不同的保护利用形式。

---

① 王斐：《从传播视阈看国家考古遗址公园的新发展》，安徽大学硕士学位论文，2016年。
② 孙悦：《考古遗址公园对公众考古的发展——以日本飞鸟、英国弗拉格和我国大明宫遗址公园为例》，《管子学刊》2018年第3期。
③ 汤诗伟：《"金沙模式"——成都金沙遗址保护与利用研究》，西安建筑科技大学硕士学位论文，2010年。
④ 张贺君：《河南省大遗址保护研究》，郑州大学博士学位论文，2012年。
⑤ 参见中国文化遗产研究院：《大遗址保护行动跟踪研究》，文物出版社，2016年，第60页。

表 2－2　大遗址保护利用状况

项目 ＼ 现状	保护区	开放参观区		混合居住区
		旅游景区	公共开放空间	
是否有居民	无			有
土地使用权	单一			复杂
主要功能	保护 科研	保护 展示		生产生活 局部保护/展示
主要活动内容	严格保护区 常年考古工作 少量其他活动	游览参观 商业经营	公共休闲 文化活动	生产生活 局部保护/展示
主要威胁因素	自然破坏	自然破坏 过度开发建设		自然破坏 建设开发 生产生活
监管风险	低	中/高		高
投入　初期	高 （征地/环境 整治）	高 （征地/环境整治/建设开发）		低 （局部保护/展示）
投入　运营期	低 （日常看护）	高 （管理营销/游 客服务/设施维 护/保安保洁）	中 （公共服务/设施 维护/保安保洁）	中 （补偿奖励/监管巡查）
收入	无	高/低	无	低

　　有些遗址或遗址的部分区域价值重大，本体脆弱，考古发掘和研究工作开展不足，观赏展示条件不佳，可以采取最为严格的保护区模式，严格控制建设开发和参观的强度，最大限度地减少人类活动对遗址的干扰。这种保护状况下的大遗址面临的长期矛盾风险因素最少，监管成本和后期维护成本投入较低，在某种程度上或许是大遗址保护的理想状态。但是，"保护区"模式需要极高的前期资金投入来进行土地征收和环境整治，且后续不能产生任何经济收入。目前，国内绝大部分大遗址无法得到有力的土地、财政制度支持来建设这种保护区，仅有极个别遗址的部分区域处于这种保护状态。

有些遗址或遗址的部分区域价值重大，具有一定的考古发掘和研究工作基础，观赏展示条件较好，本体保护措施到位，且遗址所在地区的区域性旅游配套设施也较为完善，可以通过建设考古遗址公园进行集中开发和展示，成为面向公众的开放参观区。展示考古遗产是促进公众了解现代社会起源和发展的至关重要的方法，也是促进公众了解考古遗址保护意义的最重要手段①。设立开放参观区有助于提升大遗址的公众认知度和文化影响力，但维持大遗址保护和利用的平衡意味着较高的监管风险。"开放参观区"需要较高的前期资金投入进行土地征收、环境治理和展示服务设施建设，也相应地存在较高的维护运营成本。

当前，国内大部分遗址处于"混合居住区"状态。庞大的人口规模和紧张的土地资源造成了我国遗址与居民共存的状况，许多大遗址既没有现实条件进行区域性的严格隔离措施加以保护，又没有展示条件进行集中式的开发保护，只能采取局部本体保护加区域性综合控制的混合居住区模式。这种情况下的大遗址保护管理虽然没有高额的前期资金投入，但需要协调很多利益相关者不断变化的不同诉求。遗址所在地居民的生产生活受到限制，在补偿机制和激励机制不到位的情况下，仅靠强制执法和行政命令很难取得居民的长期有效配合，文物监管极为困难，甚至出现法人违法现象。显然，这种状态下的大遗址保护管理成本最高、遗址破坏风险最大。

大遗址保护利用的主要问题可以归结为土地资源配置与资金配置两大问题。进一步追溯，土地资源的配置问题从根本上可归结于土地当前收益与未来收益、土地个人收益与公益收益之间的配置问题，所以也是一种资金配置问题②。由于大遗址规模庞大，其所需要的土地资源和资金投入也就特别巨大，因此土地、资金等资源配置的矛盾特别突出，已经远远超出了文物系统内部资源配置能力的界限。

毫无疑问，文物保护是大遗址管理工作的第一要义，而关于大遗址利用的事项，则存在反对和支持两种不同的声音。基于遗址的脆弱性和不可再生性以及早年一些大遗址利用工作的前车之鉴，部分学者认为，保持遗址原状就是最好的保护，任何建设开发行为都会对遗址造成不可逆转的危害。然而，如本章

① 国际古迹遗址理事会：《考古遗产保护与管理宪章》，1990 年。
② 中国文化遗产研究院：《国家考古遗址公园实用手册》，文物出版社，2015 年。

第一节所述，"保护区"模式需要极高的前期资金投入来进行土地征收和环境整治，且后续不能产生任何经济收入，故仅有极个别遗址的部分区域具备原状保护的条件。目前，国内绝大部分遗址处于"混合居住区"状态，遗址保护与城市化建设、居民生产生活矛盾重重。例如在殷墟遗址申遗前，小屯村和花园庄村集体收入分别约为 60 万元、200 万元，申遗后则急剧下降为 2 万元、5 万元[①]。遗址所在地内部矛盾不断激化，引发系列社会问题，甚至出现村支书带头盗掘的恶劣现象[②]。

大遗址属于国家所有，而它所附着的土地的所有权和使用权却往往属于不同的主体。在我国巨大的人口压力和土地资源紧缺的现状下，"原状保存"或许只能是一种美好的愿望。在这种现实条件下，我们必须坚持"保护为主，合理利用"的大遗址保护利用理念，以大遗址保护为核心和第一要义，以大遗址利用促进大遗址保护，从而推动实现大遗址保护和利用的良性循环。

四、考古遗址公园点亮希望

考古遗址公园模式为我国的大遗址保护利用工作提供了一种可行的方案。考古遗址公园立足于遗址及其背景环境的保护、展示与利用，兼顾教育、科研、游览、休闲等多项功能，是中国大遗址保护实践与国际文化遗产保护理念相结合的产物，是加强遗址保护、深化遗址展示与利用的有效途径，符合现阶段大遗址保护的实际需要，具有鲜明的中国文化遗产保护特色。考古遗址公园一方面为遗址保护与研究提供了必要的空间，能够促进考古研究、遗址保护的可持续发展；另一方面借助系统化、人性化的展示设计，为公众提供了开放和直观的考古教材，引导公众走近遗址、热爱遗址，有助于大遗址保护成果的全民共享[③]。

考古遗址公园是当前大遗址保护利用的热点方案。自 2005 年国家文物局开展大遗址保护专项行动以来，我国已经设立了包括 150 处大遗址在内的大遗址项目库，先后公布了 55 家国家考古遗址公园挂牌单位和 80 处国家考古遗址

---

① 李晓莉、申红田：《商业时代下的殷墟遗址保护区发展研究》，《浙江建筑》2013 年第 7 期。

② 参见《从考古遗址公园 1.0 到 2.0 的创新实践——殷墟国家考古遗址公园规划》，《清华同衡规划播报》，2019 年 4 月 30 日。

③ 《关于建设考古遗址公园的良渚共识》，《大遗址保护良渚论坛文集》，浙江古籍出版社，2009 年。

公园立项单位，考古遗址公园和大遗址保护的相关实践、理论和制度建设都有了显著的进展。然而，目前我国通过考古遗址公园模式得到保护和利用的考古遗址仍然占比非常小。现有的国家考古遗址公园挂牌及立项单位皆产生于已公布的国家大遗址保护项目库，与这 150 处国家级大遗址、135 家国家考古遗址公园挂牌及立项单位相对照的是，根据现有的 8 批全国重点文物保护单位名单和 3 次全国不可移动文物普查统计数据，我国共公布了 1 612 处古遗址和古墓葬类全国重点文物保护单位（占国保单位总量的 31.9%），登记的古遗址和古墓葬类不可移动文物更是达到了 332 740 处（占不可移动文物总量的 43.4%）之多。大遗址保护利用事业仍然任重而道远。

　　考古遗址公园模式为何难以大范围推广？除了遗址自身展示条件外，最直接的原因仍然是前述大遗址保护利用的资金配置问题。更何况，即便是已建成的国家级考古遗址公园也仅有极个别的单位能够实现自给自足。根据中国文化遗产研究院对首批 12 家国家考古遗址公园运行情况的统计，这些考古遗址公园运营成本极高，12 家国家考古遗址公园中，除两家的年运行成本低于 1 000 万元外，其余各家的运行成本均在 1 000 万元以上，其中圆明园、秦始皇陵和大明宫的年运行成本甚至超过亿元。其次，绝大多数国家考古遗址公园经营收入不足以弥补运行成本，其中有 6 家国家考古遗址公园经营收入不足运行成本的 50%，包括圆明园、周口店、鸿山、良渚、隋唐洛阳城和大明宫。另外，大多数国家考古遗址公园依赖高额财政补贴，除个别国家考古遗址公园的政府补贴是以收支两条线的方式将自身经营收入返回（如秦始皇陵）外，有 4 家公园每年需要政府补贴在 300 万～780 万元，有 5 家公园每年需要财政补贴在 1 300 万～19 000 万元[①]。

　　事实上，考古遗址公园等大遗址保护利用工程的建设资金来源无非两种，第一种是各级政府的财政投入，第二种就是引入社会资本，通过政府与社会资本合作的方式实现融资。尽管《文物保护法》规定"县级以上人民政府应当将文物保护事业纳入本级国民经济和社会发展规划，所需经费列入本级财政预算。国家用于文物保护的财政拨款随着财政收入增长而增加"，但绝大多数地方政府显然无法提供大遗址保护的全部费用。另外，政府主导下的土地开发式的公园建设在设计阶段往往忽视后续运营阶段的可持续性，大规模场馆建设造成了极高的设施运

---

　　① 　中国文化遗产研究院：《大遗址保护行动跟踪研究》，文物出版社，2016 年。

行和维护成本，遗址公园管理机构很难依靠自身运营取得财务平衡，考古遗址公园最终难以为继，使得大遗址保护利用再次陷入资金短缺的泥潭。

资金缺口巨大是阻碍大遗址保护行动开展的主要因素。通过政府和社会资本合作的模式，引入社会资本参与考古遗址公园建设和运营，政府无须一次性拿出巨额资金，就能够以未来可能存在的回报换取企业当下的投资，凭借长远的付费机制来完成融资。政府和社会资本合作的模式能够有效缓解考古遗址公园等大遗址保护利用工程的建设资金短缺问题，尽早地将大遗址从被城镇化蚕食的危险中解救出来。另外，私营社会资本负责项目的建设运营往往比政府融资平台直接运营更有效率。政府和社会资本合作的模式突破了以往政府和社会资本的分工界限，合作关系的建立使得双方的优势能够得到更大程度的整合，这也将有效节省建设和运营考古遗址公园的时间和资金成本。

因社会资本参与而可能导致的遗址过度开发和商业化的风险，在很大程度上可以依靠签订合同、清晰约定政企双方权利和义务等措施来规避。在合作的实施过程中，尽管私营社会资本在特许期内对所建工程项目具有经营权，但政府仍拥有对该项目的控制权，并且可以通过特许经营法规和合同来约束考古遗址公园项目公司的行为，把控考古遗址公园项目的航向。国家文物局 2020 年公布的《大遗址保护利用导则（试行）》明确提出"鼓励机关、团体、企事业单位、集体和个人参与宣传推介、设施建设、游客服务、文化策划、产业发展等大遗址利用活动"。政府和社会资本合作仍将是今后很长的一个时期内基础设施和公共服务项目的主要实现形式，自然也是解决考古遗址公园建设资金问题，走出大遗址保护利用困境的良方。

在现行政策条件下，除了金沙遗址等"天赋异禀"、名声在外的"选手"之外，借助中国特色社会主义事业发展大势，借助社会资本，其他古遗址、古墓葬类文物保护单位同样有希望实现保护和利用的可持续发展。事实上，大遗址本身就具有显著的经济价值，而考古遗址公园不仅是保护和展示大遗址的方案，更是撬动大遗址经济价值的支点，也就是实现大遗址可持续发展的方案。安吉古城国家考古遗址公园的实践证明了这一点，这也是本书接下来将要论述的主体内容。

第二节　之江大地的初步探索

2013 年，为响应国家文物局大遗址保护行动，进一步推动浙江省大遗址保护工作进程，浙江省文物局公布《浙江省省级考古遗址公园管理办法》（试行），在全国率先启动了省级考古遗址公园的评定工作，并于同年 6 月公布浦江上山、嘉兴马家浜、湖州毘山、温州曹湾山、安吉古城、龙泉大窑、杭州南宋皇城、武义吕祖谦家族墓等 8 处遗址为第一批省级考古遗址公园。为回归安吉古城考古遗址公园建设的具体情境，在本节当中，我们将对良渚古城、上山、马家浜、大窑龙泉窑等浙江省内建设进展较为明显的考古遗址公园案例展开分析，窥探浙江省建设考古遗址公园的实践历程。

一、良渚国家考古遗址公园

　　良渚国家考古遗址公园所依托的良渚遗址隶属浙江省杭州市余杭区，地处长江三角洲地区的天目山东缘山前河网平原。作为环太湖地区区域性早期国家的权力和信仰中心，良渚遗址于 2019 年获准列入世界文化遗产名录。作为 2010 年由国家文物局公布的首批 12 处国家考古遗址公园之一，良渚古城国家考古遗址公园堪称国内考古遗址公园建设的先行者，其建成和开放的过程对浙江省内乃至全国的大遗址保护工作都起到了一定程度的示范作用。

　　良渚遗址价值重大且位于经济发达地区的城市近郊，其保护过程具有各级政府高度重视、考古工作基础扎实、展示利用工作谨慎、公众宣传和社会参与程度高的特点。良渚国家考古遗址公园是在遗址保护和考古研究的基础上，融合了科研、游览、休憩、社会教育等多种功能的遗址公园①。

　　良渚遗址的保护利用实践起步较早。1995 年，浙江省人民政府即批准公布了《良渚遗址群保护规划》（浙政发〔1995〕133 号），划定共计 33.8 平方千米的重点保护区、一般保护区和建设控制地带。自此，良渚遗址保护走上了依规划管理的道路，得到了地方政府的高度重视和大量资金投入。特别是在 2001 年 9 月，在杭州市和余杭区的动议下，省政府批准设立杭州良渚遗址管理区，辖良渚、瓶窑两镇，实施以外围开发促进遗址保护的工作思路，对遗址保护事业进行积极探索。为解决遗址保护资金筹集和补偿、土地资源流转和使用方式调整等难题，杭州市将良渚遗址摆到了城市发展的重要高度，列入文化名城建设的重要内容。良渚文化博物馆建设、反山遗址土地征用、遗址区周边

---

　　① 周苏：《大遗址保护利用及其公园体制建设研究——以良渚遗址为例》，《中国文物科学研究》2020 年第 4 期。

石矿关停等良渚遗址保护与利用工作都得到了政府的专项资金支持。2002 年起，杭州市与浙江省及余杭区三级财政每年共安排 1 300 万元专项资金，用于支持良渚遗址保护与利用工作。多年来，余杭区立足遗址本体保护和地区可持续发展，关停石矿、南移国道、转移居民、搬迁企业，以极大的决心，巨大的投入换来了良渚遗址的安全和美丽。

　　考古工作和认识的全面深入是大遗址保护的前提①。围绕遗址内涵认知、价值发掘以及保护利用需求，良渚遗址的考古工作有序开展。2006 至 2007 年的钻探发掘确认了以莫角山为中心的良渚古城，使得以往发现的 130 多个遗址点组合为一个整体，为研究良渚遗址的功能布局与社会发展进程提供了全新的视角。2008 至 2010 年，考古工作者对良渚古城外围进行了详细的钻探和物理探测，发现了良渚古城外城，并对美人地台地、扁担山台地进行了发掘。同时，良渚古城外围由谷口高坝和平原低坝等构成的水利系统也得到确认。2002 年 3 月，浙江省政府专门召开了良渚遗址保护专家咨询会，并在会上成立了浙江省良渚遗址保护专家咨询委员会，聘请张忠培、严文明等知名专家为委员。此后，当地政府又陆续通过举办"良渚论坛"、筹建良渚遗址考古保护中心、良渚研究院等科研基地，设立良渚科研研究基金的方式，创造积极条件，促进相关人员的交流协作，不断提升遗址的保护利用整体水平。2012 年，《良渚遗址保护总体规划》② 正式公布。2013 年，《良渚古城遗址保护管理规划》《良渚古城遗址遗产保护、展示、整治方案》启动编制。自此，良渚古城遗址本体保护、环境整治、价值阐释、公众教育以及管理等工作进入全面推进阶段。

　　良渚遗址的展示方式以比较谨慎的原状展示和地表模拟为主，只有少部分区域采取了局部揭示露明的方式，且遗址之上的展示性建设工程较少，对遗址本体的干扰较小（彩版五）。这种展示现状是由土遗址的特点和遗址本身的保存现状决定的。目前，国内外关于土遗址保护、加固及抵御自然侵害的技术和方法都还不够成熟。而良渚遗址位于北亚热带南缘季风气候区，水土流失易发，再加上地处浙西山地丘陵与杭嘉湖平原接壤地带，地下水丰富，使得遗迹易受雨水浸泡和冲刷，难以进行大规模的揭露展示。目前，良

---

　　① 刘斌：《从良渚遗址的考古过程看大遗址的认知过程》，2010 年"大遗址考古与大遗址保护"学术研讨会上的发言。

　　② 参见：《全国重点文物保护单位——良渚遗址保护总体规划》，http：//wwj. zj. gov. cn/art/2019/8/22/art _ 1639076 _ 42056092. html。

渚遗址主要通过环境修复、绿植标识等手段恢复古城、古水系空间格局，营造水草丰美的自然环境，先期建成的美丽洲公园和良渚博物院区块已成功申报 4A 级景区，成了杭州市民观光旅游休闲的胜地。尽管如此，良渚遗址的遗产现场展示仍存在缺乏可视性、可读性和系统性等问题①，尚需在日后的探索中不断改善。

重视社会宣传和公众参与也是良渚遗址保护行动的特点之一。为了扩大良渚遗址的影响力和提升公众的认知度，相关部门先后举办了形式多样的论坛讲座和文化体验活动，诸如将良渚遗址写入教材，建立网站，拍摄纪录片等，并积极将这些活动与城市、学校、社区的文化建设相结。随着社会宣传工作的增多和普及，良渚文化及其良渚遗址的社会知名度越来越高，保护利用过程中的公众参与度和支持度也随之提高。例如，近年来保护区内的违法违章建设明显有所下降，从 2005 年的 60 多起下降到 2008 年的 20 余起，并出现了一些无违章建设现象的村庄和社区②。

良渚古城考古遗址公园的总体发展思路是保护与利用相结合。管委会的各项决策要既有利于文物保护，又有利于经济建设和提高人民群众生活水平，充分考虑遗址所在地群众的切身利益，尽量减轻由于保护遗址而给当地群众生产、生活造成的负担，必要时采取适当方式给予补偿。良渚试图通过调整产业结构、改变土地用途等措施，努力扶持既有利于遗址保护又能提高当地群众生活水平的产业，从根本上改变遗址保护的被动局面③。这种"以保护为目的，以开发为手段，以适度开发、合理补偿形成全民保护的局面"的工作思路，对当地和谐的遗址保护氛围的营造发挥了重要的促进作用。

二、省内其他考古遗址公园

自 2013 年首批省级考古遗址公园名单公布以来，经过近十年的准备和建设，8 处省级考古遗址公园的状况也拉开了较大的差距。综合来看，除安吉古城考古遗址公园外，慈溪上林湖、浦江上山、嘉兴马家浜、龙泉大窑几处考古遗址公园的建设工作也取得了较大的进展。其中，浦江抓住"上山文化"命名

---

① 骆晓红、周黎明：《良渚遗址保护：历程回顾与问题探讨》，《南方文物》2017 年第 3 期。
② 赵夏：《良渚遗址保护利用的特点分析》，《国际文化管理》（第三辑），对外经济贸易大学出版社，2016 年。
③ 中国文化遗产研究院：《大遗址保护行动跟踪研究》，文物出版社，2016 年。

十周年举办国际学术研讨会的契机，促成了遗址公园核心区域的开放，已取得了较好的社会效益，为浙江省省级考古遗址公园的建设起到了示范作用。嘉兴马家浜遗址将遗址公园建设与马家浜第二批特色小镇建设相结合，促使遗址公园建设较快地步入轨道。大窑龙泉窑考古遗址公园则是以申报海上丝绸之路世界文化遗产为助力，成功跻身第三批国家考古遗址公园行列。

（一）上山考古遗址公园

上山遗址位于金华市浦江县黄宅镇，年代距今 11 400～8 600 年，是长江下游地区迄今发现的最早的新石器时代遗址和世界稻作农业起源地之一。2006年，以上山遗址为代表的考古学文化类型被正式命名为"上山文化"。此后，浦江县政府一直高度重视上山遗址的保护利用事业，将上山遗址的保护与利用纳入本县国民经济和社会发展规划，所需经费列入本级财政预算。当地文物部门也围绕遗址保护和利用做了大量工作。

浦江县通过开展田野考古发掘工作及"浙中地区以上山文化为核心的新石器时代遗址专题调查"，召开"中国第四届环境考古学大会暨上山遗址学术研讨会"等学术研讨会，以及设立专门的研究机构"上山文化研究中心"，为上山遗址的保护展示提供了坚实的考古科研基础。2007 年，遗址的保护利用工程成功被列入"浙江省首批文物保护利用示范项目"，遗址规划编制工作也开始启动。2010 年，《上山遗址保护总体规划》通过了国家文物局评审论证并正式公布，上山遗址进入整体保护阶段。以此为基础，上山遗址在 2013 年成功入选为首批省级考古遗址公园建设单位。当年，浦江县文物部门即迅速组织启动了考古遗址公园规划的编制工作，力图通过分析上山遗址考古勘探成果、挖掘历史文化资源、修复生态环境景观、设置展示休闲设施，来达到文化遗产保护和现代社会生活的协调发展的目标。《上山考古遗址公园规划》不仅对遗址公园的功能分区、交通组织、设施分布、景观空间的布局、建（构）筑物风貌控制、公共环境塑造等内容作出了详细说明，还对考古与研究的实施、遗址公园的管理运营、基础设施的建设和综合防灾作出了具体规划。

有了规划作为科学依据，上山考古遗址公园的建设正式提上日程。基于工程建设规模大的现实，浦江县采取分期实施的策略，组织编制《上山遗址核心区块保护与展示工程方案》，优先启动遗址核心区域的保护与展示工程建设，建造了兼具遗址保护、展板讲解和游客参观功能的保护展示大棚。基于遗址内涵，浦江县通过农业合作社模式对核心区周边的地块进行统一租赁和耕种，建设稻作文化和农业耕种体验区，形成集参观、展示、观赏、体验于一体的稻作农业景观，保证了遗址区域环境风貌的整体性①。

在加强规划和建设的同时，浦江县政府还不断加大上山文化的宣传力度，突出上山文化主题，扩大考古遗址公园知名度。早在 2007 年，浦江县即在浦江博物馆专门设立了"上山文化陈列馆"，对上山遗址内涵进行集中展示。浦江县还通过"稻作农业起源暨'上山文化'命名十周年国际学术研讨会"，推出"上山文化十周年考古成果展"，并出版《上山文化》图录，进一步推动上山文化研究与宣传。另外，浦江县文物部门还通过开展"浙江省小记者百馆游活动""上山文化知识有奖问答""百名记者走读上山文化"等文化活动，积极宣传上山遗址内涵和价值，增强考古遗址公园的吸引力。

（二）马家浜考古遗址公园②

马家浜遗址位于浙江省嘉兴市经济开发区西南新区，面积约 35 000 平方米，为全国重点文物保护单位。1959 年 3 月，马家浜遗址的首次发现和发掘取得了重大收获。当年 5 月 9 日，新华社在《人民日报》发表消息——"浙江嘉兴发现新石器时代遗址"，后载入《中华人民共和国要闻录》，由此引起了国内外考古界的重视。1977 年 11 月，在南京召开的长江下游新石器文化学术讨论会上，著名考古学家夏鼐等提出了中华民族文化形成多元论的观点，明确指出长江流域和黄河流域同是中华民族文化起源的摇篮③。会议确认以马家浜遗址为代表的马家浜文化是长江下游太湖流域新石器时代早期文化的代表，并正式命名为"马家浜文化"。迄今已发现的马家浜文化遗址达 70 多处，其年代跨度为距今 7 000 多年至 6 000 年，之后进入崧泽文化，大约在距今 5 300 年时发展成为良渚文化。马家浜文化—崧泽文化—良渚文化考古学文化序列的建立，表明环太湖的东南地区是我国重要的考古学文化区系之一。

与良渚遗址类似，马家浜遗址紧邻嘉兴市区，为加大文化遗产保护力度、提升城市文化品位，当地政府将"马家浜遗址公园建设"提上日程。2001 年编制的《嘉兴经济开发区西南新区控制性规划》中，即已预留了 30 多公顷的土地作为文物保护区。2003 年，遗址所在地嘉兴市经济开发区政府投入两亿

---

① 朱江平、张国萍、陈畅捷：《浙江浦江上山遗址保护与利用的实践和思考》，《南方文物》2016 年第 3 期。

② 嘉兴市人民政府：《马家浜考古遗址公园国家考古遗址公园立项申报书》，2017 年。

③ 夏鼐：《碳-14 测定年代和中国史前考古学》，《考古》1977 年第 4 期。

多元，完成了对遗址所在区域的农户征迁，以及区域内的道路、电力、污水管道等建设工程，为遗址公园建设创造条件。2009 年，嘉兴市召开了马家浜文化国际学术研讨会、召开马家浜文化考古成果展。2015 年 5 月，遗址保护规划由浙江省政府正式批准公布。

　　马家浜遗址公园以马家浜遗址为核心，规划建设占地面积 23 公顷，包括马家浜文化博物馆区、遗址发掘展示区、文化休闲服务区三块功能区（图 2-1）。其中，马家浜文化博物馆建筑面积 8 000 多平方米，投资 7 000 万元，为集中展示太湖地区马家浜文化的专题性博物馆。遗址发掘展示区主要通过考古发掘场景来真实展现马家浜遗址悠久的历史文化。文化休闲服务区依托遗址公园而建，以餐饮、住宿、特色产品、文化娱乐等为主，建筑面积达 6 000 平方米。

图 2-1　嘉兴马家浜考古遗址公园

　　考古遗址公园的建设一方面为嘉兴提供了一处重要的城市景观和对外交流的平台，吸引了大量本地市民和外地游客的参观。另外，通过对马家浜文化渊源、特征和文化内涵的系统展示，马家浜考古遗址公园逐步打响了马家浜历史文化品牌，提升了嘉兴文化的影响力和知名度。马家浜考古遗址公园区位条件良好，作为一个文化项目工程，还发挥出了利用文化资源优势撬动文化产业发展的功能，带动了周边区域餐饮、住宿、特色产品、文化娱乐等产业的兴起，进一步反哺遗址所在地经济发展。

（三）大窑龙泉窑考古遗址公园①

大窑龙泉窑遗址位于龙泉市南 40 千米处的琉华山下小梅镇、查田镇及庆元县竹口镇。大窑龙泉窑遗址是古代龙泉窑的起源地和中心产区，其窑址数量达 126 处之多。龙泉窑创烧于晚唐，盛极于南宋晚期，至元代开始较多地烧制大件器物，取得制瓷技术上的重大突破，明代早期龙泉窑仍向宫廷供瓷，至清末、民国时期逐渐式微。从遗产保护价值角度看，龙泉窑是中国陶瓷史上窑场最多、分布最广、产量最大、延续历史最长、最具代表性的瓷窑体系，大窑龙泉窑遗址作为龙泉窑的起源地和中心产区，是一处在中国陶瓷史，其至世界陶瓷史上都具有重要地位的瓷窑址。

大窑龙泉窑遗址的考古和研究工作已有一定积累。田野考古发掘和调查方面，2006 年，浙江省文物考古研究所和北京大学考古文博学院对大窑龙泉窑遗址中的枫洞岩窑址进行主动发掘。2010 年至 2011 年，又对瓦窑垟、小梅瓦路窑址开展主动发掘。此后，为配合考古遗址公园建设，考古队又对遗址区域开展了考古调查，从而对整个龙泉窑核心产区——龙泉南区窑址的基本面貌有了较为全面系统地认知。2009 年，《龙泉大窑枫洞岩窑址出土瓷器》图录和论文集出版，发表了出土的部分瓷器和初步研究成果。2015 年，浙江省文物考古研究所、北京大学考古文博学院、龙泉青瓷博物馆联合出版了《龙泉大窑枫洞岩窑址》，公布了龙泉窑整理和研究的最新成果。

按照创建国家考古遗址公园和"海上丝绸之路·中国史迹"申遗同步推进的思路，龙泉市成立了由市委书记、市长任双组长的领导小组。除浙江省重点建设项目专项补助经费外，龙泉市统筹安排财政配套资金 1 亿多元（占年度财政收入的八分之一），保障了创建工作顺利推进。根据《大窑龙泉窑考古遗址公园总体规划》，遗址公园总体规模约为 9.74 平方千米，考古遗址公园一期项目以"海丝"申遗整治项目为主，开放范围总面积约为 8.41 平方千米。建设项目包括高际头游客接待中心、金村游客接待中心、大窑村落、金村村落、枫洞岩窑址保护展示（图 2-2）、金村码头保护展示、大窑㟬窑址保护展示、古

---

① 龙泉市人民政府：《大窑龙泉窑考古遗址公园国家考古遗址公园立项申报书》，2017 年。

道遗存保护展示以及道路工程、标识系统工程、安防监控工程等配套项目。二期建设内容则包括瓦窑垟窑址保护展示、遗址博物馆等。目前，大窑龙泉窑考古遗址公园已成了一处以大窑龙泉窑为核心，以青瓷文化为内涵，集遗址文化景观、传统聚落景观、乡土农业景观、生态野趣景观于一体，具有遗址保护、科学研究、教育展示、文化传承、艺术创意、旅游休憩等多种功能的公共文化空间。以大窑龙泉窑考古遗址公园为支点，龙泉市大力发展青瓷文化产业，实施"青瓷＋文化""青瓷＋旅游"战略，撬动地方产业升级。遗址所在地的小梅镇依托深厚的青瓷文化和人文底蕴，在考古遗址公园周边提升改造古廊桥、叶氏宗祠等历史名胜周边农家乐，民宿示范点，探索出了"文旅融合"新模式。

图 2 - 2　龙泉大窑龙泉窑国家考古遗址公园枫洞岩展示点

　　回顾浙江省内考古遗址公园建设的优秀案例，我们可以得出以下几点认识。首先，考古遗址公园建设是一项复杂的系统工程①，遗址所在地政府的重视程度决定了大遗址保护展示工作的推进速度。考古遗址公园建设要顺应当地

　　①　单霁翔：《大型考古遗址公园的探索与实践》，《中国文物科学研究》2010 年第 1 期。

发展大势，通过寻找与社会热点工程的公约数来解决建设土地和资金资源的难题。上述考古遗址公园创设成果较为明显的大遗址基本上都及时抓住了当地城市转型、环境整治、城中村改造和新农村建设等发展契机，从而使遗址保护工作摆脱由文物部门"单打独斗"的工作方式的局限，有效改善了遗址环境和保护展示条件。其次，考古发掘和研究工作是考古遗址公园建设的基础。遗址内涵和价值对政府和公众关注程度具有决定性影响，也就对遗址保护利用事业影响重大。而遗址的内涵和价值则依赖于遗址考古和科研水平工作的开展。这一点在良渚考古遗址公园的建设实践中体现得尤为明显，良渚古城和外城城墙、古城外围水利系统的发现极大丰富了遗址的内涵，推动了考古遗址公园建设的建设进程和水平。考古发现不但为遗址保护工作提供了契机，持续的、与时俱进的考古工作更是考古遗址公园建设的必要支撑和强大推动力。全面、科学、严密的考古遗址公园建设规划，是搞好遗址公园建设的前提和基本保障[①]。一旦考古发掘和研究工作停滞不前，考古遗址公园建设也就成了无根之木，无源之水。

三、安吉面临的现实条件

安吉古城遗址土筑城墙保存尚好，除城墙东北角被定胜渠水利工程建设破坏外，其他段地面均可见不同高度残留遗存。环城护城河遗迹明显可辨，宽50～80米，淤塞严重，有水面存在部分不足20％。城墙内现均为农田。城内遗迹除已建设区域受到破坏外，其余均处于地下掩埋状态。龙山越国贵族墓葬群曾因盗掘以及民用及工业建筑建设、道路建设等导致部分文物本体受到一定程度上的破坏。其中，D1、D14、D141、D233－D236、D107－D140 等已被列入抢救性发掘计划或已完成抢救性发掘。历史环境方面，遗址周边山体基本保持原有丘陵地形地貌。九龙山局部因为修建公路、建设灌溉水渠、村庄建设等有所破坏；龙山区域山坳内开山采石活动对低海拔处的部分山体和地形造成了破坏。部分山体开垦为茶园，致使植物群落和原始景观稍有改变。建国后开挖的人工灌溉渠改变了部分水系的自然线形和走向。规划范围内农作物仍以水稻为主，山间小平原上遍布鱼塘、河港等[②]。遗址范围内基础设施的建设和运营

---

① 杜金鹏：《大遗址保护与考古遗址公园建设》，《东南文化》2010 年第 1 期。
② 中国建筑设计院有限公司、浙江省文物考古研究所：《安吉古城考古遗址公园规划》，2017 年。

由各农村居民点自发进行，未纳入安吉县市政系统。给排水、环卫等市政设施缺乏，沿道路架设的电力和通信线路对遗址景观和卫生状况造成一定影响。农村公路缺少统一规划。此外，县道马良线呈西北—东南向贯穿安吉古城遗址和龙山越国贵族墓地，一定程度上破坏了遗址区整体风貌。在日常保护管理方面，安吉古城和龙山越国贵族墓群在考古遗址公园建设之前，同样采用的是聘请业余文保员进行保护巡查的方式进行保护和管理，未设置遗产的专职管理机构和安防监测系统，基本未对遗址进行展示和利用。保护区划方面，在考古遗址公园建设工作启动之前，遗址一直按照 1997 年浙江省人民政府公布的保护区划来管理，存在保护范围未充分考虑遗址周边地形地貌、新探明的遗存未能及时纳入保护区划范围等问题。该保护规划所提供的信息并不足以支撑考古遗址公园规划建设。因此，有必要更新文物保护规划，调整遗产保护区划范围。

综合来看，考古遗址公园建设启动时，安吉古城和龙山越国贵族墓地遗址本体和整体风貌保存状况还是比较理想的。遗址区土地利用性质尚以耕地为主，土地利用性质相对单纯，农村居民点分布较为分散，尚未大面积占压遗址。除古城遗址仍有部分城墙残存于地表外，土墩墓的高大封土和环壕也具有一定的地表标识性和观赏价值。遗址及其周边的主要地表景观为湿地、竹林、茶园、稻田等类型，湿地、山林的生态功能尚未完全丧失，具有田园水乡韵味。总之，安吉古城遗址、龙山越国贵族墓群已具备一定的保护工作基础，考古遗址公园建设事业还有当地得天独厚的生态资源可供借助。不过，距离遗产整体保护、展示和利用目标，当时的安吉古城遗址和龙山越国贵族墓地还有较长的路要走。

受文物资源的不可再生特性和土遗址保护技术的局限，长期以来，基层文物保护部门往往采取"死看死守"的静态保护方式，力求尽可能地保护遗址真实性和完整性。然而，在我国土地资源和人口规模条件下，大部分大遗址都处于人类活动较为集中和频繁的区域，被现代城镇、乡村叠压，导致遗址保护与城市经济发展和居民生产生活的矛盾十分普遍和突出，因城市基础设施建设和居民生产生活而对遗址造成破坏的现象时有发生。在这种情况下，遗址被埋于地下、不受干扰、永续保存的状态恐怕只能是文物保护部门的一种美好愿望。转变保护思路，跳出文物小圈，在更广阔的视野下统筹协调和解决遗址保护、居民生活及区域发展问题才是符合实际的选择。

与国内大多数遗址相同，古城遗址和龙山越国贵族墓地长期处于"混合居住区"① 状态，遗址保护监管难度大，文物安全难以得到充分保障。遗址所在地区土地利用方式以农用地为主，大遗址价值也得不到发挥，遗址所在地社区居民的生产和生活受到诸多限制。

考古遗址公园建设前，安吉古城遗址、龙山越国贵族群所在地递铺街道的经济发展水平在全县处于较为落后的地位。为提升经济发展水平，改善居民生活质量，《安吉县域总体规划研究（2012～2030）》对这一区域提出了"生态及文化产业基地""历史文化遗迹和竹文化展示平台"的定位，计划结合生态安吉、美丽乡村的建设要求，通过环境整治、完善基础设施、集约利用土地等方式，优化乡村风貌并发展旅游业，建设以历史文化旅游、城市休闲观光、休闲度假、会议中心等功能为主的"中部休闲度假和服务中心板块"。《安吉县开发区（递铺镇）古城村村庄规划（2010～2020）》提出"鼓励发展第三产业，充分利用现有资源，依托区位优势，发展和壮大农家乐产业、旅游配套产业等综合服务业"的产业发展规划。《安吉县环笔架山都市休闲农业综合园总体规划》在"性质定位"中确定环笔架山农业综合园为"以现代化农业生产为主导，以高科技、高效率、低碳环保为特色，兼都市农业休闲和生态旅游，集生产、加工展示、科研、示范、观光旅游、体验休闲为一体的现代化综合型农业园区"。其中，在"精品旅游战略规划"中，明确古城村作为"农业风光游线"和"现代养生度假游线"中的一个重要节点。

这一时期，遗址所在地递铺街道选择了对地下文物干扰程度较小的农业休闲产业和生态旅游业作为主要的发展方向。这种主要依靠生态资源优势发展乡村旅游的路径是安吉县及其周边区县常见的做法，然而，与县内众多的优质旅游目的地相比，起步较晚的递铺街道在竞争中并不具备明显优势，乡村旅游业虽然也取得较快发展，但一直未形成规模和知名效应。依托安吉古城、龙山越国贵族墓葬群文化资源，建设考古遗址公园，发展文化旅游的思路则为递铺镇经济发展、产业升级和居民生活水平提升指明了方向。

当然，从已建成的考古遗址公园案例来看，大遗址发展保护利用事业也面临着一定的风险。遗址公园建设所带来的大规模拆迁改变了当地居民原本的生活方式和生活环境，如果未能对其进行妥善安置，也会导致居民生活边缘化，

---

① 中国文化遗产研究院：《大遗址保护行动跟踪研究》，文物出版社，2016 年。

社区纽带割裂等社会问题。

各地在考古遗址公园建设的过程中，也存在考古与研究不足、定位不清、急于求成、重建设轻保护、重建设轻运营等问题①。在"大拆"的同时，各地为"出形象"而开展的"大建"屡见不鲜。巨额资金投入和保护展示工程等建设虽然在短期内直观地显示出考古遗址公园建设的成效，但也为园区及场馆设施的可持续运营埋下了隐患②。一些遗址保护展示设施过分追求外观和规模的"高大上"，不仅对遗址本体的真实性和完整性造成危害，还导致遗址公园和保护设施维护运营成本十分巨大，而这是大多数遗址公园无法承受的。目前已建成开放的遗址公园或遗址博物馆中，能够做到收支平衡的仅寥寥数家，其他皆需要依靠巨额补贴才能维持基本运营。

对于安吉古城和龙山越国贵族墓群来说，其考古调查和发掘工作起步较早，也取得了一系列科研成果。现存城墙、护城河、高大土墩墓以及城墓相连的空间格局也具有一定的展示性。不过，无论是在邻近地区同类型遗址中，还是在全国大遗址名录当中，安吉古城和龙山越国贵族墓群遗址本体的规格、展示条件和特色或许都尚未达到"一骑绝尘"的程度。对比已经建成知名国家考古遗址公园的大遗址，安吉古城和龙山越国贵族墓群在遗址规模、观赏性、知名度，出土文物的数量和等级方面可能都有所欠缺。另外，从遗址外部条件看，虽然其所在的区位条件优越，旅游经济发达，但与绝大多数县级地方政府类似，短期内安吉县对于文物保护的财政拨款显然无法支撑起全部的考古遗址公园建设费用。

与国内大多数古遗址、古墓葬类文物保护单位类似，安吉古城和龙山越国贵族墓群的价值和知名度都尚待阐释和提升，保护和展示工程资金缺口巨大，考古遗址公园建设也就步履维艰。为此，我们必须根据遗址自身特点，借力当地发展大势来探索新路、开辟捷径。安吉古城和龙山越国贵族墓地想要建设遗址公园，实现文物有效保护和利用的目标，首先就要回归到遗址所在地的现实情境。

① 国家文物局：《国家文物局关于进一步规范考古遗址公园建设暨启动第二批国家考古遗址公园评定工作的通知》，2012 年 12 月 24 日。
② 中国文化遗产研究院：《大遗址保护行动跟踪研究》，文物出版社，2016 年。

第三节　生态立县带来的现实机遇

受资金、土地、管理机制等问题的制约，文物的保护利用面临普遍的困难。安吉县的文物保护工作没有就保护谈保护，就利用做利用，而是顺应了当地发展的大趋势。古城遗址和龙山越国贵族墓群保护和利用工作的开展离不开安吉的现实社会环境。作为"绿水青山就是金山银山"科学理念的诞生地，自1998年以来，安吉即确立了"生态立县"的战略发展思路，坚持走绿色发展道路，重视生态保护，逐步形成了全域旅游大景区。2007年，时任国家文物局局长的单霁翔考察安吉县文化遗产保护工作时，首次提出在安吉建设生态博物馆的设想。以此为契机，安吉县采取政府重点建设和在政府指导下民众自愿建设相结合的方式，在全县范围内推行生态博物馆建设，以求依托生态环境和文化资源来实现可持续发展的目标。在建设县域生态博物馆群落的大背景下，安吉县文物部门顺势推动古城遗址和龙山越国贵族墓群进入生态博物馆建设规划序列，提出建设"龙山古墓葬文化生态博物馆"，以极大的责任感和勇气主动启动了遗址的保护利用工作。

当时提出的"龙山古墓葬文化生态博物馆"构想可以看作是文物工作与生态文明建设的结合体，即借助安吉县建设生态博物馆的大势，对考古遗址进行在地保护和展示宣传。安吉县文物部门开始沿着生态保护的道路，摸索文物保护的新路。正是有这种准备，当2010年前后"考古遗址公园"实践在全国兴起时，古城遗址和龙山越国贵族墓群的保护利用工作才得以率先把握"整体保护""保护性展示"的航向，开启考古遗址公园的建设征程。随着浙江自然博物院新馆花落安吉，以及乡村振兴战略的实施，乡村旅游在安吉的蓬勃发展，遗址的保护工作也逐渐由"保护"向"保护利用"深化发展。因而古城遗址和龙山越国贵族墓群的保护利用工作实践具有与时俱进、因势利导、因地制宜的特点。

一、环境保护下的大遗址

生态文明是人类文明发展到一定阶段的产物，是反映人与自然和谐程度的新型文明形态，体现了人类文明发展理念的重大进步。建设生态文明，不是要放弃工业文明，回到原始的生产生活方式，而是要以资源环境承载能力为基础，以自然规律为准则，以可持续发展、人与自然和谐为目标，建设生产发展、生活富裕、生态良好的文明社会①。自 2007 年在党的十七大报告中第一次明确提出建设生态文明，到 2012 年党的十八大报告中提出的"五位一体"战略，党中央把生态文明建设融入经济建设、政治建设、文化建设和社会建设的各个方面和全过程，中国开启了一个建设美丽中国，努力走向社会主义生态文明的新时代。安吉县早在 1998 年太湖治污"零点行动"实施以来，就开始以生态可持续发展理念为指导进行生态文明建设。经过二十余年的不断实践，"生态文明"已成为安吉经济社会发展中始终贯穿的理念，融入了安吉人的日常生活。

其实，在 20 世纪 80 年代，交通条件落后、工业基础薄弱的安吉县，曾是浙江省的 25 个贫困县之一。为了摘掉贫困的帽子，安吉决定走"工业立县"的道路，引进和发展了一批资源消耗型和环境污染型的企业。不过，造纸、化工、建材、印染、采矿等企业虽然给安吉带来了高速增长的 GDP，但也对当地环境造成了严重的污染②。1998 年，安吉县在国务院开启的太湖治污"零点行动"中受到"黄牌警告"，被列为太湖水污染治理重点区域。整治任务倒逼之下，安吉县在困境中思索变革之路，认识到了安吉的优势是山水文化景观，潜力也是山水文化景观，生态环境是安吉最大的也是最可宝贵的资源，安吉应该依靠生态优势，走"生态立县"之路③。2000 年，安吉县人大作出了《关于实施生态立县—生态经济强县的决议》，正式确立生态立县的发展战略，投入大量资金治理环境和关闭污染严重的企业，放弃化工、造纸、开山取矿等粗放产业。

破立之间，曾经的富裕县又一度沦为浙江省 4 个欠发达县之一。为了实现"生态经济化、经济生态化"的现实转变，安吉县在大力保护生态环境的同时，依托"七山一水二分田"的地形地貌特征和沪宁杭三角中心位置的地理区位优势，努力把生态资源转化为生态效益，在生态产业发展、生态文明建设等方面作出了有益的探索。首先是依托安吉农业基础，大力发展生态循环农业、林业和畜牧业，其次以资源节约型、清洁生产型、生态环保型为导向，大力发展竹

---

① 张高丽：《大力推进生态文明 努力建设美丽中国》，《求是》2013 年第 24 期。
② 彭真怀：《安吉"美丽乡村"的示范意义》，《决策》2009 年第 4 期。
③ 叶辉、陈毛应、叶福明：《安吉："中国美丽乡村"建设》，《党建》2010 年第 1 期；单霁翔：《关于浙江安吉生态博物馆聚落的思考》，《中国文物科学研究》2011 年第 1 期。

制品加工等生态工业，以工促农，以工兴农。另外，依托优美的自然生态环境，安吉积极开发生态旅游产业，打造农事体验型、景区依托型、生态度假型、文化创意型等多种类型的乡村旅游产品①。如此一来，安吉县在发展经济的同时，依然保持了优良的生态环境，形成了具有广泛群众基础的生态文化。2006 年，安吉被评为首个国家生态县；2007 年，安吉县成为国家环境保护部唯一的"全国新农村与生态县互促共建示范区"，2008 年又被确定为全国首批生态文明建设试点地区之一。"生态文明"逐渐成为安吉经济社会发展的指导理念，融入安吉人的生活。

2007 年 8 月 2 日，时任国家文物局局长单霁翔在安吉考查文物工作，提出在我国东部经济发达区建设生态博物馆，保护农村社区历史文脉的构想。考虑到安吉生态和文化遗产的双重优势，建议安吉建设生态博物馆。这一想法得到了安吉县委、县政府的积极响应。以此为契机，依托"生态文明"建设的大环境，以及"竹乡""茶乡""黄浦江源"等生态资源，安吉县提出了建设生态博物馆的计划，从而更好地保护自然环境和文化景观，以达到可持续发展的目标。"生态博物馆"就此落户"生态文明县"——浙江安吉。

二、生态博物馆实践启示

生态博物馆的理论与实践源于 20 世纪 70 年代初的欧洲。二战后人们对战争和工业社会造成的环境恶化进行反思，这种环境意识的觉醒在博物馆理论、实践中即体现为建设生态博物馆。生态博物馆可以视作对地方性自然遗产和文化遗产进行整体保护传承的新形式，它致力于人类及其周围环境之间关系的全面教育②。生态博物馆是一种通过村落、街区建筑格局、整体风貌、生产生活等传统文化和生态环境的综合保护和展示，整体再现人类文明的发展轨迹，并由当地居民亲自参与保护和管理的新型博物馆③。20 世纪 80 年代末以来，苏东海、安来顺等学者集中编译了一批与国际生态博物馆有关的论文和资料，将生态博物馆理论和国际实践样本介绍到国内，积极推动生态博物馆理论在中国

---

① 李静、闵庆文等：《安吉生态环境保护与建设实践及其启示》，《中国人口·资源与环境》2014 年第 S2 期。
② 白杰、张靓、罗征：《生态博物馆理论及其北京实践——致敬中国博物馆学的杰出贡献者苏东海》，《博物院》2022 年第 1 期。
③ 宋新潮：《生态（社区）博物馆与变革中的博物馆》，《中国博物馆》2011 年第 1 期。

的传播与实践①。1998 年，中国第一座生态博物馆在贵州省六盘水市深山里的梭嘎乡建成，为在经济高速发展的中国传承少数民族文化传统、保护中华民族共同体的文化多样性形态作出了贡献。2005 年，生态博物馆国际会议在贵州召开，我国的生态博物馆本土化经验得到了广泛的赞誉。

国家文物局在安吉试点生态博物馆实践以前，我国的生态博物馆皆集中于西部少数民族聚居地，致力于保护具有民族特色的物质和文化遗产。当时，新农村建设如火如荼，农村现代化的步伐也不断加速。现代农业逐渐取代传统农业，现代建筑逐渐取代传统农舍，文化下乡逐渐取代乡下文化，农村处于剧烈变化之中。在农业、农村现代化迅速发展中，保护与继承传统文化中的精神遗产成为亟待解决的问题。而在经济发展更快、城镇化更快的富裕地区，文化遗产也就面临着更多的威胁。在这样的情况下，时任国家文物局局长单霁翔提出在我国东部经济发达区建设生态博物馆，保护农村社区历史文脉的构想，引导生态博物馆在富裕地区落地生根。

安吉的生态博物馆是在东部经济发达地区建设生态博物馆的首次尝试。单霁翔局长考察安吉的当年年底，安吉县委、县政府即委托浙江大学规划与景观设计研究所编制《中国生态博物馆总体规划》。规划的总体思路是结合城乡建设的总体规划等规划性文件，综合评价全县域内的自然、人文资源，并依托安吉县博物馆建设新馆的契机，将安吉县各乡镇村在"美丽乡村建设"中的展示馆、展示点尽可能纳入进来，规划建设一个具有品牌效应的文化生态博物馆群。依据总体规划，结合具体实际以及国家对于生态（社区）博物馆示范项目的总体要求，中央民族大学编制了《安吉生态博物馆建设实施方案》，对建设步骤、实施细则进行了设计。

安吉生态博物馆可以看作是一个博物馆群落，每个专题博物馆都是独立单位，各有主题，各具特色，且由不同的主体设计、建设和运营（图 2-3）。因此，安吉生态博物馆不仅不同于以梭嘎苗族生态博物馆为代表的"第一代生态博物馆"，也不同于以广西"1+10"生态博物馆（1 个广西民族博物馆 + 10 个生态博物馆）为代表的"第二代生态博物馆"。安吉生态博物馆的实践被苏东

---

① 参见苏东海：《中国生态博物馆的道路》，《博物馆的沉思：苏东海论文选卷三》，文物出版社，2010 年；安来顺：《国际生态博物馆四十年：发展与问题》，《中国博物馆》2011 年第 1 期。

海称为中国的"第三代生态博物馆"①，其总体结构可以概括为"1个信息资料与展示中心＋12个专题展示馆＋多个展示点"。

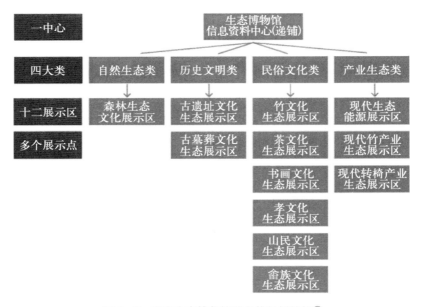

图2-3　安吉生态博物馆群总体规划结构②

　　1个中心，即位于安吉县县城递铺镇的安吉生态博物馆中心馆。2008年10月，安吉生态博物馆正式奠基。该博物馆建筑面积约15万平方米，建筑风格体现了安吉深厚的文化底蕴，具有鲜明的个性和特色；建筑工艺还采用了太阳能、自然采光、水循环利用等一系列先进生态技术。它既是安吉县博物馆新馆所在地，同时也是专题馆、展示点的培训中心和游客接待中心。中心馆在整体呈现安吉自然、生态、历史、民俗风貌的同时，还兼具专题馆及展示点的信息资料收集、储存、研究及概述展示功能，是公众文化交流、教育、休闲娱乐的集中地。建成后的中心馆由历史文化厅、生态文化厅两个部分构成，设有《苕水流长——安吉历史文化陈列》《天目春晖——安吉生态文化陈列》两个主题陈列以及《清质昭明——安吉出土铜镜陈列》《诸乐三生平艺术陈列》两个

专题陈列和 1 个临时展览，陈列展示面积达 4 255 平方米。其中，备受期待的"生态文化展"受到了较多的争议。争议的话题点集中于"场景"制作过多且不精致，以"要素"的展示形式对生态文化进行展示，导致博物馆的室内空间无法充分传递生态文化的系统性理念。后来落户安吉的浙江自然博物院安吉馆则在此基础上对生态展示进行了全新的阐释。

12 个专题馆即安吉生态博物馆的特色馆，包括上张山民文化生态博物馆、安吉竹文化生态博物馆、安吉白茶生态博物馆、鄣吴竹扇生态博物馆、天荒坪现代能源生态博物馆、永裕现代竹产业生态博物馆、现代转椅产业生态博物馆、上马坎古文化遗址生态博物馆、龙山古墓葬文化生态博物馆、安吉古军事防御文化生态博物馆等，其主要功能是原真地、整体地、活态地保护和传承各类物质和非物质文化遗产，以及与之相关的生态环境和文化景观。

多个展示点，即全县各乡镇村在"中国美丽乡村"建设中，为丰富美丽乡村内容，挖掘乡村文化记忆，反映乡土特色的乡村"民间博物馆"，如孝丰镇孝文化展示馆、现代农业展示馆等。专题展示馆和展示点由各自责任主体负责建设，建成一个即开放一个，建设资金则以村镇投入为主，主要源于村集体投资或企业投资[①]。安吉县政府对专题生态博物馆和村落文化展示馆的建设通过"以奖代补"的形式进行验收评估，对建设效果好的场馆进行奖励。县财政根据建设项目评估验收结果，按照星级评定，给予一次性奖励。其中专题生态博物馆奖励 50 至 100 万元，村落文化展示馆奖励 5 至 30 万元。同时，县财政设立 200 万元的日常管理运行基金，纳入财政预算，对正常开放的专题生态博物馆和村落文化展示馆，实行年度补助制度。日常管理运行基金将随着财政收入的增长而逐步增加[②]。

在浙江省文物局和安吉县积极争取下，国家文物局于 2010 年 12 月 15 至 16 日在安吉召开了"安吉生态博物馆建设试点专家论证会"，邀请中国文物报社、国家博物馆、浙江省自然博物馆、浙江大学、中央民族大学的专家参会，就安吉生态博物馆建设前景和方向进行讨论。这次会议是安吉县首次承办国家级别的活动，会议本身也是对安吉的一次有效推介。2011 年 7 月，安吉县又承办了全国文物局长座谈会，对安吉生态博物馆中心馆举行揭牌仪式。高规格

---

① 于富业：《关于中国生态博物馆的初步研究》，南京艺术学院博士学位论文，2014 年。
② 安吉生态博物馆内部资料：《中国安吉生态博物馆、专题生态博物馆、村落文化展示馆考核实施细则》。

会议的举办，让安吉县政府看到了县文物部门的"能量"，也为后来的文物保护工作的开展创造了良好的氛围。2012 年 8 月，安吉生态博物馆和福州三坊七巷社区博物馆、龙胜龙脊壮族生态博物馆等共 5 家博物馆被国家列入"首批生态（社区）博物馆建设示范项目"，建设成果得到了国家层面的认可。

安吉的生态博物馆建设实践有效保护了当地城镇和村社区的自然和文化遗产，改善了村容村貌，生态博物馆的品牌效应也提升了所在地的知名度，这些都进一步促进了当地旅游产业的兴起，拉动了当地经济的发展。生态博物馆建设实践带来的实实在在的变化和收益使得当地政府和公众更加意识到优美的自然环境，以及传统文化、考古遗址、历史建筑等物质和文化遗产都是发展经济的最重要资源。在安吉，视生态环境与文化资源为发展之命脉的理念逐渐深入人心，并体现于经济社会发展的方方面面，进一步为后来的大遗址保护事业奠定了广泛的社会基础。

作为大遗址，安吉古城遗址、龙山越国贵族墓群规模宏大，内涵丰富，相关保护和展示工作显然需要充分的考古发掘、研究工作基础和大量的资金投入。和全国的其他古遗址一样，安吉古城遗址和龙山越国贵族墓群也同样面临着保护资金不足的问题。如果仅仅将希望寄托于当地政府的文物保护专项财政，安吉古城遗址、龙山越国贵族墓群无疑会同国内绝大多数大遗址一样，长期处于"混合居住区"状态，相关保护和展示利用工作只能被长期搁置。也正因如此，安吉县文物部门从最初就有借力政府重点项目建设保护遗址，以及引入社会资本保护遗址的设想。

在安吉县文物部门的积极推动下，安吉古城遗址、龙山越国贵族墓群区域被纳入生态博物馆群建设规划，成为 12 个专题馆规划序列之一。与此同时，浙江绿城公司在浙江全省考察经营性人文纪念园建设储备地块，安吉古城遗址和龙山越国贵族墓群所在的区域以其突出的越文化内涵和优美的自然环境受到青睐。企业负责人找到安吉县文物部门，探讨购买文物保护单位邻近区域的土地使用权，进行经营性公墓项目建设的可能性。在传统的"死保"模式下，涉及土地开发往往会被"一票否决"。但安吉县文物部门秉着"借势借力"的理念，在与企业的洽谈中表现出了鼓励和支持的态度。实际上，两方的利益诉求存在契合的可能。

如果在遗址区保护区域西侧建设人文纪念园，基本不会对遗址本体造成破坏；龙山越国贵族墓群本身即为古墓葬类型的遗址，建设项目与其依托的遗址性质不构成显著冲突，项目的建筑物或构筑物都比较低矮，对遗址区整体风貌的影响也相对较小。与国内常见的遗址周边完成土地置换后，建设高层住宅楼，对遗址形成"高压"之势的情况相比，这种方式无疑更为折中和妥善。另外，浙江绿城公司连续多年稳居中国房地产企业综合实力前十强，资金实力雄厚，组织模式和专业技术先进，企业形象和社会信誉良好，符合安吉县文物部门对于合作伙伴的基本期待。借助浙江绿城公司的资金、组织和建设资源，安吉古城和龙山越国贵族墓群的保护事业有望"借船出海"，尽早地摆脱城镇化浪潮的威胁。

就这样，以安吉生态博物馆群建设为契机，安吉县政府与绿城集团于2010年7月签订了《关于投资建设安吉龙山古文化生态纪念园项目的意向书》，由绿城集团出资，拟采用"生态博物馆"的形式，在龙山越国贵族墓群所在区域建设集龙山越国贵族墓遗址公园、生命文化博物馆、人文纪念公园于一体的综合性古文化生态纪念园，展示古人的生死观和墓葬演变。《中国安吉生态博物馆总体规划》中，古城、龙山、笔架山墓葬群区域被定位为了龙山古墓葬文化生态展示区，计划开展以生态博物馆形式保护考古遗址的探索，科学、合理、适度地发挥文物资源在地方经济社会建设中的积极作用，并努力协调文物资源保护与利用的关系，为未来大遗址保护打下良好基础。

生态博物馆强调对自然环境、人文环境、有形遗产、无形遗产进行整体保护、原地保护和居民自己保护，从而使人与环境处于固有的生态关系中并向前发展[1]。生态博物馆建设的创新实践，使文化遗产和与之相关的生态环境得到整体的、原真的、活态的保护，并使之不断延续和可持续发展。考古遗址公园则是以重要考古遗址及其环境为主体，具有科研、教育、游憩等功能，是在考古遗址研究阐释、保护利用和文化传承方面具有示范意义的特定公共文化空间[2]。也就是说，考古遗址是指基于考古遗址本体及其环境的保护与展示，融合了科研、教育、游览、休闲等多项功能的城市公共文化空间[3]。后者侧重于对考古类文化遗产本体及其环境的原真性和完整性进行保护，前者则在保护物质文化遗产的范畴外，还特别关注了非物质文化遗产的保护和传承。相同的是，二者都强调了在文化遗产所在地对其进行整体性保护，并通过参观游览活

---

① 苏东海：《生态博物馆的思想来源及其在中国的传播（摘要）》，《中国博物馆》2006年第3期。
② 国家文物局：《国家考古遗址公园管理办法》，2022年3月15日。
③ 单霁翔：《让大遗址如公园般美丽》，《大遗址保护良渚论坛文集》，浙江古籍出版社，2009年。

动，合理展示和利用文化遗产及其所依托的自然环境，最终实现文化遗产的可持续发展。

在安吉县开展生态博物馆创建活动之时，文物部门主动借助这一地方发展大势，推动安吉古城遗址和龙山越国贵族墓群进入生态博物馆专题馆规划行列，尝试借助"龙山古墓葬文化生态博物馆"，对安吉考古遗址进行在地保护和展示宣传。正是有这种准备，当 2010 年前后"考古遗址公园"实践在全国兴起时，安吉古城遗址和龙山越国贵族墓群凭借着早已确立的"整体保护""保护性展示"思路，成功入选浙江省第一批省级考古遗址公园名单，并由此逐渐建设起考古遗址公园，探索出一条独具特色的大遗址的保护利用道路。

三、浙江自然博物院为邻

浙江自然博物院是一所以"自然与人类"为主题的国家一级博物馆，致力于通过自然生态展览等形式，保护与研究自然遗产、生物多样性以及传播生态文化。2018 年 12 月，位于安吉县教科文新区的浙江自然博物院安吉馆正式开馆（彩版七）。该馆占地 300 亩、馆舍面积 6 万平方米、投资 11 亿元，是亚洲单体建筑最大的自然博物馆。浙江自然博物院安吉馆的基本陈列以"休闲体验"为核心，以专题展为特色，着力打造集科普教育、收藏研究、文化交流、休闲体验于一体的现代自然博物馆。场馆建筑由世界著名建筑设计公司德国戴卫奇普菲尔德事务所主持设计，遵循"建筑长在山坡上"的整体设计思路，基本保持了地块的真山真水原生态。馆区采用屋顶绿化、内墙保温、安吉特色土壤、透水地面、雨水回收、污水处理、地源热泵、太阳能利用、智能遮阳装置、照明光线控制等绿色节能技术，精心打造了节能、智能、智慧、服务四大系统。

安吉馆是由 8 座独立建筑构成的一组博物馆群，内部则划分为地质馆、生态馆、贝林馆、恐龙馆、自然艺术馆、海洋馆、4D 电影馆及临展馆等 10 个场馆。地质馆全面阐述了浙江大地二十亿年漫长的地质发展过程，展示了浙江丰富的遗迹资源；恐龙馆利用化石标本、复原骨架、仿真模型和多媒体互动等形式展示全球各时代最具代表性的恐龙及其生活与演化；生态馆以"绿水青山的召唤"为主题，生动诠释了"山水林田湖草是一个生命共同体"和"绿水青山就是金山银山"的生态内涵；贝林馆以美国慈善家贝林先生捐赠的动物标本为素材，以热带非洲与寒温带北美两片大陆对话的形式，从系统演化的角度呈现了丰富多彩的动物世界；海洋馆以"无尽深蓝"为主题，通过对海洋各深度不同生态系统的还原，集中展示全球海洋资源的基本概况，营造了一场从浅海到深海的海洋探索之旅；自然艺术馆围绕自然之美与人类智慧两大部分进行主题展示，通过微观和宏观视角来展现自然与人类的内在联系，引导观众发现自然之美、领悟自然真谛。

在各个主题展馆中设置大量可参与式体验互动项目是浙江自然博物院安吉馆的一大特色。安吉馆汲取国内外博物馆先进展示技术，创新自然类博物馆表达的新途径，将室内参观与室外体验相结合，科普教育与休闲旅游相结合。如在地质馆的二楼专门设置了地质探索教室，在显微镜下发现未知世界；在自然艺术馆中，更是可以动用观众的五感，去体味自然界的鸟语花香；在生态馆中，观众可以通过生态足迹互动装置测算衣食住行所消耗的能源数据；在贝林馆可以通过 VR 体验装置，观看角马迁徙的壮丽场景。除了六大主题博物馆群外，安吉馆开设了 4D 影院、3 个临时展厅，面积数百平方米的自然探索中心等。尤其是面向青少年群体特别开设的自然探索中心，这里的幼儿探索教室可以为低龄儿童开展探索类的亲子活动。生物万象探索教室则为青少年提供与实物标本零距离探索的空间，自然艺术教室则为孩子们提供艺术表达的空间。4D 影院引入震动、坠落、吹风、喷水等特技，设计了烟雾、光电、气泡等效果，给观众以震撼的视觉体验。

针对观众对于自然科学知识的学习需求、文化休闲需求、旅游观光需求展开营销活动是浙江自然博物院安吉馆的另一特色。如围绕博物馆资源，面向不同年龄的观众群体在馆内开展形式多样的教育活动，寓教于乐，寓学于乐，形成博物馆的品牌教育项目。又如针对不同群体定制相关扩展性项目，以及开发具有代表性的文创产品等。此外，与传统自然博物馆以展览"物品"为主的功能不同，浙江自然博物院更加注重教育功能，注重对科学观念的展示和传播。浙江自然博物院安吉馆十分关注展品背后的故事，揭示科学发现的过程，解读生物现象的奥秘，既重视科学知识的传播，也注重科学发现、自然探索过程的展示以及与公众平等的交流和沟通。

总之，浙江自然博物院安吉馆具有注重参与式体验、针对不同观众群体进行营销以及注重对"观念"的展览和传播的鲜明特色，从而进一步活化了博物馆的参观场景，为公众提供了一个安全舒适、情趣高雅的参观环境和精品文化空间，让更多的人体验博物馆的乐趣，让更多的人享受高质量的博物馆参观体验。浙江自然博物院安吉馆的这些鲜明特色，对于传统历史类博物馆的陈列展示工作具有重要的借鉴价值，也进一步打开了安吉文物工作者关于文物及遗址保护展示的思路。

四、与美丽乡村同频共振

以生态县建设和村庄环境整治为基础，2008 年，安吉县委在十二届三次全会（扩大）中正式提出"中国美丽乡村"构想，计划经过十年把安吉建设成为"村村优美、家家创业、处处和谐、人人幸福"的现代化新农村。为完成建设目标，安吉研究制订了《安吉县新农村示范区建设规划纲要》《安吉县建设"中国美丽乡村"行动纲要》，委托浙江大学编制了《安吉县"中国美丽乡村"建设总体规划》。所有乡镇和行政村都编制了生态乡镇（村）、美丽乡村建设规划和风貌设计，形成了横向到边、纵向到底的中国美丽乡村建设规划体系。安吉县按照"串点成线、连线成片、整体推进"的要求，全力规划和打造中国大竹海、黄浦江源、白茶飘香、昌硕故里四条精品观光带，并根据每个村的特点和基础，按"一村一品、一村一景、一村一业、一村一韵"的要求，将全县 187 个行政村划分为 40 个工业特色村、98 个高效农业村、20 个休闲产业村、11 个综合发展村和 18 个城市化建设村。

2011 年，安吉县以试点旅游改革为契机，将休闲旅游产业与竹产业一并纳入县域经济的支柱型产业。依照城乡同步化建设的战略思路，着力打造典雅竹韵、风情小镇、美丽安吉三级立体化经营格局，不断推进休闲农业多样化发展。同时加大休闲农业发展支持力度，把休闲农业与休闲旅游纳入县域发展规划。2012 年，安吉县精品村达到 148 个，12 个乡镇实现全覆盖，全县创建覆盖面达到了 92.7％，"中国美丽乡村"建设进入纵深阶段。同年的第六届世界城市论坛颁奖仪式上，安吉县获得了"联合国人居奖"。这是中国自 1990 年参与评选以来，第一个也是唯一一个获此殊荣的县城。2015 年，由安吉县领衔制定的《美丽乡村建设指南》在北京发布，标志着"安吉模式"由省级模式上升为国家标准。

依托于"中国美丽乡村"建设形成的"黄浦江之源""中国大竹海""昌硕故居""白茶飘香"四条精品旅游观光带，以及大批乡村旅游景区、高端民宿和农家乐，安吉县积极利用优美自然环境和乡村风貌来发展休闲农业和乡村旅游业，打造大都市休闲度假后花园。以"住农家屋、吃农家菜、做农家活、享农家乐"为主题的旅游项目和融合趣味性、参与性、休闲性于一体的乡村特色旅游遍地开花，安吉县基本形成了全域旅游大景区，产生了旅游经济集聚效应，乡村旅游业成为当地居民创业增收致富的重要来源。生态环境、美丽乡村等文化景观资源依靠乡村旅游转化为经济收入的实践也为文物资源的合理利用提供了新的灵感。古遗址、古墓葬类国保单位也同样可以借助优美的生态环境和丰富的文化内涵发展观光旅游、研学体验等文化产业，在保护的基础上进行合理的展示与利用，实现可持续发展，解决大遗址保护资金短缺的困难。

通过创建生态文明县、发展生态博物馆，建设美丽乡村，安吉的生态环境、经济发展水平和居民思想意识水平得到了明显的改善和提升，为文化遗产保护工作提供了良好的现实基础。更为重要的是，"搭乘"着地方政府的重大发展战略，古城遗址和龙山越国贵族墓群的保护展示工作也得以启动，并在最初就确立了就地保护、整体保护、既保护又利用的可持续发展思路。

第三章

躬身入局：图景到风景的美丽蝶变

第一节　顶层设计各就各位

在国家文物局发布的《国家考古遗址公园管理办法》中，作为国家考古遗址公园立项的最基本条件，文物保护规划和考古遗址公园规划被放在了十分突出的位置。国家文物局的导向非常明确，建设国家考古遗址公园不是地方政府或文物部门仅凭一腔热血就能立即付诸实施的项目。在申请国家考古遗址公园立项之前，必须编制大遗址的文物保护规划且由省级人民政府公布实施。在文物保护规划的框架内，再就考古遗址公园建设的必要性、可行性、建设主体、投资来源等重点问题进行详细规划设计。在文物保护规划和考古遗址公园规划中，持续的考古工作都作为一项基础条件贯穿于规划、建设和运营管理的全过程。国家文物局的顶层设计，从根源上规范了各地建设国家考古遗址公园的行政行为，防范了一些地方因大干快上、盲目冲动建设而引发的破坏和风险。

一、文物保护总体规划

文物保护规划属于文化遗产、文物保护单位保护规划设计的范畴。编制规划的目的是有效保护、利用和管理文物，实现文物保护利用与经济社会发展相协调。规划的主要内容是对文物本体及其环境等要素进行统筹部署和具体安排。编制保护规划是我国文物保护事业发展到一定阶段，对文物实施的综合性保护管理和展示利用手段，在文物保护整体工作中属于关键环节。它对文物的保护利用作出前瞻性的统筹策划、指导设计，以增强文物保护工作的系统性、科学性、整体性和协同性，有助于促进文物保护与区域经济社会等协调发展。

文物保护规划从业者一般认为，国内的文物保护规划编制始于 20 世纪 90 年代。随着经济社会发展的加速，在与国际经济接轨的同时，国际文化遗产保护的相关经验做法也吸引了国内文物保护从业者、管理者的关注。1997 年国际古迹遗址保护理事会中国委员会（ICOMOSCHINA）与美国盖蒂保护所等合作，第一次系统陈述了文物保护规划在文物保护总体工作中的重要地位和作用，确定了基本的工作方法和规划策略。21世纪初，国家文物局制定的《文物事业"十五"发展规划和2015年远景目标纲要》中，将"全国重点文物保护单位和部分省级文物保护单位制定的保护规划"列入"重点加强的基础工作"。2004年，国家文物局公布实施《全国重点文物保护单位保护规划编制要求》，配合编制的《全国重点文物保护单位保护规划编制审批办法》一同实施。至此，文物保护规划基本走上了发展成熟之路，随着大遗址保护展示利用要求的不断提高，文物保护规划所涉及的范围和研究的问题已经远远超出文物本身，并与经济建设、城乡发展、资源利用等方面息息相关。保护规划正成为一项综合政策研究，保护工程也已成为综合的社会工程，其重要性也日益凸显。

安吉县编制专项文物保护规划始于安吉古城遗址。2013年3月，浙江省文物保护单位龙山越国贵族墓群与第六批全国重点文物保护单位安吉古城遗址被国务院合并公布为第七批全国重点文物保护单位。龙山越国贵族墓群的庞大体量，让当地文物管理者不得不担忧升格后的监管难度。因此，在推荐申报全国重点文物保护单位的过程中，县级层面一度出现消极心态和畏难情绪，客观真实地反映出基层文物工作者面对保护级别高、体量巨大、盗掘风险较大的野外文物时的本领恐慌和无助感。

为推进考古遗址公园建设，也为提高保护能力和水平，合力解决大型古墓葬群的监管难题，安吉县文化广电新闻出版局委托浙江省古建筑设计研究院启动《安吉古城遗址、龙山越国贵族墓群文物保护总体规划》（以下简称《保护规划》）编制工作。2014年，安吉县正式向国家文物局申请文物保护规划立项。虽然编制单位做了大量前期调研和勘察工作，形成了当时看来非常饱满的立项文本，但是相对于国家文物局的高标准要求仍是相差甚远。国家文物局批复"所报立项报告对规划编制的必要性和紧迫性说明不足，内容不全，文本深度不够"，暂不同意安吉古城遗址、龙山越国贵族墓群保护规划编制立项。

第一次编制保护规划遭遇了失利。立项失利并不意味着国家文物局否定了编制保护规划的必要性，而是通过严格的立项把关，引导地方政府正确把握编制保护规划的出发点和目的。由于缺乏编制经验，周边也无成功案例借鉴，类似于安吉古城遗址的立项失利情况，在国家文物局层面屡见不鲜。所幸，国家文物局在批复意见中为后续规划编制指出了明确的方向。其中最重要的一点，就是要求抓紧开展系统的考古调查和勘探工作，搞清安吉古城遗址、龙山越国贵族墓群的范围、布局、遗存分布和文物构成，补充说明安吉古城遗址、龙山越国贵族墓群以往考古发掘和研究资料以及相关规划保障条件，论述保护规划编制工作的必要性和可行性。概括来讲，就是要突出考古工作的重要性。

安吉古城遗址保护规划中暴露的规划编制与考古脱节的问题，并不是孤例，而是有一定的普遍性①。文物保护规划设计方案编制普遍存在文物资源构成不清楚、价值挖掘阐释不足、考古工作规划编制不专业及文物资料更新不及时等问题，导致规划设计方案质量不高、规划设计措施缺乏可操作性，不能有效实现文物保护规划设计方案编制的目标。关于考古工作或考古工作者在古遗址、古墓葬类别文物的保护规划编制中的角色和定位问题，后文中将继续探讨。这里仅将实际问题的解决方式简要呈现出来。国家文物局批复意见中所强调的"考古工作的不足"，其中真实的原因并非工作不足，而是"规划中呈现的不足"。考古工作的历程和所取得的成果已经在第一章中有所呈现，由浙江省文物考古研究所特别是田正标团队负责的安吉古城遗址及其周边城址、墓葬群的考古发掘成果则更为丰富。这在安吉县博物馆的历史展厅和库房中体现得更为直观。由于 2008 年至今安吉县快速发展的经济开发区、天子湖工业园区以及其他高速高铁基建工程的井喷式爆发，本已经超负荷运转的考古团队根本没有精力去完成考古发掘报告的编写工作。2016 年，国家文物局委托浙江省承办考古发掘项目负责人岗前培训班，浙江省文物局、浙江省文物考古研究所为了支持安吉古城遗址保护展示以及即将启动的八亩墩越国贵族墓葬发掘工作，将培训班放在了安吉县。在国家文物局培训班开班期间，前来与会的国家文物局相关领导、中国文化遗产研究院、北京大学等研究机构和高校的考古界重量级专家不仅多次到安吉古城遗址进行了实地考察，还认真听取了田正标研究员精心准备的关于安吉古城遗址考古研究成果和未来五年考古工作计划的汇报。这次重要的汇报，彻底扭转了国家文物局领导和考古专家对安吉古城遗址"考古工作不足"的错位印象，给予安吉古城遗址"俨然具备了大遗址的规模"的高度评价。既然考古工作已经十分充足，那么文物保护总体规划当然要继续提上日程了。

重新启动的《保护规划》共分为十九章，对大遗址进行了保护利用和展示

---

① 刘卫红、杜金鹏：《考古学与文物保护规划设计》，《自然与文化遗产研究》2021 年第 10 期。

规划。比较重要的章节包括：保护内容、价值现状评估、保护区划与管理规定、保护措施、环境保护规划、展示利用规划、管理监测规划、考古研究规划、社会发展与规划协调、规划分期及任务，等等。除去保护规划中的一般性规定之外，最核心的内容无非是保护区划与管理规定，具体保护措施、展示利用规划等。在当地文物管理者看来，文物保护规划最重要的作用，就是以法律法规的形式规定了今后文物行政管理的边界和任务。在文物保护规划编制单位看来，无非是将保护规划的各个环节处理得恰到好处，符合一本保护规划的规范。对于考古工作者而言，则是最大限度地保护大遗址所在地的一切地下文物遗存，为考古调查勘探发掘等后续工作提供有利条件。以上三方的目的当然都是为了保护大遗址，但由于岗位不同，对规划编制提出的要求也不同。这在文物保护规划编制中是非常常见的。但是，以上三方就代表了一处大遗址保护展示利用的全部利益相关者了吗？很显然没有。相对而言，遗址所在地的居民、乡镇街道和村社区拥有更为重要的发言权、建议权和参与权。但由于各种原因，他们的意见没有体现在保护规划的成果文本当中，甚至在每次的规划评审会议上，他们也都是坐在角落里的"沉默者"。可是，文物保护规划一旦得到国家文物局的批复同意，经省人民政府公布实施以后，就会变成具有极高法律约束力的文件，沉默的成本之高超出基层政府和组织的想象。文物保护规划本身就肩负着统筹协调文物保护与经济社会发展的重大任务，这也正是文物管理部门或者当地政府管理职责的体现。

　　按照文物管理部门的意见，保护规划划定了安吉古城遗址、龙山越国贵族墓群的保护范围和建设控制地带。本规划保护区划划分为：保护范围、建设控制地带、环境控制区三级，其中建设控制地带分为一类控制地带与二类控制地带。规划中古城遗址区域的保护范围主要包括古城遗址区、窑山遗址区、山墩遗址区3个区块。其中古城遗址区包括北侧大庄遗址沿边界向四周外扩20米，古城遗址护城河外侧岸线外扩25米，南至山脚，西、东至古城遗址护城河外侧岸线外扩25米，总面积47.75公顷。窑山遗址区包括沿环壕外侧边界岸线向四周外扩25米，北至杭长高速，总面积14.59公顷。山墩遗址区西起古城遗址保护区边界北部施家上，北到长双井，南到古城村山脚，东到窑山遗址，连成完整闭合区域，总面积42.82公顷。龙山越国贵族墓群保护范围则根据不同地块的墓葬分布情况分为11个片区，具体范围如表（表3-1）所示。总建设控制地带范围北至古城遗址保护范围北侧保护范围边界外扩250米，窑山遗址 150 米；南至墓群 BH05 地块南侧保护范围边界外扩 250 米，西至古城城址西侧赋石渠道外扩 50 米，东至 04 省道西侧边界，总面积面积 688.38 公顷。其中一类建设控制地带面积为 583.46 公顷，二类建设控制地带面积为 104.92 公顷。环境控制区范围为东、南到杭长高速，石角山、桃花山一线，西、北两侧到沙河，桃花山一线。面积为 1 011.77 公顷。

表 3-1 龙山越国贵族墓群保护范围详表

序号	地块编号	面积（公顷）	范　围　描　述
01	BH01	7.68	依照地形、东、南、西、北最外侧墓葬底部外扩 20～40 米，形成闭合区域。
02	BH02	10.79	依照地形、东、南、西、北最外侧墓葬底部外扩 20～40 米，形成闭合区域。
03	BH03	6.70	依照地形、东、南、西、北最外侧墓葬底部外扩 20～40 米，形成闭合区域。
04	BH04	3.55	依照地形、东、南、西、北最外侧墓葬底部外扩 20～40 米，形成闭合区域。
05	BH05	7.85	依照地形、东、南、西、北最外侧墓葬底部外扩 20～40 米，形成闭合区域。
06	BH06	0.81	依照地形、东、南、西、北最外侧墓葬底部外扩 20～40 米，形成闭合区域。
07	BH07	21.87	依照地形、东、南、西、北最外侧墓葬底部外扩 20～40 米，形成闭合区域。
08	BH08	0.80	依照地形、东、南、西、北最外侧墓葬底部外扩 20～40 米，形成闭合区域。
09	BH09	7.85	依照地形、东、南、西、北最外侧墓葬底部外扩 20～40 米，形成闭合区域。
10	BH10	4.38	依照地形、东、南、西、北最外侧墓葬底部外扩 20～40 米，形成闭合区域。
11	BH11	3.60	依照地形、东、南、西、北最外侧墓葬底部外扩 20～40 米，形成闭合区域。
合计		75.88	依照地形、东、南、西、北最外侧墓葬底部外扩 20～40 米，形成闭合区域。

　　划定一定范围的保护范围和建设控制地带，是保护好、传承好一处大遗址最基础的前提条件。但是这两条线也并非是越大越有效。能够最大程度规避被破坏的风险，最大限度满足当地居民的生产生活需要才是两条线的最高标准。理想的状态是文物管理者永恒的追求，但现实总是不尽如人意。因此也就有了严格的管理措施，为遗址保护提供保障，为有意无意的破坏设置红线。第一，在保护范围内不得进行任何与保护无关的其他建设工程或者爆破、钻探、挖掘等作业。第二，本范围内文物保护设施与展示设施工程实施前，必须在充分保障遗址安全性的前提下，报经浙江省人民政府批准，在批准前应征得国家文物局同意。第三，本范围内土地应逐步置换为文物保护用地或保持基本农田，用于遗址现场展示的土地使用性质应按国家相关法律法规条款要求办理土地性质变更手续，划为"文物古迹用地"。第四，本范围内对占压遗址及对遗址环境造成明显不良影响的建筑物、构筑物及道路等设施应予以分期分批整治或拆除。第五，本范围因特殊需要进行建设工程或者爆破、钻探、挖掘等作业的，必须履行建设项目的报批程序，在充分保障遗址安全的前提下，报经浙江省人民政府批准，在批准前应当征得国家文物局同意。第六，该范围内用地已建设的区域禁止继续扩大，建筑拆迁后的用地不得进行新的建设，并将用地性质逐步调整恢复为农林用地或文物保护用地。第七，本范围内开展考古研究工作需按照法律法规履行相应的审批程序。第八，严格控制该范围内的农业种植活动，禁止种植根系超过 30 厘米的植物。

　　那么，按照未来建设考古遗址公园的需求，文物保护规划涉及哪些规范呢？安吉古城遗址、龙山越国贵族墓群区域的展示以农田、湿地、山林为大的环境背景，形成田园观光与遗址展示相辅相成的展示构架。遗址的整体展示结构应以古城城址为中心，以龙山越国贵族墓群为重要组团，辐射城外聚落遗址重点展示区，规划遗址的展示体系由一园一馆一中心组成。一园即立项建设国家考古遗址公园，以古城遗址和八亩墩现场展示作为遗址群价值诠释的主要场所，并与周边其他重点遗址共同构成遗址现场展示体系，遗址公园拟实施范围的四至边界为：北至施家上至长双井居民点北侧的现状道路，西至朝北山次高峰东侧，南至十里沟北侧的现状道路，东至窑岗丘陵东侧，占地面积共计327.04 公顷。一馆即结合遗址展示与保护设立遗址博物馆。一中心即规划一个游客服务中心，以数字技术作为遗址公园区域内容总体介绍场所，兼顾遗址现场的游客服务功能。规划的遗址现场展示方式主要有四种。一是覆罩方式，地下遗存可采取小规模的局部露明展示，并按保存环境要求覆以保护棚。二是地表模拟方式，严格按照考古发掘成果的信息，在原址回填后进行地表模拟展示。三是景观示意方式。四是原状展示方式，保持遗址现状保存状态不变，仅辅以相应的环境景观衬托之。其他展示方式以不再对遗址安全保存造成新的危害为前提，为丰富遗址展示方式，可采用其他高科技手段对遗址进行展示。

文物保护规划涉及的内容远不止于保护区划、管理规定和展示利用规划，但限于篇幅以及与考古遗址公园建设的相关性，其他内容不作一一介绍。文物保护规划最核心的作用就是通过长时间的规划协调，将各方的需求和利益进行充分的、有效的提前沟通，最终的结果是各方认可的妥协结果。如果在编制规划的过程中，哪一方没有充分表达甚至是干脆没有意愿表达相关利益诉求，那么公布实施后的保护规划将会是"不近人情"的法规条文。

2017年7月，国家文物局《关于安吉古城遗址、龙山越国贵族墓群保护总体规划意见的函》（文物保函〔2017〕1168号），批复同意了规划文本，随后安吉县人民政府报请浙江省人民政府公布实施，为后续的保护管理和考古遗址公园建设提供了充分保障。

二、考古遗址公园规划

考古遗址公园在国内外都已经有了足够丰富的实践案例，虽然学界对于考古遗址公园的最早实践探索意见不一，但是对考古遗址公园应该如何更加科学地规划、建设和运营有着相当多的共同认识。如果从第一批挂牌国家考古遗址公园的2010年算起，考古遗址公园的大规模发展也走过了十多年的历程，而且这十年也可以看作是考古遗址公园建设的黄金十年。在考古遗址公园高速发展的背后，考古遗址公园的专项规划一直在默默指导、规范、约束着各地政府在考古遗址公园这项文化工程的思路、设想和雄心壮志。为了最大限度地把各地考古遗址公园建设纳入规范化、制度化范畴，国家文物局在大力倡导考古遗址公园建设前，就已经预测到考古遗址公园规划的必要性和重要性，制定了《国家考古遗址公园规划编制要求（试行）》。该文件明确规划适用于确需建设国家考古遗址公园的大遗址，规划必须以文物保护规划为依据，符合文物保护规划中展示规划的原则和要求。规划应在科学保护遗址的基础上，充分、准确阐释遗址的价值，评估相关社会、经济和环境条件，确定遗址公园的定位、建设目标、内容等。国家文物局要求考古遗址公园规划必须以文物保护规划为依据，在今天看来似乎是尽人皆知无须特别强调的事情。然而，在考古遗址公园建设浪潮中，大遗址所在的地方政府着急上马考古遗址公园建设工程时，往往就忽视了上位的大遗址保护规划的编制。一处大遗址连最基本的文物保护都没有进行详细规划，就贸然提出建设考古遗址公园的想法甚至方案，这自然会让国家文物局和文物考古专家"极为不放心"，毕竟在历史文化名城名镇的保护利用中，文物保护常常被一些富有想法的地方政府"牵着鼻子走"。即使在考古遗址公园建设的小领域内，盲目建设导致的文物破坏、资源浪费等负面新闻也已经不是新鲜事了。当然，一处遗址既然已经升级为国家级大遗址，一般都已经编制了文物保护规划，这也是大遗址保护管理的最基本要求。不过，编制文物保护规划的过程中往往仅着眼于保护和管理，没有太多考虑展示利用的事情。这种情况下，按照要求应该首先去修订文物保护规划，在保护规划中明确提出建设考古遗址公园的展示利用规划。如此，当地政府迫切要求动工建设的计划基本就被打破了。从长远来看，这未必不是一件好事，冷静之后经过详细规划、征求意见再决定建设规模、建设周期、投资估算等重大事项，至少可以确保未来的考古遗址公园不会偏离正常轨道。

安吉古城考古遗址公园在谋划之初尚未编制完成文物保护规划，甚至还没有列入全国 150 处大遗址名录。相对而言，安吉古城考古遗址公园的基础较为薄弱，没有汉长安城遗址、良渚遗址那样的规模和知名度。外界看来，这种条件下想要建设考古遗址公园有些不自量力。事实上，薄弱的基础、空白的知名度、尚未编制文物保护规划等等劣势恰恰成为安吉古城考古遗址公园规划建设的后发优势。在编制文物保护规划时，将安吉古城遗址、龙山越国贵族墓群视作国家级大遗址，在编制考古遗址公园规划时，将其视作国家考古遗址公园的前身，如此则在规划建设之初就保持了正确的发展方向。在确定安吉古城考古遗址公园的规划目标这一重大发展方向时，规划团队和文物管理部门都秉持了朴素的观念。严格保护安吉古城遗址、龙山越国贵族墓群的文物本体，整体格局及其所依附的自然地理形貌，保持遗址周边具有显著地域特征的景观要素。在现有考古研究成果基础上，通过恰当的展示方式将遗产价值特征与信息传递给公众，随着考古工作的不断推进，逐步完善遗产价值的诠释体系。通过遗址公园周边小规模的符合遗产价值特征的产业开发，带动遗产整体保护管理水平的提升，扩大遗产及其价值的影响和传播范围，探讨并构建起可持续的遗址公园管理运营模式，实现历史与现代的对话与相互成就。结合生态环境保护，建设与考古工作特点相适应、与地方社会发展相协调、以科学研究和科普教育为主要功能，兼具休闲观光功能的考古遗址公园，并为申报立项国家考古遗址公园奠定基础。

为了实现考古遗址公园的规划目标，规划团队结合文物管理方的要求以及建设运营方的诉求，并在无形中将当地经济社会发展和居民生产生活的诉求考虑在内。在考古研究成果的基础上，对遗址的、出土文物的价值特征进行研究分析，据此搭建起遗产价值诠释的场景，以"在不同的场景、不同的体验方式，看见不同的历史"的方式串联起各个遗产价值特征点，并通过合理的流线组织各个场景。前文提到安吉古城的知名度尚在萌芽阶段，而且根据安吉古城遗址、龙山越国贵族墓群所反映的历史阶段和历史背景，想要像秦始皇兵马俑、圆明园那样具备明晰的历史场景和广为流传的历史故事是非常困难的，甚至是永远做不到的。对于这一点，安吉古城考古遗址公园的各相关方都有着清醒的认识。因此，特定的历史场景、历史故事绝非安吉古城考古遗址公园所要诠释的侧重点。相反，历史与现实的连通才是安吉古城的必由之路，无论是通过自然环境还是人为营造景观，都要努力实现这一连通。因此，将安吉古城本身具有的地域景观特征诸如竹林茶园、农田民居等，通过恰当的规划设计方法，使之融入考古遗址公园，弥补历史场景的不足，凸显安吉古城遗址的特殊属性。在此基础上，通过考古遗址公园的统一规划设计和运营管理，实现安吉古城考古遗址公园内部土地使用及周边符合遗产价值特征的小规模产业开发对遗产保护进行反哺，构建起一个社会效益、生态效益和经济社会效益协调统一、可持续发展的考古遗址公园样式。

围绕安吉古城考古遗址公园的建设目标，基本确定了整体的技术路线（图3-1）。国内已经挂牌的国家考古遗址公园的规划，说到底也没有超出这条技术路线，所呈现的各具特色也无非是遗址本身文化内涵的差异以及遗址所在地各方对遗址的不同理解而已。同样具有普遍性的还有技术路线背后所遵循的规划原则。相比于技术路线，规划的原则就更难跳出一般性的共识。即便如此，仍有必要在此概括安吉古城考古遗址公园的几条原则，因为这些原则在考古遗址公园的建设运营过程中真正得到了体现，而且让学界和社会各界看到了考古遗址公园的活力与生命力。

首先要强调的仍然是整体保护、价值优先。遵照国际文化遗产保护的真实性、完整性保护理念，无论怎么强调遗产价值的整体保护都不为过。通过建

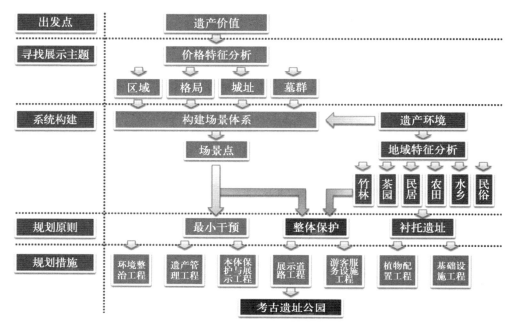

图 3-1　安吉古城考古遗址公园建设技术路线图

立考古遗址公园的方式实现对安吉古城遗址、龙山越国贵族墓群的整体保护，
这本身就是国家文物局大力倡导考古遗址公园的初衷。和殷墟遗址、汉长安城
遗址相比，安吉古城遗址的规模显然难以相提并论。但同样作为郊野遗址，面
临村民的生产生活破坏的风险是同等的。如果没有一种形式可以让遗址从普通
耕地中凸显出来，那就很难对整个遗址实施有效的保护措施。目前来看解决方
案就是建设考古遗址公园。考古遗址公园不是普通的文化公园，而是要严格从
遗产价值的角度出发，系统策划考古遗址公园的展示分区和展示内容，通过对
遗产价值特征的系统研究和归纳，确定恰当的展示内容和展示方式。

　　其次是协调发展，生态保护。整体保护的理念在理论层面无懈可击，无论
怎样强调和阐释都是正当的。但是，大遗址整体保护所面临的困难是实实在在
的，整体保护的理想遇到当地经济社会发展、民生改善的两难问题时，就被一
再摆上当地政府的会议桌。到了这一阶段，形势就明显不利于文物保护。整体
保护没有错，发展也没有错，能协调发展当然是上上之策。规划将安吉古城遗
址、龙山越国贵族墓群的价值定位于"绝对不可再生的重要文化资源"，通过
统筹文化资源、生态资源与土地资源的合理利用，探讨遗产保护、村镇发展和

居民利益三者之间关系的协调方式，谋求遗产保护与地方社会经济文化可持续发展的目标。安吉特定的地理环境和自然资源，使得生态保护的理念很早就深入到政府和民众的思想深处。因此，涉及自然资源开发利用的项目都必须坚守生态保护的底线。安吉古城遗址、龙山越国贵族墓群等一大批省级以上文物保护单位保存至今，也大都受益于生态保护的普遍宣传。那么，将安吉古城遗址、龙山越国贵族墓群考古遗址公园的建设与区域的生态环境保护相结合，不正是最优选择吗？通过遗址公园建设，严格依据考古研究成果，适当修复遗产周边的历史环境，通过历史环境恢复、农田整理、植物群落整理等，为公众提供宜人的游赏环境，为当地居民提供舒适的居住环境。从古城村及其周边村容村貌的整治情况来看，与其说考古遗址公园提升了周边环境，不如说美丽乡村的实施为考古遗址公园建设奠定了环境基础。

　　第三是最小干预、系统诠释。无论古今中外，学界对于文物价值的认识有一个不断深化的过程，从对文物本身价值的认可到思考如何最大限度地保留文物信息，都对当今文物保护原则的形成有着不可小视的推动作用[①]。由于时代的局限、专业知识的不足和具体实践的失误，在文物保护中难免会对文物造成不可逆的损害。为了尽量减小不可预知的损害，在文物保护中实现最小干预则显得尤为重要。最小干预原则作为一项基本的文物保护原则，由来已久。最小干预原则应依据具体的保护对象、条件和目标，尽量避免不必要的保护行为，争取保留文物最大的价值。建设考古遗址公园不可能不对遗址产生一定程度的干预，即便是科学的考古发掘工作也在业界被公认为是一种不得已的破坏行为。一般来说，我们通过统一的标准来对行为结果进行评价，但当评价对象复杂多样、存在条件和目的不尽相同时，往往难以对其实施统一的评价。结合我国的文化背景及最小干预原则形成的历史过程，在吸收国际普适性保护理念的基础上，安吉古城考古遗址公园尽量避免人工化、城市化、商业化倾向，促使其有度、有序、有节地持续发展。所有工程措施必须满足遗存埋深的扰土限定要求，严格保护遗产原有的自然地理形貌。在判断最小干预的程度时，长期在遗址坚守田野考古发掘和研究的考古人拥有最权威的发言权。因此，如果说最小干预的原则不容易把控的话，那就索性将把控的权力更多地让渡给对遗址有

---

　　① 龚德才、于晨、龚钰轩：《论最小干预原则的发展历程及内涵——兼议其在中国的应用与发展》，《东南文化》2020 年第 5 期。

着更多理解的考古人员。在最小干预的前提下进行的遗址价值阐释与展示，可以有效引导公众游览、欣赏和感知文化遗产地的魅力，这也是政府和社会各界保护大遗址的关键所在。《考古遗产保护与管理宪章》《巴拉宪章》《国际文化旅游宪章》等国际文件均强调通过阐释和展示将遗产价值真实完整传递给公众，表达了从"适用于考古发掘"到"遗产地阐释与展示"的公众感知理念①。通过构建完整的价值诠释体系，充分、准确地向公众诠释遗产价值。所有诠释方式都必须符合安吉古城遗址、龙山越国贵族墓群的历史文化内涵与特征，避免出现"错位"展示，避免有违遗产价值的诠释项目或活动。

三、规划范围及功能分区

根据《保护规划》和《安吉古城考古遗址公园规划》（简称《公园规划》），综合考虑考古遗址公园遗产价值诠释主题的要求和未来管理运营的可操作性，安吉县文物主管部门、浙江省文物考古研究所、投资建设方、当地乡镇街道政府等共同选择了 4 个片区作为考古遗址公园的规划范围。其中龙山越国贵族墓葬群片区为遗址公园规划一期实施范围，安吉古城遗址及其山墩遗址片区作为二期实施范围，窑山遗址和山墩遗址片区也具有一定的展示潜力，根据考古工作进展情况纳入遗址公园预留区范围。龙山越国贵族墓葬群片区北至县道马南线，西至朝北山次高峰东侧，南至十里沟北侧的现状道路，东至省道马良线西侧道路红线西扩 80 米处，占地面积 141.40 公顷。安吉古城遗址片区北至施安郎居民点北侧的现状道路，西至白石坞居民点北侧山体东山脚，南至朝北山北山脚，东至清明屋居民点西侧农田，占地面积 47.75 公顷。

依据遗产的价值诠释主题、考古工作成果现状和空间的使用要求，将规划实施范围划分为入口区、博物馆区、安吉古城遗址展示区、墓葬重点展示区、墓葬一般展示区、窑山遗址展示区、生态农业园区和游客休闲服务区等 8 个功能区，入口区包括 1 个主入口区和 1 个次入口区（彩版八）。入口区位于杭长高速出口处，该区除对外停车场、管理用房、电瓶车停车场等功能外，主要作为安吉古城考古遗址公园的形象入口，该区面积 8.20 公顷。次入口区位于城

---

① 席岳婷：《阐释与展示：国家考古遗址公园公众感知度提升策略的思考》，《中国文化遗产》2022年第 4 期。

址与墓葬区的交接处，作为简易入口使用，包括较小的对外停车场，该区面积为 2.78 公顷。博物馆区指安吉古城遗址博物馆所在的区域，实际上也包括了考古保护中心和小体量的配合服务设施，该区面积 2.16 公顷。安吉古城遗址展示区指安吉古城遗址及其周边的大庄遗址共同构成的区域，是城址遗产价值展示和诠释的重点区域。规划该区根据考古钻探成果，进行古城格局的植物标识展示和部分历史河道的复原展示。该区面积 47.75 公顷。墓葬重点展示区包括 3 个墓葬重点展示区，是遗产价值展示和诠释的重点区域。规划该区域结合现状植物分布，在满足遗存安全距离要求的前提下种植竹林，使墓群选址的岗地环境特征更加突出，同时也营造出幽静的墓葬展示空间，包括 D141 及其以东呈带状密集分布的墓葬区域、八亩墩、九亩墩及其相关区域、主入口区东南侧的完整岗地区域，合计约 36.5 公顷。墓葬一般展示区包括 3 个墓葬一般展示区，作为墓葬一般展示使用，除有重大考古发现外，不对该区域墓葬进行重点展示。窑山遗址展示区指窑山遗址及其周边环壕共同构成的区域，是中远期遗产价值展示和诠释的重点区域。该区根据考古勘探成果，对遗址现状进行展示。该区面积 14.59 公顷。生态农业园区指位于墓葬重点展示一区和墓葬一般展示三区之间含博物馆区南侧丘陵地带的区域。该区域地形完整，现状为水稻和茶树种植区。该区维持土地农业用途不变，根据现状农业作物种植情况，作为考古遗址公园展示地域景观特征中农田要素和茶园要素的重要区域。该区北侧与墓葬一般展示一区的交接地带，可利用现有民居进行适当改造后，作为与农业耕作、制茶工艺等相关的民俗体验区。该区面积 28.30 公顷。游客休闲服务区指墓葬重点展示一区北侧区域，该区明确无遗存分布，水体面积比例较大，地形平坦，建设条件良好。该区利用现状居民点建设用地，结合大面积水域进行地方传统民居的改造与设计，形成江南水乡特色风貌，同时可作为展示地域景观特征中民居要素的区域。该区面积 5.09 公顷。

　　自 2014 年 4 月始，安吉县文物主管部门委托中国建筑设计院有限公司编制《公园规划》，本着朴素的"能用、管用、好用"三个基本原则，历时三年完成了规划的编制工作。编制规划的三年，实际上是在文物部门、专家团体、当地政府村民以及投资运营方之间寻求共同认识共同目标的三年。和其他考古遗址公园不同的是，安吉引入了社会力量建设和运营考古遗址公园，这是全国考古遗址公园建设的新突破。姑且不论社会力量参与缓解了政府投资的压力，仅就考古遗址公园规划的编制成效而言，就已经大大超出了原本预料的效果。

社会力量投资建设考古遗址公园当然饱含着对社会文化事业的热情与责任，但也毋庸讳言社会企业投资要求经济效益回报的事实。反观政府投资建设的考古遗址公园，社会效益绝对优先于经济效益，出现普遍的收支极度不平衡现象也就不足为奇。2017 年 7 月，《公园规划》获浙江省文物局批复同意，标志着安吉古城考古遗址公园进入实质性建设阶段。

第二节　考　古　先　行

考古遗址公园展示的主体对象就是考古遗址本身，展示的目的主要在于揭示遗址的文化内涵和价值，弘扬中华文化优秀传统，提高公众文化素养，激发人民群众的民族自豪感和自信心。因此，考古遗址公园首先依托于一处考古遗址，展示和利用的资源则依赖于该遗址的考古工作以及从事考古工作的考古学家。毋庸置疑，考古遗址公园的建设，首先依靠考古学家提供相关的科学资料，包括遗址的范围、内涵、布局、年代、性质等，需要考古学家提供可用于展示的遗迹和可用于展览的文物。如果上述材料尚不完全具备，应提请考古部门通过考古勘探和发掘予以补充[1]。安吉古城考古遗址公园所依托的安吉古城遗址和龙山越国贵族墓群经历了几十年的考古发掘研究工作，从不知名的城址土墩墓一步步升级为全国重点文物保护单位和国家级大遗址。安吉古城遗址的重要价值已得到业界的高度认可，但如何将文化内涵价值在考古遗址公园中呈现在观众面前呢？八亩墩、九亩墩区域是龙山越国贵族墓群中规模最大、等级最高、山水环境最为优越、展示空间和潜力最为丰富的区域。在该区域开展一定的考古工作，既是了解文化内涵的需要，也是丰富展示内容的需要。大遗址考古是一项长期系统的科学研究工作，不仅依赖稳定的高素质科研人员队伍，还需要充足的后勤保障、先进的科研硬件支撑，安吉古城考古保护中心在满足考古研究和文物保护的同时，还希望能扩大开放范围，让遗址公园的游客更近距离观摩甚至体验考古研究的全流程作业。

一、重启越国高等级墓葬发掘

八亩墩是龙山越国贵族墓群中规模最大、等级最高的一座要素齐备、布局

---

① 杜金鹏：《大遗址保护与考古遗址公园建设》，《东南文化》2010 年第 1 期。

规整的完整墓园（彩版九）。整个墓园由中心主墓、外围陪葬墓和隍壕三部分组成，包括隍壕在内的墓园总面积达 3.5 万平方米。中心主墓土墩耸立于小山之巅，为东西向长方形覆斗状，长 56、宽 30、高 8 米，墩顶海拔高度 41.8 米，与山脚平面相对高度约 19 米。主墓外围现存 31 座小型土墩紧紧围绕中心主墓，分内外两周对应分布，布局极为规整，隍壕位于墓园最外侧，围绕山体一周。对于越国高等级墓葬的认识，以往的考古工作除绍兴印山大墓、绍兴平水越国王陵区以及绍兴东湖香山 M1 之外，就只有安吉古城地区的越国墓葬了。因此八亩墩考古发掘被考古学界、当地政府和社会各界寄予厚望。2016 年 3 月，国家文物局批准了八亩墩的抢救性发掘方案，批复考古发掘执照，列入"十三五"国家文物局重点资助项目。根据发掘方案，发掘分四个年度进行，2016、2017 年及 2018 年上半年主要为主墓外围陪葬墓的发掘，2018 年下半年至 2019 年 8 月为中心主墓的发掘。在发掘前、发掘中多次召开专家论证会，并且成立了以时任浙江省文化厅党组成员、省文物局局长柳河、中共安吉县委书记沈铭权为组长的考古发掘领导小组，以及由国内相关领域专家组成的专家组，墓室清理阶段邀请驻场专家现场指导工作。

2016 年 10 月至 2019 年，浙江省文物考古研究所对墓园进行了考古发掘[1]。发掘表明，八亩墩中心主墓 D107 号墓由东西向覆斗状土台及墓上封土构成，通高达 15 米，土台外围有规整的块石护坡和石坎，共同构成一座规模巨大的"土石结构金字塔"。主墓开口在上层土台面上，平面为东西向甲字形，由墓坑和墓道两部分构成。墓坑口长 15、宽 5、深 6 米。因局部滑塌等原因，墓坑边壁不规则，墓坑底内收明显，斜坡墓道位于墓坑西端正中，墓道口窄底略宽，横截面呈梯形。墓道两侧及底部发现木柱、竹篱笆及横撑木痕迹。在墓道上方填土中发现横向支撑的木结构横梁朽烂痕迹，横梁与立柱、篱笆一起，共同支护起一条东西向的巷道。墓坑底部可分为墓室和封门墙两大部分，墓室位于中后段，墓室与墓道之间为草包泥封门墙。椁室平面为东西向长方形，根据坍塌后的填土判断，木椁为平顶箱式结构，椁外南、北、东三面是熟土二层台，西端与封门墙之间有填土，墓室后端有两道凹槽，据此判断，椁底枕木为东西顺向。椁内棺木已完全朽烂，根据痕迹判断木棺位于椁室中部，为弧底独

---

①　黄昊德、田正标、游晓蕾：《越国考古》，浙江人民出版社，2022 年。后文关于八亩墩的考古发掘资料均引自该书。

木棺。

　　主墓外围石护坡北侧发现迄今为止规模最大的越墓器物坑，平面呈东西向长条形，长达 23 米。坑内分段摆放原始瓷和印纹陶器，其中饮食类原始瓷器成组集中摆放在西段，带盖印纹陶坛、罐类存储器整齐排列在坑的中段和东段，个别罐内发现牛骨和海产角蛛螺，初步推断带盖印纹陶器内原应盛放不同的物品。

　　主墓的随葬器物包括陶瓷器和玉石器两大类，因该墓遭到盗掘，随葬品组合已不完整。陶瓷器主要集中在墓室后段。玉石器主要分布在独木棺内，以绿松石管、珠类饰件为主，包括簪、笄及绿松石串饰组成的冠饰、头饰和服饰（图 3-2）。器物坑内则全部摆放陶瓷器，器物种类包括印纹陶坛、罐，原始瓷碗、盅、杯、罐、器盖，泥质陶鼎、盆，夹砂陶三足盘等。

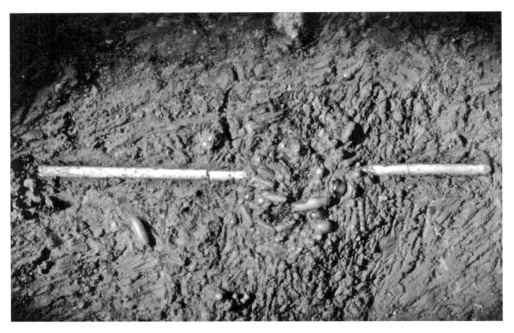

图 3-2　八亩墩中心主墓墓室出土绿松石及玉饰品

　　从墓葬形制结构和随葬品的面貌判断，龙山 107 号墓园内的主墓和陪葬墓均为春秋晚期越墓。墓园要素齐备、布局工整，高大的双层土石结构金字塔表明墓主人具有很高的等级，主墓规模巨大、营建考究，不排除为王侯级陵园的可能性。八亩墩的考古发掘无疑是商周考古特别是越国考古的重大事件。浙江省文物考古研究所研究员、八亩墩考古发掘项目负责人田正标对发掘的价值意义做了七点总结。一是墓园由主墓、陪葬墓、隍壕构成，是一个要素齐备、相对封闭的高等级贵族墓园。这种墓园结构现为江浙地区乃至全国唯一的一例。二是主墓基础为两层长方形覆斗状的夯筑台基，台基内部采用了分块版筑技术，每层台基下部分别有石坎和石块护坡，从侧面观察，整个台基就像一个外部包石的"土筑金字塔"，这也是目前江浙地区首例。三是墓道壁面及底面发现立柱、篱笆和横撑木痕迹，为熟土筑坑找到了关键性证据。墓室与墓道之间还首次发现了草包泥垒筑的封门墙。四是墓底箱式木椁及独木棺内出土大量以绿松石为主要原料的玉石类冠饰和服饰，为研究越国贵族墓葬的用玉制度提供了重要资料。五是墓外发现了目前为止已发掘越墓中规模最大的器物坑，坑长23 米，坑内整齐摆放印纹陶和原始瓷器，大件带盖印纹陶器内原可能存放各类动植物遗存，这一发现对研究越墓的埋葬制度具有重要意义。六是该墓墓园结构独特、规模宏大、结构复杂，年代为春秋晚期，具有典型的春战时期越国墓葬特点。龙山 107 号越国贵族墓（墓主不排除为越侯的可能）处于越国高等级贵族墓发展历程的关键节点，该墓园的发掘是我省越文化考古的重要契机，对研究高等级贵族墓的葬制葬俗、百越文化、越国历史具有重要意义。七是107 号墓葬的发掘为安吉古城国家考古遗址公园的建设提供了重要内容，是研究以安吉古城为中心，包含城址、周边聚落及墓群等众多文化要素的大遗址考古的典型样本。

八亩墩震撼面世的意义远不止于对越国贵族墓园和越国历史的研究，在工作理念、保护利用、社会参与等各个方面都是一个典型项目。在 2019 年 11 月召开的八亩墩考古发掘专家论证会上，中国社会科学院考古研究所研究员、学部委员王巍先生认为，八亩墩的考古发现，反映了长江下游地区独具特征的文化面貌，是东周考古的一个重大考古发现，同时也对中国古代墓葬制度乃至东亚地区的人文生态的起源、发展和流传具有重要影响。北京大学考古文博学院教授李伯谦先生认为，八亩墩考古发掘采取的一系列理念非常先进，此次发掘在过去经验的基础上又上了一个台阶，特别是在考古发掘过程中各级政府和社会力量全程参与，取得了非常明显的社会效益，可以作为新时代考古最新的样板和典型案例。当然，还有一个非常重要的现实意义，即为安吉古城考古遗址公园提供了最鲜活的展示内容。

二、考古保护中心

考古遗址公园建设是一个长期的、动态的不断更新完善的文物保护、展示利用工程。所谓的建成考古遗址公园，不过是在对遗址现有认识的基础上完成了一定程度的展示和阐释工作，在公园的规模和范围上有了一个相对固定的空间。但是，大遗址的考古工作是一个长期的，甚至是几代人连续辛勤耕耘的工作。新的考古发现和研究认识会持续不断、层出不穷，相应的展示和阐释工作自然也是与时俱进的，遗址公园应在条件允许时扩大或更新展示项目，增加或更新展览内容。这些新的展示项目和展览内容，主要依靠考古学的新发现和新研究。因此，考古遗址公园在初创完成之后并非万事大吉了，而是还需要考古工作的长期参与和支持。考古遗址公园里面应该为考古学家留出位置，考古遗址公园永远是考古学的科研基地、考古学家的温馨家园，遗址公园应当为考古学家的科研活动提供方便和支持。考古学家不仅应该是考古遗址公园建设的参与者，还应是考古遗址公园管理的参与者。遗址公园不仅应设立遗址博物馆，还应该设立标本库房，向公众全面展示本遗址的考古历史、考古成就，标本库房应是既服务于专家又面向公众的公共设施。没有考古学和考古学家的参与，考古遗址公园就会成为无源之水，其发展就会受到严重制约，甚至无法正常发展。于是，考古工作站就成了大遗址考古和考古遗址公园可持续发展的必要设施。当然，在条件允许的情况下，考古遗址公园的建设不应满足于单纯的考古工作站的设置，而应该有更高的追求。

2015年，浙江省文物考古研究所、安吉县人民政府在前期调研的基础上，初步计划在安吉县递铺街道选址建设浙江考古文化展示园，主要目的一是发挥浙江文物资源优势，打造浙江文化新名片，提高浙江文化软实力，增强浙江文化国际影响力。二是改善浙江考古及文化遗产保护的硬件条件、提高保护管理水平，缓解遗产保护与经济发展的矛盾。三是满足公众日益增长的文化需求，使考古遗产成为资政育人的重要手段。虽然由于土地、资金等方面因素的制约，这个项目没有落地安吉，但却给安吉古城考古遗址公园的建设提供了新的思路。为什么不能结合遗址公园规划建设一个缩小版的考古文化展示园呢？之所以说是缩小版，是因为考古遗址公园本身就是一个考古文化展示园，缩小是指建设一个改善考古和文化遗产保护硬件条件的公共空间，即后来建成的考古保护中心。

2016年5月，国家文物局组织国内专家及相关单位在安吉召开了专家咨询会，明确指出考古保护中心建设是 107 号墓发掘的必要前提。根据国家文物局印发的《国家考古遗址公园评定细则》《国家考古遗址公园管理办法（试行）》《关于加强大遗址考古工作的指导意见》等文件精神，考古工作站（或基地）也是大遗址考古和国家考古遗址公园建设的必备基础设施。为保障安吉 107 号古墓葬（八亩墩）发掘以及安吉古城大遗址考古、国家考古遗址公园建设工作的顺利开展，同时满足安吉县城市设计总体规划历史文化安城片区保护与发展要求，坚持保护与利用、文化旅游融合原则，实现对地方经济和社会发展的带动促进作用。安吉县人民政府协调各方与浙江省文物考古研究所共建安吉古城考古保护中心。

为此，安吉县文物管理部门在浙江省文物考古研究所的指导下，在国内考察了多家类似的工程项目。其中，湖南省文物考古研究所新建"湖南考古遗产保护展示基地"最具有启发性。湖南考古遗产保护展示基地建设规划用地约 280 亩，其中一期需要用地 78 亩，修建主体建筑物 5 栋，建筑面积约 3 万平方米。基地建设按照"一中心两楼 + 遗产园区"的思路，一中心为公众考古展示中心，两楼分别为文保科研楼和综合办公楼，遗产园区为考古遗产保存展示园区。该基地是一个集文物保护、保存、研究、利用、展示、开发于一体的开放式园区。同时也是一个集遗产保护展示与公众教育、文化传播与遗产资源开发推广于一体的考古基地。除保存和展示考古出土的各种标本和文物外，该基地还将展现经复原的考古发掘出土的完整遗迹单位，如墓葬、水井、陶窑、房屋建筑等。同时进行模拟考古，对考古发掘现场、古代制作技术、古代生活场景等进行模拟，对不能模拟的部分还进行了数字技术的虚拟重建。公众可亲自参与体验考古发掘、文物保护、修复的过程。除此之外，山东大学考古实验室、陕西省考古保护基地等也为安吉古城考古保护中心的规划建设提供了有益借鉴。

安吉古城考古保护中心位于安吉古城考古遗址公园内，开发区递铺街道古城村西北马良公路西侧，西距八亩墩约 1 000 米，分后勤及办公区、文保区等功能区（彩版一〇）。安吉古城考古保护中心总占地面积 35 亩，建筑面积 9 562.3 平方米，总投入 7 680 万元。其中，考古保护中心独立区块建筑面积 6 906 平方米。在规划设计中，考古保护中心至少应该承担三项功能：一是满足安吉古城及其周边考古发掘出土文物的整理、保护和临时保管的需求；二是为安吉古城大遗址的长期考古工作提供良好的住宿、办公和研究的硬件条件；三是为安吉古城考古遗址公园提供包括考古过程、科技考古等在内的现场展示、互动交流、科普教育的服务功能。

在全国各地考古遗址公园的规划建设中，类似于安吉古城考古保护中心的功能区块几乎已经成了必不可少的一项内容。在浙江省内，良渚遗址考古与保护中心更早设立也更有代表性。2009 年，国家文物局和浙江省文物局授牌成立良渚遗址考古与保护中心。同年，良渚国家考古遗址公园成立，成为第一批12 个国家遗址公园之一。为了继续推进良渚遗址的考古发掘和研究工作，2010 年浙江省文物考古研究所刘斌、王宁远以及三四个技工，从反山南边良渚遗址管理所内的临时住处，搬到了当地称作"八角亭"的良渚遗址考古与保护中心。良渚遗址考古与保护中心原为大观山果园职工宿舍旧址，当宿舍面临拆迁时，刘斌向良渚遗址管理区管委会提出，良渚古城考古是一项持续的系统项目，需要有一个稳定的工作和生活场所，希望宿舍能保留下来作为良渚遗址考古队员的"家"。和全国各地的基本建设考古、抢救性考古工作一样，考古队员一般跟随考古项目搬迁驻地，不仅不便于出土文物保护研究，更是严重影响考古工作的持续性和连贯性。考古工作者不怕艰苦，但是社会和考古工作者也不应该以条件艰苦为荣。具备条件的地方，一定要在当地党委政府的高度重视下尽力改善考古工作条件，特别是进行大遗址考古的地区。

在考古学百年的发展历程中，无论是中国早期的金石学还是现代考古学的产生阶段，考古一直处于社会上层的象牙塔上。从中国现代考古学的产生到改革开放的五六十年中，考古学者一直在默默无闻地进行学科建设和学术研究，很少受到社会的重视和关注。20 世纪 90 年代末，考古题材的电视节目为考古蒙上了神秘的面纱。随着社会经济文化的快速发展，人民群众对考古工作了解的需求越来越多，考古过程的公众化逐步成为社会普遍诉求。历年来，一些考古工作的重大发现能够轰动一时，但绝大多数不能长期地、正式地展示给社会公众，甚至生活在考古遗址周边的民众也不了解身边考古遗址的真实面貌和科学价值。公众不能体验考古发掘工作的艰辛，也不能分享考古过程中获得重要发现的喜悦。虽然，近年来一些考古工地开始有意识地对部分观众开放，一些遗址的发掘工作有限度地让文物爱好者参与，有的考古工地通过举办讲座、组织参观等方式，向周围群众宣传考古基础知识和文物保护意识，有的考古单位还开设了网站，让更多的人及时了解考古动态，但是都没有考古遗址公园这样固定的、标准的考古宣传展示场所。考古遗址公园的考古工作为考古走向公众创造了更为有利的条件。大遗址考古的长期性使遗址公园中的考古工作能够长期开展，从而可以有计划地安排更多的观众参与到考古工作的过程中。除考古发掘现场外，考古工作者更多的时间和精力集中在考古工作站或者考古保护中心。在不影响考古整理、保护研究的前提下，让公众或者游客能够走进考古工作的室内场所，不仅是可以实现的，也是非常有意义的。

三、遗址博物馆

随着国家文物局大遗址保护专项政策的出台，大遗址的保护展示工作，特别是展示工作走上了快车道。但对于全国各地的大遗址而言，可供选择的展示手段并不丰富，而遗址博物馆是为数不多的经实践证明了的有效展示载体。因此，依托大遗址及其出土的文物，建设遗址博物馆几乎成为所有大遗址展示和考古遗址公园规划的不二之选。相对于传统博物馆，遗址博物馆多位于城郊或是远离城市的乡村，一般具有良好的自然环境与地理特色。在广阔的田野中，遗址博物馆拥有更多的馆址选择范围。正因为如此，遗址博物馆的选址更应该谨慎从事，防止因主观选择失误造成不必要的损失。遗址博物馆馆舍依附于遗址而存在，遗址博物馆的建设方或使用方本就是遗址保护的主要基层力量，无论在法律法规层面，还是在道德情理方面，遗址博物馆的选址绝对不应该对遗址造成破坏。大遗址之所以称为大遗址，首先就是面积足够大，足够大的面积提供了可以选择的空间。在大遗址的保护区划内，一般都详细划分了文物本体范围、保护范围、建设控制地带和环境控制区等几个大类。在这几个区块中，前两者当然不适宜选址建设遗址博物馆，除非是在考古遗址之上直接搭建的保护展示设施，比如早期的西安半坡遗址博物馆、近几年建设的浙江金华浦江上山遗址博物馆等。建设控制地带和环境控制区，是经前期考古调查勘探发掘初步确定没有地下遗存分布，或是地下遗存分布极其稀疏的区域。当然，选址初定之后仍然还要坚持"考古前置"，确定没有地下遗存之后方可选址。简言之，遗址博物馆选址首要条件是避让地下遗存。安吉古城遗址博物馆的选址，早在2013年编制《保护规划》时就已经初步选定在一类建设控制带和二类建设控制地带之间的农田里，后经考古勘探确认无遗存分布后才启动报批手续。

主动避让遗址本体，避免造成破坏遗存或环境风貌是选址的一般性原则，但也绝非是距离遗址核心区越远越好。保护优先，这是大遗址范围内一切工作的前提，在满足前提条件的情况下，应更多地考虑遗址博物馆展示功能的需求。遗址博物馆是遗址展示的重要组成部分，距离太远则势必与遗址的关联大大弱化乃至"失联",不便于游客的参观游览,不利于遗址信息的诠释与传播。受限于各种客观条件,遗址博物馆远离遗址分布范围的案例是存在的,比如良渚博物院。无论是考古研究的深度、保护覆盖面的广度,还是地方政府重视的高度和展示利用的维度,良渚国家考古遗址公园和良渚博物院都无疑是国内的行业标杆。以良渚博物馆为例说明选址的问题,只是呈现了在保护和展示面临"鱼和熊掌"的选择时的两难境况。良渚博物院位于杭州市余杭区良渚街道美丽洲公园内,是一座收藏、研究、展示和宣传良渚文化的考古遗址博物馆。良渚博物院总占地面积4万余平方米,建筑面积1万平方米,由英国著名建筑设计师戴卫奇普菲尔德设计,建筑荣获由知名杂志《商业周刊》和《建筑实录》评审的"最佳公共建筑奖"。良渚博物馆于2005年3月破土动工,2008年10月对外开放。2009年6月,在大遗址保护良渚论坛上,时任国家文物局局长单霁翔发表了《让大遗址如公园般美丽》的主题发言,就建设考古遗址公园的意义和发展方向提出了具体意见,与会者达成《关于建设考古遗址公园的良渚共识》。2010年良渚国家考古遗址公园挂牌,但遗址范围内的展示工作直到2017年前后才快速跟上,逐步建成了今天规模的良渚国家考古遗址公园。良渚博物院距离良渚国家考古遗址公园入口约5.2千米,自驾需要10分钟,公共交通需要40分钟,步行更是需要80分钟。对于游客而言,良渚博物院和良渚国家考古遗址公园已经是两个独立的游览目的地,有些远道而来的游客由于信息不畅、交通不便或是时间冲突无法完整参观游览两处良渚文化的展示场所①。距离造成的不便,想必在选址时就已经充分关注和讨论过,只是当时"没得选"。而在选址问题解决之后,又会冒出新的问题,如建筑体量和设计风格问题等。

　　遗址博物馆虽然多远离城市,但是它所陈列的文物和承载的历史文化信息,往往是一个地区最为独特的文化和旅游资源,称为一个地区的"门面"也不为过。因此,地方政府主导下的博物馆建设,其建筑体量越来越偏好于宏伟壮观,投入到建筑设计方面的资金和精力越来越多。除了对外观形象的追求,还经常赋予遗址博物馆更多关于本行政区域文化展示的功能,一方面弱化了遗址博物馆与遗址的内在关联,另一方面也导致遗址博物馆体量过大。在规划设计理念上,遗址博物馆馆舍建筑和展示设施不能影响和干扰遗址本体和环境,馆舍建筑的体量、高低、形式和色彩,服务设施的位置、数量、大小和观瞻,

---

① 　良渚博物院官方网站:https://www.lzmuseum.cn/BoWuYuanJianJie/index.html。

都要与遗址相协调①。由于遗址多位于城郊，出于对交通不便问题与管理运营成本的考虑等因素，也使得它不应该有过大的体量和投资。但在实践中，理念常常需要作出一定程度的妥协。江苏无锡鸿山遗址博物馆是以鸿山土墩墓群为依托规划建设的博物馆，选址在邱承墩考古遗址之上，总建筑面积 10 000 平方米。为了与江浙地区特有的土墩墓等吴越文化相协调，鸿山遗址博物馆的中轴线建筑屋面采用两面坡顶，建筑墙体仿先秦时期古城墙，墙体表面采用与江南农田土壤肌理相同的色彩，屋面采用特制青铜瓦，入口部位和中央大厅之间的庭院地面用青砖铺设，体现了江南地区特有的建筑风格，也凸显了强烈的地域文化特色②。在设计方面，最小干预和风貌协调的总基调和追求确实渗透在其中，赢得了相当广泛的认可。但也有学者认为，如此设计在一定程度上影响了墓前神道的通视和环境景观，如果将两侧的陈列馆建筑向两侧外推并整体前移，把整个邱承墩展现出来，并适当缩小建筑体量，鸿山遗址博物馆呈现出的效果也许会更佳③。

安吉古城遗址博物馆位于八亩墩东侧茶园区丘陵北侧山脚下，紧邻安吉古城考古保护中心。安吉古城遗址博物馆功能包括出土文物展示厅、考古研学基地和考古图书馆等主要区块（彩版一一）。在设计思路方面，安吉县文物主管部门要求在《保护规划》的框架范围内进行设计，在建筑高度、体型、大轮廓等方面与周边环境相匹配。当地政府要求设计立足安吉特色、凸显现代气质，重视体现安吉的人文历史、地域特征和精神气质，力求反映科学文化内涵与文化气息，反映 21 世纪建筑设计的新思维。文物考古部门要求以满足功能需求为首要目标，力求简约实用，力求对遗址周边环境最小干预。遗址公园运营方则要求在形态、材料、表面肌理、内外空间等方面体现出极具特点的现代风格，建筑以合理的姿态与周边环境进行对话与融合，使项目的各个功能单元既相对独立又融合联系形成一体，通过一定的规划手段来提升项目的活力与气质。各方立足自身角色和利益关切，提出对遗址博物馆建筑设计的不同要求。总的来说，各方的要求是符合相关规划的总体控制的。最终的建筑设计，运用具有江南特色的传统院落的设计手法和生态建筑材料，模拟中式园林建筑的庭

---

① 孙华：《遗址博物馆的特点与规建》，《东南文化》2022 年第 4 期。

② 《感受秦风吴韵——鸿山遗址博物馆、中国吴文化博物馆概况》，《新华日报》2008 年 12 月 16 日第 A08 版。

③ 孙华：《遗址博物馆的特点与规建》，《东南文化》2022 年第 4 期。

院空间关系，立面以当地特色的粉墙黛瓦为表现手法，线条轮廓清晰，起伏变化明显，屋面以双坡造型为基本语言，以石板瓦为主要材料铺设。从远处看来，整体的天际变化模拟传统山水画的意境。使建筑能融入周边起伏的地形中。通过白墙与玻璃的虚实对比，表现出传统山水写意的虚实感。建筑布局围合形成中央带高差的中庭空间，前后双向的院落为人群提供休憩活动场所[①]。从建成后的效果来看，安吉古城遗址博物馆建筑群落背倚群山，小体量的近山和高耸连绵的远山层层叠叠，建筑物覆盖折顶屋面，依然层层叠叠。考古保护中心部分建筑群落由三重平行于自然山体的折顶瓦山构成，三重瓦山各自起伏连绵。遗址博物馆的两重折顶瓦山则垂直于自然山体。遗址博物馆与考古保护中心近景为综合交错的"瓦山"，远景借真山，形若自然山体的延续与转折。大体量的建筑被层层折顶覆盖，与远近山脉相望，使建筑消解于自然，与周边环境融为一体。

表 3 - 2　安吉古城考古保护中心及遗址博物馆建筑技术指标

序　号	名　　称		数　量	单　位	备　注
1	用地面积		23 555.6	平方米	合 35 亩
2	总建筑面积		9 562.3	平方米	
	考古保护中心		7 285.5	平方米	
	其中	文保中心	4 676.5	平方米	
		综合办公室	1 005.0	平方米	
		住宿服务区	1 604.0	平方米	宿舍 22 间
	安吉古城遗址博物馆		2 276.8	平方米	
	其中	出土文物展厅	1 292.5	平方米	
		考古研学基地	533.8	平方米	
		考古图书馆	450.0	平方米	

①　孙科峰：《重构·消解——记安吉龙山古城考古博物馆》，《华中建筑》2022 年第 7 期。

续表

序　号	名　　称	数　量	单　位	备　注
3	容积率	0.41		
4	绿地率	26.0%		
5	建筑占地面积	7 319.5	平方米	
6	建筑密度	31.1%		
7	机动车位	70	个	
8	非机动车位	522	个	

　　在评审会上，由中国美术学院风景建筑设计研究总院设计的安吉古城遗址博物馆外观确实得到了评审委员的一致认可，但遗址博物馆内部空间的实用性则受到了文博考古专家的质疑。质疑集中在两个方面，一是起伏错落的屋顶美则美矣，但损失了本就不多的层高。前文提到安吉古城遗址博物馆位于大遗址保护区划的一类和二类建设控制地带之间，虽然地下没有遗存，建筑背后就是自然山体，但是遗址博物馆限高 6 米。安吉古城遗址博物馆的建筑面积是2 276 平方米，在当下动辄上万平方米的遗址博物馆群体中，可以说是非常"精致"了。在如此紧张的建筑面积上，若不高效利用层高空间，势必会对遗址博物馆的展陈及其以后拓展的预留空间形成"压缩"。二是为了呼应墙体立面和屋顶的整体美观协调，本应该承担自然采光功能的窗户也成了景观的一部分。一些需要开窗的空间诸如办公区没有设计窗户，或是设计的窗户过于狭小、过于高耸，失去了实用功能。另外一些不需要开窗的空间诸如文物库房却设计了玻璃窗。为了达到文物库房建筑安全防范的规范要求，室内还需要改造优化，但办公区的工作人员则要长期忍受不舒适的工作环境。遗址博物馆的建筑设计，避让了遗址，协调了环境，追求了美感，最终却委屈了馆舍的管理使用人。

第三节　遗址环境的美丽呈现

　　无论是学界的定义，还是字面意义，"考古遗址公园"归根到底要呈现为公园的形式。在前期规划设计和考古发掘研究的基础上，从考古遗址向公园的转变，势必涉及公园元素的渗透叠加。公园是向公众开放，以游憩为主要功能，有较完善的设施兼具生态、美化等作用的绿地，并要求对公园范围内的现状地形、水体、建筑物、构筑物、植物、地上或地下管线和工程设施进行调查评估，并提出处理意见①。按照这个规范标准，要想变身为考古遗址公园，大遗址几乎要进行一轮全新的规划和设计。其实，仔细对照考古遗址公园规划的各个章节内容，其呈现形式不就是如何从大遗址变身为公园吗？从考古遗址到公园的转变，虽以大遗址的文化内涵为参照，但具体工作内容和流程却超出了文物考古从业者的专业范畴，不得不更多地依靠当地政府、村社区、景观设计和施工团队来实施。概括起来，这一转变至少要经过土地流转征迁、基础设施改造、景观设计提升等几个重点环节。如果这几个环节无法顺利实施，考古遗址公园很难呈现在大遗址之上。

一、人地关系的转变

不论考古遗址公园的规划原则多么科学，最小干预能够压缩到多小的程度，考古遗址公园要落地实施，最主要的就是要改变遗址上的土地、居民和他们的生产生活环境。通俗地讲，就是涉及土地征用和居民搬迁。从遗址保护的角度审视，遗址公园建设中现存的大量生产生活建筑、道路设施等的拆留问题，一直是个争论不休的话题。文物保护和考古研究从业者关注遗址范围内建筑设施的拆留问题，不像遗址所在地方政府和居民一样从实际利益出发，而是出于各自对遗址真实性的不同理解、对价值取向的不同认知②。对很多文物保护和考古研究者而言，理想的大遗址，应该是无限接近于遗址所处年代的规模、结构和环境，历史上和近现代形成的自然和人为的干扰和破坏越少越好。其实，这不仅是文物保护和考古研究者的理想，也代表了所有历史文化爱好者的共同理想。建设考古遗址公园的目的不就是在充分阐释遗址内涵的基础上，通过规划设计尽力营造出理想中的大遗址的历史氛围吗？但是，现实中的民居、厂房等建筑设施不仅破坏了遗址，还将遗址本就脆弱的历史感冲击得七零

---

① 2016 年 8 月，由中华人民共和国住房和城乡建设部和国家质量监督检验检疫总局联合发布的《公园设计规范 GB 51192—2016》中对城市公园的设计标准进行了规范。

② 吴卫红：《理论、方法、定位：土遗址保护与遗址公园建设的理性三问》，《东南文化》2020 年第 3 期。

八碎。因此，几乎所有涉及遗址保护展示和遗址公园建设的项目，都会或多或少地涉及房屋拆迁和居民搬迁。

追根溯源，房屋拆迁和居民搬迁的做法在一定程度上受到早期自然遗产和生态保护思想的影响①。19 世纪末 20 世纪初，较早开展生态学研究的学者发现，原住民的日常生产生活会对生态环境产生客观上的破坏。不仅如此，当环境的生物承载能力退化到一定程度后，原住民也会自发移民寻求更好的生存环境。其实，这种现象在史前考古的研究中已经是普遍现象，所不同的是，生态学研究学者为了阻断这种破坏，建议抢在破坏发生之前将原住民移出。这种一劳永逸式的解决方法很快得到政府层面的积极响应，在保护生态的同时，也滋生了各种以"生态保护"为名而进行的移民搬迁。但是，我们不能因为移民搬迁被假借利用就否认它本身的合理性。正因为这套解决方法固有的合理性、有效性，1972 年《保护世界自然与文化遗产公约》颁布之后，因保护文化遗产而进行的移民搬迁行为在各国普遍推行。不过，文化遗产保护区通常比自然生态保护区范围要小，由此引发的移民搬迁规模和产生的社会影响也较小。

具体到我国的大遗址保护展示领域，在全国 150 多处大遗址中，除了少数因环境变迁成为人烟稀少或无人区外，绝大多数都有或集中或分散的现代居民居住。大型土遗址经过长年累月的自然侵蚀和人为破坏，形制结构、范围布局等多数已经荡然无存。这种情况下，占压在遗迹本体上的现代居民和房屋建筑，不可避免会对文物本体造成破坏。正如曾任国家文物局局长的单霁翔先生所言，解决大型古代城市遗址保护与当地民众发展生产、改善生活的关系问题，最佳办法是将两者从空间上分开，不可移动的大型古代城市遗址原地妥善保护，可移动的居民搬离遗址区妥善安置②。事实上，移民搬迁贯穿了大遗址保护行动的始终，越早受到学界关注、得到政府支持的大遗址越早启动了遗址区的移民搬迁工作。2001 年，为推进世界文化遗产申报，当地政府启动了殷墟遗址范围内小屯、花园庄等 6 个村庄的部分移民搬迁工作，搬迁社区居民137 户 800 人以及近百家乡镇企业。2009 年为加快建设殷墟国家考古遗址公园，再次启动移民搬迁。累计搬迁 271 户，拆除率达到 95％③。关于大遗址范

---

① 王思渝：《价值与权力：中国大遗址展示的观察与反思》，上海古籍出版社，2019 年。

② 单霁翔：《大型考古遗址保护》，天津大学出版社，2015 年。

③ 王立：《殷墟遗址旅游景区开发进程中社区居民搬迁问题研究》，西南大学硕士学位论文，2012 年。

围的移民搬迁如何解决，陕西省一直走在全国的最前沿。陕西省不仅拥有众多的超大范围的重要遗址，而且西北大学文化遗产研究者对这一问题长期给予高度关注。其中，汉长安城遗址由于分布范围广、利益相关者多、矛盾构成复杂等原因，在一定时段内成为大遗址移民搬迁关注的焦点。汉长安城遗址位于西安市西北郊区，面积达 37.8 平方千米，是我国现存范围最大、保存最完整、遗迹也最为丰富的都城遗址。汉长安城遗址保护区包括西安市未央区的汉城、未央宫与六村堡 3 个街道办事处的 33 个行政村，户籍人口 4.3 万人，而实际居住人口已超过 20 万人。面对这一现状，《汉长安城遗址保护总体规划》坚持征收遗迹本体范围土地，并对重点保护范围内的居民作出搬迁的要求①。

　　和殷墟遗址、汉长安城遗址相比，安吉古城遗址、龙山越国贵族墓群的分布范围小得多，而且受自然地理环境的制约，《公园规划》范围内的农村居民点分布较为分散，不存在大面积占压遗址的情况。安吉古城遗址的命名源于城址所在的行政村是古城村，行政村之下又包含若干个自然村或村民小组，自然村构成了村民小范围聚居的基本单元。根据保护展示规划，可能涉及建筑调整的主要分布在 4 个区域：横穿古城遗址的马南线两侧西山头、下古城、古城、窑岗等，一般墓葬展示区的温州场、大坪子、姚墩、吴家上、官家湾，考古遗址公园规划二期的白石坞、上古城、山墩、薛家冲以及定胜河以北的施安郎、清明屋、王丹、长双井、窑山。在这四个区域，根据保护规划和考古遗址公园规划的调控目标，整体思路是削减保护区划内居住人口数量，通过有计划地搬迁，调整至满足遗产保护要求和生态环境保护要求的环境容量，促进遗产地文化、生态、社会等各方面协调发展。根据保护展示的分期分区，将保护范围区域划定为居民衰减区，建设控制带为居民控制区，环境控制区内，则结合新农村建设，参照其他部门管理要求确定详细调控措施。可见，安吉古城遗址保护区划的移民搬迁从一开始就规避了全部一次性征迁的过激做法。一方面，安吉古城遗址在当时还没有跻身全国 150 处重要大遗址名录，更没有申报世界文化遗产、打造知名文化旅游风景区的行动。其实，在我国大遗址保护利用的实践中，安吉当地政府的做法非常难能可贵。为什么这样说呢？如果从半坡遗址博物馆算起，在将近 70 多年的大遗址保护展示的历程中，遗址的重要程度和各

---

　　① 陈稳亮、赵达：《大遗址保护与区域发展的协调性规划探索——以汉长安城遗址保护总体规划为例》，《城市发展研究》2012 年第 4 期。

级政府的重视程度是推进保护展示工作的最重要动力。特别是近年来各地对于申报世界文化遗产的超常规重视，大遗址的保护展示成为政绩考核的重点。面对政绩考核的量化指标，保护展示工作的推进难免急于求成、变质变形，导致一些移民搬迁的负面结果。但是，如果遗址不是全国知名，或没有政绩考核的压力，保护展示就会永远停留在规划文本上，甚至无暇编制规划。另一方面，安吉古城遗址保护区划内的搬迁整治遇到了"新农村"建设的政策利好，在资金投入、土地指标、工作进度等方面拥有更多的主动权，有学者将其称作移民搬迁的"新农村"模式①。

2005 年 10 月 8 日，中国共产党十六届五中全会通过《中共中央关于制定国民经济和社会发展第十一个五年规划的建议》，提出要按照"生产发展、生活宽裕、乡风文明、村容整洁、管理民主"的要求，扎实推进社会主义新农村建设。2005 年 12 月 31 日，中共中央、国务院印发《关于推进社会主义新农村建设的若干意见》，提出了社会主义新农村建设的方针。2006 年，国家文物局和财政部联合发布了《"十一五"期间大遗址保护总体规划》，标志着大遗址保护正式成为文物保护利用的重要方式与途径②。可以看出，"十一五"期间是农村地区大遗址保护展示的重要窗口期、机遇期，为我们探讨解决移民搬迁提供了新的思路。新农村建设的基本要求之一，是通过合理规划和管理，控制村庄建设用地，节约土地资源。在采用"新农村"模式解决大遗址区内居民问题的过程中，对于必须搬迁的居民，应尽可能就近安置，从占压遗迹本体的地方，搬迁到没有遗迹分布的地方。这样的安置政策，虽然并不是最完美的，但却是符合实际的人性化安置政策。对于遗址区内不搬迁的村落，也应根据遗址景观保护的要求对村落布局和房屋建筑形式进行改造。

结合新农村建设，安吉县递铺镇（现递铺街道）依据《安吉县开发区（递铺镇）古城村村庄规划（2010～2020）》对全村范围内 24 个居民点进行撤并和搬迁。依据保护总体规划和村庄规划的要求，综合考虑地方农村土地综合整治搬迁安置政策、财政资金、文物占压的情况和考古工作计划，制定了可行的实施方案。规划将调控范围内的居民点分为建设控制型居民点和拆除搬迁型居民点。其中建设控制型居民点包括：兰田、祥和、窑山、王丹、西山头、长双

① 周剑虹、王建新：《解决大遗址区居民问题的"城中村"模式与"新农村"模式》，《西北大学学报（哲学社会科学版）》2011 年第 3 期。

② 郭伟民：《遗产与资产——大遗址保护利用若干问题再思考》，《中国文化遗产》2022 年第 4 期。

井。拆除搬迁型居民点包括：施安郎、上古城、下古城、大庄、铜板桥、清明屋、芝麻轩、黄金坽、山墩、白石坞、薛家冲、官家湾、大坪子、姚嫩、吴家上等。建设控制型居民点需严格控制建设活动，确保村庄建设用地范围不再扩大，同时限制居民点内部的所有建设工程。拆除搬迁型居民点除需要保留的已有民居建筑外，分批分期搬迁实施范围内的其余全部民居、工业厂房等建构筑物及现代坟。优先搬迁挤占地上城墙遗址和墓葬的建筑及现代坟，并对位于安吉古城遗址范围内已拆除的建筑基础进行细致的清理，避免大型机械对地下文物造成二次破坏。清理完毕的场地标高需与周边地形地貌保持一致，局部低洼处可采取补土修复。结合《安吉县农村土地综合整治搬迁安置暂行办法》《安吉县农村土地综合整治搬迁安置实施细则》和《递铺镇农村土地综合整治房屋搬迁办法》，搬迁民居、工业厂房等可选择安置在"各土地整治村建新区规划区内"或"县城城北新区"。根据《安吉县递铺街道古城村农整安置区规划》，规划范围内的搬迁农户可集中安置在"窑岗"或"温州场"地块内。窑岗安置区为古城村中心居民点，为引导建设区，规划该区域集中分布以下村域公共设施：村委办公楼、文化活动中心、建设活动中心、卫生医疗站、教育设施及商业服务中心等。最终在 2016 年基本完成考古遗址公园范围内的 98 户的搬迁安置工作，遗址保护范围的环境彻底改善，居民在搬迁安置中不仅没有受损而且享受到后续的发展红利，后文中再详细讨论。

正如国家文物局原局长单霁翔所言，土地和遗址是不可移动的，而居民和建筑是可以移动的，移民搬迁就是将两者从空间上分开。在文物保护研究者看来，移民搬迁是分离了居民和遗址，但在居民和地方政府看来，这种分离更多意味着农村居民与他们承包的土地分离。相比居住的房屋，农村居民更不能舍弃的是他们拥有的土地。无论是地上古建筑还是地下古遗址、古墓葬，它们都依附于耕地、林地、草地等土地之上。两者看似合二为一，其实有着各自的所有权、使用权等归属对象。如果不了解我国现行的土地制度特别是农村土地制度，大遗址保护展示中暴露的疑难杂症就很难找到病因。

从事文物保护和考古工作的人员，特别是基层文物工作者对于文物保护中的土地问题都深有体会。土地问题也是大遗址保护中最为棘手、矛盾冲突最为尖锐的问题①。究其根源，既有大遗址保护工作的特殊性，也有我国现阶段土

---

① 中国文化遗产研究院：《大遗址保护行动跟踪研究》，文物出版社，2016 年。

地制度的普遍性。众所周知，我国实行土地的社会主义公有制，即全民所有制和劳动群众集体所有制，也即通常所说的国有土地和集体土地。属于国有的土地主要集中在城市及重要基础设施之上。集体所有土地通常属于农村土地①。农村土地问题主要有农民土地承包经营权问题、农民宅基地问题和农村集体建设用地问题②。建设考古遗址公园，归根到底还是一个要落地的建设项目。无论是简易的地表绿化还是更进一步的环境整治，无论是组织考古发掘还是搭建临时性保护设施，无论是封闭式管理还是没有围墙的公园，任何与土地空间有关的行为都必然绕不开土地的"主人"，也就是当地村集体和村民。需要和村集体、村民协商的问题无非土地承包经营权问题、农民宅基地问题和农村集体建设用地问题。移民搬迁其实更多涉及了宅基地和农村集体建设用地问题。根据我国现行的农村土地管理宅基地政策，村集体拥有宅基地所有权，使用分配权，土地整理或土地指标交易的决定权。因此，很多的移民搬迁矛盾纠纷往往发生在村民与村集体或是村委会之间。

村民搬迁之后，与土地的空间关系确实分离了，但对土地的使用权没有任何影响。在满足文物保护法律法规和规划要求的前提下，要在村集体或村民的土地上"动土"，则标志着遗址公园建设进入了"实质性"进展阶段，也基本超出了文物主管部门的监管范围。"动土"即为使用土地，根据使用土地的用途不同，分化出完全不同的审批管理制度和流程。根据《中华人民共和国土地管理法》，土地用途分为农用地、建设用地和未利用地。其中，农用地是指直接用于农业生产的土地，包括耕地、林地、草地、农田水利用地、养殖水面等。建设用地是指建造建筑物、构筑物的土地，包括城乡住宅和公共设施用地、工矿用地、交通水利设施用地、旅游用地、军事设施用地等。未利用地是指农用地和建设用地以外的土地。对照土地用途分类，安吉古城考古遗址公园中的游客服务中心、遗址博物馆、考古保护中心的用地现状为农用地，改为建设用地需要履行相应的审批手续。考古保护中心和遗址博物馆属于考古遗址公园中文物保护公益事业的公共设施，因此可以在当地政府征用土地后以土地划

---

①　农村土地是指农民集体所有和国家所有依法由农民集体使用的耕地、林地、草地，以及其他依法用于农业的土地。

②　刘守英：《直面中国土地问题》，中国发展出版社，2014 年。

拨①的方式取得使用权，然后进行建设。而游客服务中心等旅游服务设施为建设运营单位从事经营活动的场所，需要通过土地出让②的方式获得土地使用权。除了建设用地以外，考古遗址公园内还有大量的土地仍作为农业用地，但农业用地的使用方变成了建设运营单位。这意味着，建设运营方需要从村集体或村民手中获得土地经营权。土地流转是指土地使用权流转，拥有土地承包经营权的农户将土地经营权（使用权）转让给其他农户或经济组织，即保留承包权，转让使用权。

　　土地流转也可以通俗地理解为租用土地，但是不能改变原有土地的用途。其实，在大多数国家考古遗址公园建设过程中，涉及土地范围最广泛的大概是土地流转。土地流转关乎村集体和村民的直接经济利益甚至全部经济收入，因此在操作过程中容不得一丝一毫的不公平、不公正和不透明，稍有不慎就会引发局部矛盾纠纷。安吉古城考古遗址公园的建设方与古城村签订集体土地承包经营权流转协议后，就一度出现过土地租赁费用起付年份认定不一致的问题，也出现过签订租赁协议后未能如期使用土地的情况。类似情况也频见于其他项目的土地流转过程中，绝非是考古遗址公园中独有的矛盾纠纷。实际上，安吉古城村村集体和村民是非常支持考古遗址公园建设的，无论从短期的土地流转收益来看，还是从长远的灵活就业、创业发展前景来看，考古遗址公园建设是解开文物保护与当地生产生活矛盾的一把钥匙。或者说，当地居民与文物保护本就不存在冲突和矛盾，人地关系处理好了，转变好了，依附于土地的大遗址和考古遗址公园自然是山重水复、柳暗花明。

二、公园的最低要求

　　通过移民搬迁和土地流转完成了人地关系的转变之后，考古遗址公园范围内的土地面临着空间架构重塑的新局面，以实现考古遗址公园之"公园"目标。正如前文讨论过的关于公园的定义，它是以游憩为主要功能、面向公众开放的场所。考古遗址的内涵价值要通过一定的展示形式呈现在公众面前，展示的原则、方法和技术是第四章讨论的重点。本小节讨论的重点是如何让公众走

---

　　①　土地划拨，即土地使用权划拨，是指县级以上人民政府依法批准，在土地使用者缴纳补偿、安置等费用后将该幅土地交付其使用，或者将土地使用权无偿交付给土地使用者使用的行为。
　　②　土地出让，是指国家以土地所有人身份将建设用地使用权在一定期限内让与土地使用者，并由土地使用者向国家支付建设用地使用权出让金的行为。

进考古遗址公园、走近考古遗址。长期以来，大遗址深藏田野地下不为公众所熟知，一方面是因为大遗址宣传力度不够，更重要的一方面是即便公众有近距离了解古遗址的愿望，却因交通问题、野外旅行基本设施问题等难以成行。从游客角度出发，考古遗址公园重点要解决的就是大遗址的可达性、舒适性问题。

首先是交通组织问题。安吉古城遗址公园范围内现状道路是为了满足原住民生产生活需要而进行规划建设的，无论道路规格质量还是道路贯通性，都是服务于传统居民区功能的。《国家考古遗址公园规划编制要求》明确指出，为了保证遗址展示区的可达性和遗址公园服务质量，应该在坚持最小干预原则的前提下，根据遗址阐释与展示的需要，合理体现遗址整体布局并组织交通系统。由此可见，考古遗址公园内的交通组织首先要满足的是游客参观遗址的需求。安吉古城考古遗址公园入口区紧邻 G235 国道和 S14 杭长高速安吉北收费口，选址于此自然是充分考虑了交通组织的需求，特别是外部交通。考古遗址公园入口与杭长高速出口的连接路、东侧调整后的马南线道路、南侧十里沟北岸拓宽的道路、西侧跨定胜河道路是考古遗址公园对外交通的主要道路。外部交通与内部交通的结合点是入口区的停车接驳点，接驳点换乘园区内的电动观光车完成参观游览活动。但是，考古遗址公园规划范围内的现状道路需要进行较大幅度的调整，既要满足园区交通需求，又不能给周边居民的正常出行带来麻烦。能够采取的调整方式无非是利用现状道路、改造现状道路和新建道路。

穿过遗址本体和保护范围的马良线是 20 世纪 70 年代始建并经多次改扩建的县道。在遗址北侧 S235 国道开通之前，该条县道承担了安吉县向北与长兴县、安徽省宣城市广德县连通的主要功能。虽然周边省道、国道已经大大改善了道路交通状况，但马良线仍然是众多机动车驾驶员的重要选择。所以，《保护规划》提出要取消马南线穿越遗址的路段时，立即遭到交通部门和乡镇村评审人员的强烈质疑。在后期的环境整治方案中虽然进行了局部调整，但最终未能实现。如此，在考古遗址公园内不得不保留一条贯穿园区的外部道路。这对于考古遗址公园的封闭管理和游客参观当然是不便利、不安全的。为了缓解这一难题，不得不将入口区单独隔绝于道路北侧，并通过增设交通信号灯的方式，降低道路交通的安全风险。考古遗址公园内部道路，除入口区至考古遗址博物馆段为新建道路外，其余基本是利用现状道路，或是改造现有道路的路面。其中，八亩墩、九亩墩外围原有的机耕路或田埂路，严重影响了作为遗址展示重点区域的交通和景观，必须进行改造。根据国家文物局相关建设指南，园区道路应妥善处理新建路网与遗址的关系，铺装材质应慎用柏油等现代材料，避免过于现代化和人工化。如果改造为沥青路不仅难以通过审批，而且与遗址风貌不协调，如果仍保留土路则路面强度和硬度无法保障人与车辆的通行。遗址公园建设方在相关部门和技术团队的支持下，将水、土、沙子、胶水等材料通过一定的配比，成功试验出既能防止雨水冲刷、又能保障强度硬度的路土材料，路面颜色与一般土路无异，做到了实用性、协调性的统一。

　　其次是游客服务设施。按照《国家考古遗址公园规划编制要求》，考古遗址公园内的游客服务设施要以满足最低功能需求为原则，严格控制设施数量和规模，淡化设计，确保遗址本体和周边环境的真实性和完整性。游客服务设施主要有展陈展示设施、公共服务设施、标识设施、管理设施等。前文提到的考古保护中心和遗址博物馆，以及第四章要讨论的现场展示等，都属于展陈展示设施。公共服务设施包括游客服务中心、商亭、厕所、观景亭、停车场、换乘点、垃圾桶、座椅等。游客服务中心位于入口区，建筑采用主体为生态覆土建筑上设椭球型艺术构筑物的形式，建筑材料采用仿地质土层的混凝土，建筑面积约为 1 200 平方米，分为游客接待区、旅游产品销售区、休闲餐饮区和办公管理区，建筑东侧集散广场面积约为 1 680 平方米。该区停车空间分为私家车停车区、房车停车区、大巴停车区三类。游客休闲服务区位于八亩墩以北的山坡处，利用原有搬迁的民居进行改造，功能包括：纪念品售卖、医疗点、自行车租赁和简单餐饮服务等。此外，还有 4 处游客服务点均匀分布在遗址公园内：位于生态农业园区的稻香坊游客服务节点、位于八亩墩东侧的茶园游客服务点、位于 D141 附近的展示区服务点和位于九亩墩西侧的九亩墩游客服务点。标识设施根据道路组织、展示布点和游客服务设施情况进行灵活布置，管理设施诸如管理用房、安全防护设施等结合公共服务设施、展示设施等进行合理分布，在此不一一详述。

　　最后是其他基础设施。基础设施主要包括电力电信、给排水、防洪、消防等设施设备。基础设施工程是考古遗址公园内所有功能建筑、公共服务设施、景观等得以发挥作用的基础性工程。在此仅以管线综合为例，简要说明其在考古遗址公园中的基础性作用。安吉古城考古遗址公园内设有给水管线、污水管线、灌溉管线、电力电缆、电信电缆以及为博物馆服务的市政热力等多种管线。诸多管线在地下的规划位置宜相对固定，从道路红线向道路中心方向平行布置的次序，根据工程管线的性质、埋设深度等因素确定。考虑到管线埋设范围内多处地块含有墓葬区等遗存分布，因此在管线敷设时应注重地下文物的勘探保护工作，严格按照规划限制条件敷设管线且尽量减少管线交叉，如遇交叉，各管线自地面向下的排列顺序为电力电缆、电信电缆、给水管线、灌溉管线、污水管线。从事文物考古工作和大遗址保护管理工作的专业人员，在基础设施工程方面却是"门外汉"。日常管理中，虽然可以聘请专职的团队或人员进行基础设施设备维护，但是作为运营管理方，必须对考古遗址公园有一个全面立体的总体认识，像研究大遗址一样，研究好大遗址上的一砖一瓦、一管一线。

三、一草一木总关情

国家文物局对于考古遗址公园的定义，除了强调考古研究和遗址保护展示之外，还特别凸显了遗址环境的可观可感和可进入性，也就是要具备对外开放公园的基本属性。因此，在《国家考古遗址公园规划编制要求》（试行）总体设计内容中，专门设置了"总体景观控制"的具体要求。在景观空间布局方面，要求从总体上把握、提炼符合遗址演变规律的景观特征，以及遗址周边自然资源特色，防止过度人工化，并区别于一般城市公园。按照遗迹的分布特征规划遗址公园整体空间架构。在建构筑物风貌控制方面，要提出建构筑物的风格、体量、规模、立面及建筑语汇等控制要求。在公共环境塑造方面，要提出必要的环境设施的控制要求和设计原则，以及遗址公园整体氛围、游客秩序、园内各类经营行为的控制要求。在众多景观设计要求之中，自然景观的改造设计和表达能够给人以最直接、最广泛的观感和最贴近遗址公园的美感。或者，按照通俗的认识，遗址的考古发现和文化内涵是遗址公园的内容，自然景观和建筑构筑物属于外在的形式，两者相辅相成，缺一不可。因此，在全方位、多角度分析运用各种景观元素和表达手法的基础上，建设一个文化内涵丰富的实体遗址公园，其植物景观设计往往是摆在景观整体设计前的第一个要素。植物景观设计并不是要求像城市公园或者其他自然景观公园那样，高度追求植物的稀有性、艺术性等单纯植物性方面的自然美，而是要围绕考古遗址的主题，分析承载遗址的自然环境和历史环境，运用特定的植物种类和组合，通过景观设计的手段，营造出与考古遗址属性及其自然历史环境相适应的特定公共文化空间。针对不同遗址的文化特点及其所处的地理区位，应突出其独特的人文和科学价值，研究关注大地上各种物质要素的空间安排，并对土地利用和生态、生物等多学科问题进行广泛探讨。概括起来，考古遗址公园植物景观设计是将遗址保护与植物景观设计相结合，利用遗址珍贵历史文物资源，运用保护、修复、创新等一系列手法，对历史的人文资源进行重新整合的再生景观设计。

景观设计在我国各类公园建设中的关注度一直处于高位，在考古遗址公园的实践中更是建设方规划设计的要点所在，因此国内考古遗址公园在景观设计方面积累了不少经验。例如良渚国家考古遗址公园中广泛种植水稻，在利用原来水稻田的基础上，进行了有意识地改造和提升，水稻田已经成为良渚国家考古遗址公园吸引游客参观的重要景观。水稻田的设计不仅在文化内涵上与良渚文化时期发达的稻作文明相吻合，而且在形式上填满了考古遗址公园内的大片展示空地，恰如其分地营造出五千年前的历史环境与今天观众习以为常的生活环境。水稻成熟后，当地村民收割水稻的场景也成为众多年轻人的向往，收获的稻米自然而然有了良渚文化的标签，成为来遗址公园参观游客的热门伴手礼。再如圆明园国家考古遗址公园，在不影响山形水系和建筑遗址保护的前提下，尽可能体现圆明园盛期植物景观意境。建筑院落内的植物景观由于受到建筑遗址保护的需要而较难恢复，但景区之间的公共部分、山体、水边等处的植物应尽可能体现原有意境。由此可见，植物景观设计对于国家考古遗址公园文物的保护、环境的塑造、遗址的展示，尤其是特色的形成具有重要作用。中国传统植物造景讲求"师法自然，寓情于景"，体现自然与文化的高度融合。这里所探讨的国家考古遗址公园与植物景观营造，不仅仅关注遗址在历史积淀中形成的特定文化，还在于利用现有的环境条件与植物材料，揭示遗址当时的社会情形，令现代人能身临其境。

按照《公园规划》，在对现有景观进行评估后，依据现状遗址环境格局及植被分布、生长状况，按照展示区功能类型的不同划分为3种类型，分别为保留现状景观区、适当梳理现状景观区、重点调整现状景观区。

保留现状景观区为生态农业园区、茶园区以及墓葬保护区3处。保留现状景观即是对原有植被的保护性利用，保留遗址地表上原有的植物景观，包括原有的物种、生境环境、风貌特征、生态系统等，与遗址本体一并系统地保护起来，呈现一种原生自然的遗址风貌。原有植被与遗址本体共同组成了一个遗址单元，遗址本体的土壤环境为植被提供了生存基础，植被为遗址本体提供了最直接的安全防护，并且营造了良好的生态环境和景观氛围。对于考古遗址公园而言，遗址地表植被既是保护的重点也是展示的对象[①]。不过，如前文所言，保留植被的前提是遗址本体原有植被群落具有相当程度的成熟性、丰富性，只在对遗址保护不形成负面影响的情况下适用。在实践中，分布于温带季风气候区及其以南的南方地区相对有着更多的选择，而分布于四季分明冬季干燥少雨的北方地区则缺乏选择空间。不仅如此，南方地区考古遗址公园由于自然环境条件的优越，绿化投入的人力、物力、财力及后期的维护养护费用也极为节省。安吉古城考古遗址公园内生态农业园区现状以水稻田为主，茶园区现状为大面积白茶林，墓葬保护区现状为高大的针阔混交林，整体景观环境较好。该区域内保持现有植被状态即可，延续场地现有的景观空间格局，需专人进行定期维护及修整，并对各分区边界的植物进行局部梳理。

适当梳理现状景观区为墓葬展示区。地处野外的大遗址常年无人专门管理，遗址地表的植被除农业作物区、经济作物区因生产的需要而比较规整以外，丛林区、灌木区或者山坡山脚等无人耕种区域往往杂乱无章，甚至无法进入。因此，对于这些有遗址分布、有展示需要的景观区域，必须进行适度的梳理裁剪，使之符合考古遗址公园整体景观的要求。在安吉古城考古遗址公园内，九亩墩墓葬展示区现状植物以松柏林和毛竹林为主，植被茂密，虽大部分区域与墓葬连接较紧密，但局部区域不够完整，对遗址整体空间格局有一定影响。通过绿化手段充分揭示遗址的整体空间格局，对墓葬展示区进行现状梳理，旨在充分尊重原有景观格局的基础上，按照展示区功能类型进行有针对性的景观梳理，替换部分树种等，达到营造整体景观氛围的效果，特别是墓葬展示区以竹林及松林为主，结合墓葬地形的空间格局，展示墓葬区整体空间关系及形制。九亩墩乔木以松树为主，散植在九亩墩主墓及其周边附属陪葬墓分布区域内，形成视野较为通透、开敞的林地，并留有相对开阔的活动空间。为使原有的松树林更具展示效果，在景观规划设计中，将树木的间距进行了适当调整，调整的方法是经当地林业部门批准对部分发育不良的松树及杂树进行移植

[①]　王璐艳：《国家考古遗址公园绿化的原则与方法研究》，西安建筑科技大学博士学位论文，2013 年。

或砍伐，留出充足的透视空间。虽然，这种疏林式绿化更适合在非遗址保护区，但像九亩墩这种客观存在的情况，也可以因地制宜。树阵式疏林可以营造严肃庄严的遗址氛围，同时辅以休息设施，可为游人提供休息场地。九亩墩松林可以为公众提供休息、锻炼、休闲活动的场地。最具吸引力的就是游人可在林地中自己动手搭设秋千、吊椅等休闲设施。这些绿化空间最能体现遗址公园作为城市公共活动空间的功能，也最能表现遗址公园与其他公园游憩活动内容的不同。

在此，需要特别指出的是，在九亩墩墓葬展示区的植被梳理中，为了展示九亩墩主墓与周边陪葬墓的位置、组合关系和分布范围等历史信息，安吉古城考古遗址公园特意邀请规划设计单位和考古研究机构增加了陪葬墓的植物标识设计。遗址环境的植物标识展示虽可见于遗址展示的各类文献中，但其具体的展示方式并未像遗址本体的展示研究那样得到足够的关注，展示方式的要点多以"不伤害遗址""尊重遗址历史环境"等关键词为多。不伤害遗址是一切环境整治和展示利用工作的大原则，很难指导植物标识这类细节的设计。尊重遗址历史环境实际要表达的是恢复或模仿遗址历史时期的植被种类和环境。对于九亩墩这类距今 2 500 多年的越国贵族墓群而言，花费人力物力去研究恢复历史植被环境，不仅难以取得理想结果，甚至没有多大的必要性。大环境方面，九亩墩的松林已经通过疏密相间营造出了悠远却又可感的越国贵族大墓的历史氛围，散布于大墓周边的陪葬墓承担的展示功能无非是通过确切的墓葬规模范围，辅以与松林协调的呈现形式，让游客更深层次地感受越国大墓的历史感和冲击感。本着根系无害性、外在可识别性、生态适应性和经济实用性的原则，最终选择了多年生的草本植物诸如兰花、三七、麦冬等。当然，在遗址公园开放运营一段时间后，还要根据所展示的效果、管理成本等进行适度调整。

重点调整现状景观区为入口区、博物馆区和游客休闲服务区三处。虽然同样是重点调整现状景观区域，但是由于三者的功能定位不同，在景观调整方向、原则以及形式内容上存在较大的区别。根据《安吉古城考古遗址公园规划》，入口区主要承担旅游服务功能，如机动车停放、管理值班、门票纪念品售卖、医疗交通、简单餐饮服务等（图 3 - 3）。在很多研究论文中，将这类服务区域归类为非遗址区。入口区虽然不是遗址区，但是同样承担着遗址形象展示重任，甚至比遗址区的展示更能引起游客的关注。因此，这个区域的景观设计向来都是考古遗址公园规划设计的重头戏，有些地方政府更是把它视作关系当地文化旅游形象的"大事件"。安吉古城考古遗址公园的入口位于杭长高速安吉北收费站南约 200 米处，因此入口区的形象更是超出了文旅形象，当地文物管理部门曾向县政府提出建议，将"安吉北"更名为"安吉古城"，虽未实现，但足见入口形象的重要性。而入口区的现状植被景观以大片水稻田和芦苇丛为主，植被杂乱无序，景观形象堪称贫弱。从节约利用土地和提供经济效益的实际出发，入口区应尽可能多地为游客提供观赏、游览、休闲等公共活动空间。因此，遗址公园入口区的绿化就要考虑如何营造或体现公共游憩空间，在如何发挥游憩功能的设计上不能简单照搬一般公园或绿地的设计手法，仍需要重点考虑文化遗产宣传、遗址公园特色等因素。经过反复讨论，刚竹、菲白竹丛植，二月兰、蒲公英、葱兰、芦苇、水葱等共同构成了入口区的主要植被景观，以鸡爪槭、乌桕等秋色叶乔木，木本绣球、红叶石楠等灌木点植于服务建筑周边。其中，刚竹在入口区的形象较为突出。长期以来，竹子一直都是安吉对外形象的最集中代表，刚竹不仅直观体现了安吉的自然环境特色，也在入口道路旁充当了隔离带的作用。

图 3-3　安吉古城国家考古遗址公园入口

遗址博物馆区虽然面积不大，但其与考古保护中心、酒店服务区是一个若即若离的综合体，总占地面积约35亩，是整个考古遗址公园中除八亩墩越国贵族墓园以外最重要的展示区域。从全国各地的运营情况来看，考古遗址公园中的遗址博物馆几乎成为游客参观的第一目的地。在考古遗址公园建设过程中，考古遗址博物馆的选址、规划建设以及展陈设计凝聚了最多的人力、财力和智力。因此，最后呈现出来的遗址博物馆的整体景观效果关系遗址公园的品位高低与成败。仅就景观而言，遗址博物馆选址地块的自然风貌以水稻田为主，稻田周边共存一些杂树，整体景观空间较为单一，与预期规划景观氛围不可同日而语。遗址博物馆的主要功能体现在馆舍内的展陈设计与文物信息解读，馆舍外的景观功能类似于遗址公园的入口区，但又有明显不同。馆舍外的游人活动内容较之入口区要更多、更稳定一些，对于休闲娱乐、公共活动、互动交流的需求也更迫切。相比于重点遗址展示区的绿化，遗址博物馆周边在尺度和形式上较为放松，绿化空间的类型也可丰富多变。除了提供必要的遮阴及休闲活动外，还要能够体现遗址的美感和遗址环境的内涵，要能够体现遗址公园的历史文化信息。自古以来，人们就赋予植物很多美好的想象和化身，不同植物代表了不同的文化寓意。遗址公园的绿化空间包括植物主题式绿化和生态绿地两方面[1]。突出建筑主题的绿化空间主要对象是围绕景观建筑和服务建筑两类，绿化风格与建筑风格要协调：建筑和植物都是有性格的，外形、色彩和质感不同，给人的感受就不同，因此选择合适的植物十分重要。遗址博物馆区外围仍是以水稻田和自然植被为主，因此选择水稻、狗尾草等作为建筑南侧水塘附近的主要景观植物，而博物馆建筑围合的院落空间则选择香樟、桂花、栾树等乔木进行点状种植，两者疏密相间、错落有致。

游客休闲服务区的功能更侧重于轻松的休闲（图3-4）。在修正改造现状景观的基础上，清理遮挡视线及空间的杂草，配合整个遗址公园景观协调的需求，营造具有标识性的景观环境。该景观以刚竹、紫花地丁等地被，芦苇、荷花、慈姑、千屈菜、木贼、香蒲等挺水植物，浮萍、荇菜、菱等浮水植物，金鱼藻、苦草等沉水植物为主，结合水岸种植水杉、湿地松、合欢、枫香、杜英

---

① 王璐艳：《国家考古遗址公园绿化的原则与方法研究》，西安建筑科技大学博士论文，2013年。

等乔木，山茶、杜鹃等灌木。根据景观空间布局的基本原则，规划在植被品种的选配上保持地方性、历史性，并满足空间景观功能要求，在种植形式上按照当地自然形态进行种植，避免过度园林化倾向。

图 3-4　安吉古城国家考古遗址公园游客服务中心

第四章

考古学堂：小众与大众的殊途同归

第一节　解读遗址的困境与行动

一、脆弱的土遗址

遗址、大遗址和考古遗址公园是本书讨论频次最多的词语。既然讲到了遗址的阐释与解读，那么首先应该解读的就是"遗址"这个词语本身。在《现代汉语词典》中，遗被解释为"留下的"，址为"建筑物的位置"，遗址被解释为"毁坏的年代较久的建筑物所在的地方"，并以"圆明园遗址"举例进行说明。《现代汉语词典》的解释特别强调了建筑物。通常来讲，我们提到"建筑"一般理解为和居住有关。梁思成在考古工作人员训练班上就曾如此化繁为简地表述过[①]。确实，居住始终是人类的一个基本生存需求。在人类发展过程中，天然穴居一直是旧石器时代最主要的地表居住方式。这种居住方式几乎不需开发、利用任何建材资源。旧石器时代晚期以来，逐渐出现了石斧、石锛、石凿等专门的木加工工具，规范化的工具大大提高了木加工效率，从而使人工性建筑及聚落日渐增多。基于木工工具以及诸多新技术的应用，自新石器时代以来，居住建筑及其材料使用都发生了显著变化，木结构或土木结构的房屋大量涌现[②]。随着生产力水平提高和社会需求增多，居住功能以外的建筑逐渐被人类创造出来，诸如祭祀建筑、宗教建筑、军事建筑等。不过，这些新功能的建筑依然可以视作居住功能的延伸和泛化。需要特别注意的是，作为人类死后的葬身之所，墓葬当然也属于建筑的范畴。只是由于研究分类的不断细化，便将古墓葬从古建筑或古遗址中分离出来。大体上，《现代汉语词典》关于遗址的解释是被广泛接受和应用的。但在考古学研究中，遗址和"毁坏的年代较久的

[①]　梁思成、林徽因：《古建序论——在考古工作人员训练班讲演记录》，《文物参考资料》1953 年第 3 期。

[②]　钱耀鹏：《窑洞式建筑的产生及其环境考古学意义》，《文物》2004 年第 3 期。

建筑物所在的地方"分别被定义为不同的物质遗存。诸如古代的房屋、墓葬、窑址、窖穴、城墙或壕沟等古代人类活动遗留下来的建筑设施或基址、迹象等，在考古学研究中被称为遗迹。而遗址是指各类遗物、遗迹以及相关自然遗存的集合体，并拥有连续分布的空间范围。这种集合体实际上就是人类活动的集中之地，其中最为普遍的自然是居住地。由于人类生活的多样性，古代遗址的种类很多，不同历史时段、不同自然生态环境会产生不同规模和功能的遗址[①]。严文明先生曾将遗址归纳为洞穴、旷野、贝丘和沙堤四类[②]，其中旷野遗址是我国分布最为广泛的一类，是考古工作最主要的研究对象，也是本书所讨论的遗址类型。

如果从埋藏环境来看，旷野遗址多埋藏或半埋藏于土地之下，也可称为土遗址。随着生产力水平和资源开发能力的提高，世界各地先民利用土、竹木、砖石等材料或简易加工建筑材料，创造发明了各式各样的建筑形式。前文提及，新石器时代以来大量的木结构或土木结构建筑应运而生，而在西欧等一些地区出现了大型的石质建筑。石质建筑的物理特性决定了它不论是使用、废弃还是保存、埋藏都具有很大的优势，在考古发掘中被发现识别的难度也相对较低。但由于缺乏合适的石质建筑材料等原因，我国自新石器时代以来一直未形成石质建筑的传统。即便是历史时期出现了土石建筑或砖石建筑，但其基础仍以生土或夯土为主，建筑倒塌后终以土遗址的形式被埋藏。对于土木结构建筑而言，由于木构件极易遭受火灾、易于腐朽，且易于改为他用，绝大多数的木构建筑已毁，只留下夯土、土坯墙体及室内地面等遗迹。对于纯粹的土结构建筑而言，在长期的风雨侵蚀、人为破坏下，它经常与未经人为活动的土层合二为一。

土遗址的主要成分是土，主要的埋藏环境依然是土。认土被认为是田野考古发掘最基础的工作之一，缺乏对土的基本认识，不可能做好一个区域的考古发掘[③]，更不能做好后续考古遗址的保护与展示工作。《水利科学技术名词》[④]中解释，土是矿物或岩石碎屑构成的松散物。《建筑学名词》[⑤]中将土定义为自

---

① 赵辉、张海、秦岭：《田野考古学》，北京大学出版社，2022 年。
② 严文明：《走向 21 世纪的考古学》，三秦出版社，1997 年。
③ 牟永抗：《牟永抗考古学文集》，科学出版社，2009 年。
④ 全国科学技术名词审定委员会：《水利科学技术名词》，科学出版社，1997 年。
⑤ 全国科学技术名词审定委员会：《建筑学名词》，科学出版社，2014 年。

然环境中的岩石由于物理、化学、生物风化作用形成的碎屑，经过剥蚀、搬运、混入自然界中的其他物质后生成的堆积物。土成分复杂、结构疏松，具有表面积大，吸附能力强、易崩解的特点，属极易受外界环境影响、结构稳定性很差的复合体①。土的特性决定了土遗址埋藏过程中必然产生重要的营力作用，主要有成土作用、生物作用、化学作用、地质因素和物理作用等②。通过这些自然营力作用，土壤中的各种矿物质和有机质处于不断分解、合成、淋滤变化过程中。加之植物根系深入土壤内部，加速地下埋藏遗迹的分解，土壤中的碳酸盐也会在地表水的作用下形成钙化胶结物等。除自然营力作用的破坏，遗址形成后还会受到人类活动诸如挖坑取土、建房筑城、战争等更加直接和彻底的破坏。相对而言，当今强调的大遗址保护更侧重的是防止人为的破坏，各类基本建设、工农业生产、居民生活、盗挖盗掘等都属于这一类。

安吉古城遗址现存的土筑城墙遗迹虽然整体形状尚可清晰分辨，但多年来因交通和水利工程建设、农田平整、村民建房等对城墙也产生了较为严重的破坏，如北城墙东段和东城墙北段各约 100 米遭定胜渠水利工程建设破坏，城墙外的护城河淤塞严重，有水面存在部分不足 20％。西城墙外北段遭平整农田破坏，南墙外分段筑坝改为水塘，北墙外改为水渠，其余均为农田。作为生活区的城墙内部遗址虽多有发现，但从勘探和考古发掘情况判断，不仅近代的农业生产和村民建房对遗址产生了一定破坏，而且在遗址废弃不久的东汉至东晋时期就已经遭到较为严重的人为破坏。龙山越国贵族墓群由于盗掘、民居点建设、道路等当地村庄建设导致部分文物本体遭受破坏。茂密的植被一方面使得土墩墓封土和表土免受水土流失的破坏，另一方面却为盗挖盗掘行为提供了"庇护之所"。自然营力作用的破坏虽然广泛，但发生作用的过程毕竟缓慢，古墓葬面临的盗挖盗掘破坏往往是迅速而彻底的。

前文之所以用一定篇幅分析了遗址的形成和埋藏过程，并不是要单纯强调其脆弱性，而是要在此基础上讨论土遗址的展示困境。确实，土遗址展示利用的困境根源于其天然的脆弱性。这导致其在保护研究、阐释展示方面面临着巨大的挑战。由于历史久远形成的天然的距离感和埋藏环境造成的破碎感，使得土遗址在公众认知中的存在感极其微弱。即便经过几代考古人的发掘研究和价

① 陶亮：《土遗址展示方式的初步探讨》，西北大学硕士学位论文，2008 年。
② 赵辉、张海、秦岭：《田野考古学》，北京大学出版社，2022 年。

值探索，几近无形的文物本体依然无法提供足够的信息，以使人们理解其空间特征与含义，更难以激起人们的移情和艺术审美，抑或引发文化的、精神的联想①。更令人担忧甚至焦虑的是，土遗址是我国已普查登记不可移动文物的主体。根据第三次全国文物普查统计，我国已登记不可移动文物 766 722 处，其中古遗址类 193 282 处、古墓葬类 139 458 处，约占登记总量的 43.4%；在 5 058 处全国重点文物保护单位中，古遗址、古墓葬共计 1 612 处，约占 31.8%。在众多重要的古遗址、古墓葬中，又以大遗址更显重要。张忠培将大遗址定义为"各个考古学文化、各个王朝或皇朝和各个历史民族政权遗留下来的代表性遗址、城址、手工业作坊、采矿及冶炼遗址、墓地及陵墓、宗教性地面及地下遗存和水陆交通遗址等；它还包括历史上据某种信仰或传说而保存某种记忆或仅具有纪念性的某些故址和陵墓"②。总之，大遗址是实证中国百万年人类史、一万年文化史、五千多年文明史的核心文物资源③。

二、极为有限的展示方式

作为极其脆弱而又极其重要的土遗址，大遗址的展示利用工作无疑需要在确保遗址安全的前提下，谨慎而有所节制地合理开展。为此，考古界乃至整个文化遗产领域的专家和组织一直都在积极探索大遗址展示利用的理论和实践。随着我们对大遗址文化内涵认识的加深，有关遗址展示的理论和具体方法逐步被提炼成为国际社会共同遵守的原则和要求。1931 年，《关于历史性纪念物修复的雅典宪章》是历史古迹保护的第一个国际性文件，提出了保护和修复废墟遗址及周边环境的原则和办法。宪章中表述的"废墟遗址"的修复其实已经暗含了遗址展示的要求。1964 年，《关于古迹遗址保护修复的国际宪章》明确提出"保存和展示古迹的美学与历史价值"是修复的目的，要确保用恰当的方式进行开放。1990 年，《考古遗址保护与管理宪章》规定了有关考古遗产的展出以及对外开放与公众利用等操作程序规则。相比之前侧重于遗址本体的保护展示，1999 年的《巴拉宪章》更为全面地提出要对遗产精神价值、文化重要性进行保护和诠释。2008 年 10 月，在加拿大召开的国际古迹遗址理事会

---

① 王璐：《以价值"延续性"为导向的新时代大遗址利用理念方法与活化路径》，《中国文化遗产》2022 年第 4 期。

② 张忠培：《中国大遗址保护的问题》，《考古》2008 年第 1 期。

③ 国家文物局：《大遗址保护利用"十四五"专项规划》，2021 年 10 月 12 日。

（ICOMOS）第 16 届大会通过《关于文化遗产地阐释与展示宪章》（以下简称《展示宪章》），标志着关于文化遗产阐释与展示的第一份国际宪章诞生。《展示宪章》不仅对阐释和展示进行了定义①，还提出了文化遗产阐释和展示的六条原则：一是应促进公众接触文化遗产本体和相关知识。二是应以通过公认的科学和学术方法以及从现行的文化传统中搜集的证据为依据。三是应广泛结合社会、文化、历史以及自然的发展脉络和背景环境。四是必须遵守文化遗产真实性的基本原则，必须尊重遗产地的自然和文化环境。五是阐释与展示必须是遗产专家、遗产地负责机构和相关社区，以及其他利益相关者共同的有意义合作的结果。六是应对文化遗产不断进行研究和评估。

虽然以上原则针对的是广义上的文化遗产，但对于遗址的阐释展示同样具有重要的参考意义。在《展示宪章》六条原则的基础上，中国建筑设计研究院建筑历史研究所的陈同滨等对考古遗址公园中遗址的阐释与展示提出了十二条准则②，并在《安吉古城考古遗址公园规划》中得到了充分体现。概括起来，可以总结为四项原则和四条措施。四项原则分别为，一是遗址的阐释与展示要符合遗产价值，包括自然的、文化的、社会的有形和无形价值，即价值导向原则；二是要以考古研究成果为依据，多学科成员共同参与，符合遗产的真实性；三是展示内容应包括遗址的整体格局和各类组成要素，符合遗产价值的完整性；四是要符合遗产保护的可持续性即设施的可逆性。四条措施分别为，一是要突出历史环境修复，包括历史地层与地形地貌、与历史气候关联的植物品种等；二是展示体系应由遗址博物馆、遗址展示现场和相关历史地理环境共同组成；三是应统筹规划土地资源、文化资源、生态资源以及景观等其他资源的综合保护与利用；四是应统筹考虑和协调遗产的各个利益相关方，确保遗产价值的正确诠释和合理利用。

纵观国内外土遗址展示的做法，根据以上讨论的原则和措施，大致可以归纳为露天原状展示、覆罩现场展示、标示展示、模拟展示、复原展示和遗址博物馆展示等几个大类。

---

① 阐释定义为：一切旨在提高公众意识和加强对文化遗产理解的潜在活动，包括印刷品和电子出版物、公共演讲、现场和不在现场但直接相关的场外装置、教育计划、社区活动和不间断的研究、培训和对阐释过程本身的评价。展示定义为：通过在文化遗产地安排解释性信息、亲身体验和诠释性基础设施等，对诠释性内容进行的经过精心策划的传达。

② 陈同滨、王力军：《大遗址保护与考古遗址公园设计》，《大遗址保护良渚论坛文集》，浙江古籍出版社，2009 年。

露天原状展示，即在自然状态下呈现和展示遗址的全部或部分。严格来说，露天原状展示不能算是主动追求的展示方式，而是对遗址保存现状的维持和延续。因此，能够采用露天原状展示的遗址首先是那些经受过自然和历史变迁、还依然能保持较好的外在形制、能够在现状环境下长时间保存下去的土遗址。比如大型贵族墓、帝王陵的封土、古代大型都城的城墙等。露天原状展示虽然是最经济实惠的，但有时也反映了对超大规模遗址展示的无能为力。需要特别强调的是，露天原状展示不是简简单单的"露天原状"，而是必须有"展示"的工作内容。除了对遗址本体和周边环境进行必要的整治外，对视觉景观通道也要采取一定的措施加以改善。安吉古城考古遗址公园内的九亩墩区域的展示，就是在梳理地表植被的基础上，将九亩墩山体走势更清晰地呈现在公众面前。为了方便观众近距离接触体悟贵族墓群的气势，在九亩墩山脚改造原有田埂路，在山体上沿山势铺设简易木栈道，大大提高了九亩墩的可观性（彩版一二）。

与露天原状展示的遗址不同，有些遗址已濒临破坏的边缘，或经考古发掘的遗址具有极高的内涵价值和展示价值，必须进行现场展示，因而不得不在遗址现场搭建保护设施进行展示。出于考古发掘的工作需要和发掘后展示的需要，覆罩保护棚被越来越多地运用到考古遗址的现场展示中。覆罩现场展示以半坡博物馆、秦始皇陵兵马俑博物馆和汉阳陵帝陵外藏坑保护展示厅最为知名。但由于覆罩设施直接搭建在考古遗址之上，即使未对地下文物造成破坏，也难以避免对遗址整体环境的影响。在 2019 年八亩墩越国高等级墓园专家论证的现场考察环节，著名考古学家、北京大学考古与文博学院教授李伯谦先生远远望到考古现场的保护大棚时，误以为是用于展示的永久性设施，反复表达了他个人的不满，直至误会消除。由此可见，永久性的覆罩设施用于考古遗址现场展示，需要经过谨慎的论证设计。老虎岭水坝遗址的覆罩现场展示做到了保护展示和环境融合的协调统一，值得业内推广学习。为了同时满足保护和展示的需要，在水坝本体上创新构建了极富科技感的"水滴"保护棚，结构上采用了空间网壳形式，以应对现场不规则地形受力问题，保证了结构的稳定性，同时采用条形基础与独立基础相结合的方式，以保护坝体原有的地形地貌，尽可能避免建筑对坝体本身产生破坏（彩版一三）。覆罩设施内部，水坝剖面上有一个采用加热玻璃材料的保护罩，棚顶铺设防渗膜，底部修建排水沟。坝体表面种植浅根系草皮，既减少雨水冲刷对遗址土体的破坏，又对遗址本体起到标识展示的作用，很好地预防了在江南潮湿环境下，土遗址时常会遇到的渗水干裂、表面粉化脱落、失色、生物病害等问题①。

埋藏于地下且未经考古发掘揭露的重要遗址，则不具备露天原状展示的条件，也无需进行覆罩展示。通过考古调查勘探了解遗址布局形式和结构后，可在遗址地表种植浅根系植被或用卵石细沙等材料标识出遗迹的平面范围和布局。选择标识展示至少可以达到两个目标，一是在地表明确标识出地下遗址的分布范围，有效避免现代生产生活活动再次对其造成破坏，也预防了遗址区土地利用上的矛盾。二是有效地实现了遗址展示的完整性原则，被标识出轮廓的地下遗址与其他裸露于地表或经考古发掘的遗址一起构成了遗址的整体，给观众展示了完整的遗址形态。相对而言，植物标识在大遗址的展示中应用得更为广泛。比如广州南越国宫署遗址、日本奈良平城宫遗址均采用植物标识来展示建筑遗址柱位和规模。大明宫国家考古遗址公园中采用草本植物和灌木来标识遗址分布范围、位置信息，采用修建成一定造型的灌木、乔木标识遗址局部构造②。殷墟王陵遗址墓葬本体展示中用侧柏和草坪标识了墓葬的边界和面域，遗址周边环境种植了银杏、国槐、栾树等高大乔木展示遗址环境风貌③，也取得了很好的效果。植物标识中的植物选择不仅要满足遗址本体保护的需要，也要充分考虑植物的生长习性和后续的维护成本，只顾着视觉冲击的植物标识往往只停留在设计效果图上，无法落地成为现实。即便落地，也会因为缺乏观景平台而无法为观众所感知。

针对已经局部灭失的遗迹，为了将遗址的完整性呈现在观众面前，就不得不采取复原展示的方法，将遗迹的残缺部分依据仍旧保留的遗址本体进行修复性的复原，比如良渚古城的城墙。良渚古城的城墙是在考古勘探和发掘的基础上确认的，在地面仅存一些断断续续的高台。对于公众而言，不仅很难看出现存高台为古城墙，更难想象出曾经连在一起的城墙全貌。所以，根据考古发掘提供的城墙信息，并参照保存较好的城墙地段，将已损毁的部分进行垫土修复加高，将已经淤积填平的水城门重新揭露，恢复城墙内外河道体系。此外，为

① 徐秀丽：《探秘世界上最早的堤坝系统——良渚古城老虎岭遗址公园对外开放》，国家文物局网站 http：//www. ncha. gov. cn/art/2022/7/8/art_722_175620. html，2022 年 7 月 8 日。
② 张苗苗：《大明宫国家考古遗址公园遗址展示方式类型化研究》，西安建筑科技大学硕士学位论文，2018 年。
③ 刘荷花：《豫陕地区城市考古遗址公园植物景观设计模式研究》，郑州大学硕士学位论文，2016 年。

了让人们直观地看到城墙的堆筑状况，在四面城墙保留局部解剖的城墙剖面进行展示①。虽然最终的现场展示效果仍未能达到公众的预期，但毕竟为数字复原展示良渚古城的宏大规模和气势提供了借鉴，也为今后新的展示预留了足够的空间。

在大遗址考古发掘中，发现重要遗迹或出土重要遗物特别是墓葬中出土重要随葬品时，通常会将随葬品取出进行实验室保护或入藏博物馆进行展示。离开了随葬品的墓圹或墓室现场展示存在两个问题，一是除非墓室规模巨大、结构复杂，否则很难组织起成体系的展示内容，诸如汉代诸侯王墓、明定陵之类的高等级陵墓例外。二是发掘后的墓壁长期裸露在空气中，极易在空气、水和微生物的相互作用下造成二次破坏甚至坍塌。因此，将考古发掘出土的遗迹进行覆土掩埋保护，然后在加高后的地面相应位置，对地下遗迹现象进行原位、原大、原样的模拟复原展示，成为一种行之有效的展示方式。模拟复原一般按照出土遗迹的土质土色和遗物的材质形态进行复制。这种展示手段既保护了遗址本体，又可以使观众在遗址原位真实地看到遗址发掘后的遗迹现象。反山遗址在考古发掘完成后进行了回填保护和露天展示，为了丰富遗址展示内容，2018 年良渚遗址管理区管理委员会启动反山遗址的保护性模拟复原展示。根据考古报告资料，确定了复原墓葬发掘出土时的地层，以同等材质和出土位置复原了随葬品。同时为了适应南方的潮湿环境，确定了用青铜浇筑模拟墓坑，并在不下挖基础的前提下搭建了轻质保护钢棚。

也有学者将数字化的虚拟展示归入到模拟展示方式中，虽然不无道理，但虚拟展示毕竟是脱离了遗址的物理空间，既可以在遗址博物馆展示，也可以通过网络展示，与现场的模拟展示区别还是比较明显的。不可否认的是，虚拟展示在当今遗址展示特别是遗址公园展示中的应用越来越广泛，甚至成为一个遗址公园对外展示的亮点。后文将把虚拟展示放在遗址博物馆展示的框架内继续讨论。

三、复原八亩墩

前文讨论的考古遗址的各种展示方式是针对某一处具体遗迹而言的，但在大遗址的保护展示实践中，通常需要综合运用各种展示方式才能满足各类不同

---

① 刘斌：《从良渚遗址谈关于遗址公园建设的思考》，《中国文物报》2013 年 7 月 19 日第 5 版。

性质、不同保存状况的遗迹的整体展示需要。尽管土遗址的保护展示依然面临观赏性不强、理解难度较大的诸多困难，承受着来自观众游客的抱怨和不满，但是每一次的考古遗址展示，考古研究人员、遗址管理人员和规划设计人员无一不是竭尽所能、绞尽脑汁，希望将考古发掘的成果通过通俗易懂、安全可靠、符合审美要求的形式呈现在观众面前。因此，在充分吸收国内外诸多大遗址保护展示经验做法的基础上，八亩墩的保护展示工作已经在考古发掘之初就提前考虑了。在八亩墩考古发掘过程中，作为考古发掘项目负责人的田正标研究员更是时时处处为后续的展示尽力留出更多的内容和空间。可以说，八亩墩的考古发掘不仅是抢救性考古发掘，更是一次为了保护展示而进行的一次科学发掘。2019 年年底，八亩墩的野外作业基本结束，各种关于保护展示的期望、设想和计划迎来变成现实的机遇。

经过几轮比选和评审，安吉县文物主管部门最终确定委托更富本地土遗址保护展示经验的浙江省古建筑设计研究院编制设计方案。启动八亩墩大墓现场的保护展示工作，首先要明确几个基本问题。其一，展示什么，即八亩墩考古发掘取得了哪些最新成果，揭示了哪些最新的价值和意义。其二，展示的优势和劣势分别是什么，也即展示的现实条件如何。其三，具体如何展示，也即采取哪些可行的展示方式。根据考古发掘出土的遗迹遗物，参照展示的现状和具体的展示方式，完成八亩墩现场展示的框架。

在安吉古城考古遗址公园的整体展示体系中，八亩墩考古发掘现场的展示无疑是整个体系的首要展示点和最佳展示点。因此，八亩墩的展示一定要做到"应展尽展"。根据《安吉古城遗址、龙山越国贵族墓群之 D107 墓葬保护展示工程方案设计》编制单位的现场勘察，八亩墩遗址中心主墓及外围陪葬墓大部分存在封土土体结构失稳及封土滑坡、水土流失等风险。因此，最终的展示方案是在确保文物本体安全，尤其是结构安全的基础上，点状选取部分保存状态及展示条件较好且保护技术手段可行的遗迹进行露明覆罩展示。八亩墩是龙山越国贵族墓群中规模最大、等级最高的一座要素齐备、布局规整的墓园，由中心主墓、外围陪葬墓和隍壕三部分组成，总面积达 3.5 万平方米。八亩墩的展示文章就是要在 3.5 万平方米的范围内进行，展示内容也就是它的三个组成部分：中心主墓、外围陪葬墓和隍壕。中心主墓由墓道、墓室和陪葬器物坑共同组成一个整体，主墓坐落在八亩墩山体之上，主墓之上为封土，为了防止封土滑落，部分封土外还发现有护坡的石块堆积。显然，中心主墓所依托的山体、所被覆盖的封土、起保护作用的护坡都应该是主墓存在和展示的一部分。作为一个完整贵族墓园，陪葬墓和隍壕的地位和作用是十分显著的，而且在整体展示版图中，陪葬墓规范排列形成的威严气势更是理解和展示主墓的重要组成部分，隍壕的形制和水体更是弥补了土遗址的单调性，增加了墓园展示的灵动性。因此，在八亩墩展示内容方面，中心主墓、陪葬墓和隍壕理应受到同等对待。

拟定了展示对象之后理应逐一进行现状和预期的评估，特别是对现实条件的评估。考古发掘之前的八亩墩是一座颇具规模气势的山体，山体之上遍植松树等乔木，加之地表的灌木丛形成了比较稳定的地表环境。八亩墩中心主墓于2014年被盗掘之后，不得不对其进行抢救性考古发掘。考古发掘现场的第一项工作便是报批砍伐地表的乔木和灌木丛。历经3年的考古发掘，八亩墩山体直接裸露在空气之中。八亩墩尤其是主墓室周围已经出现土体分化、结构失稳等问题，遗址保存环境差，如果现有病害持续发育，将会不可避免地继续加剧遗址破坏。考古发掘过程中，为了确保墓室、墓道内考古工作人员的人身安全，防止墓道墓室发生坍塌，考古发掘人员利用规整的圆木支撑在壁面之间。与此同时，为了便于观察圆木因受挤压发生变形位移的情况，考古工作人员在圆木两端的墙壁上用墨线进行标注。虽然满足了现场考古发掘的安全需要，但如此简易的支撑措施毕竟不是长久之计。之所以迟迟未将墓道、墓室回填保护，就是想把这一最重要的考古现场留作展示之用。和墓道、墓室存在相同问题的还有封土的预留剖面、北侧的随葬器物坑、护坡石块以及几处计划原状展示的陪葬墓。可是从现状来看，无论是从保护遗址的角度，还是从确保观众人身安全的角度，以上几处原状展示的遗迹都不得不另作打算（彩版一四）。

根据以上分析，基本可以拟定八亩墩展示的大致思路和路线。摆在第一位的自然是以保护为基础。保护以最小干预为原则，尽可能减少对八亩墩所有墓葬、遗迹本体的干扰，保证八亩墩遗址永续存在。所有保护技术和展示手段要做到可逆、可还原，为进一步的考古研究预留开放的条件。在确保文物安全的基础上，要特别注重遗迹展示的真实性，其真实性不限于八亩墩原始形制和整体格局的修复，还应包括陪葬墓原有的规模和形态，以及隍壕的真实复原等。充分理解和利用八亩墩环境现状，尽量减少干扰，通过对周边环境、道路的改造利用，诠释遗址的真实性和完整性。正确处理好展示开放空间的局限性与遗址本体之间的关系，并通过相应的展示说明来促进公众对遗址整体的理解。注重激发遗址与人群的互动，增强遗址现场参观的体验感，使得参观者与遗址产生情感上的共鸣。在明确了保护第一、合理展示的原则和思路之下，具体的展示路线即可根据观众对展示对象的不同视角划分为从宏观到微观的三级展示层次。一是宏观层面对八亩墩墓园整体格局的展示。基于考古发掘对八亩墩墓园与周边环境的考察研究，在保留原有土墩和隍壕形态的基础上，通过隍壕疏浚、护岸整治、植被清理、荒土覆绿等环境整治方式，以展现周边隍壕、陪葬墓与主墓的空间与层级关系为主，恢复八亩墩原始的历史环境风貌。二是中观层面对八亩墩中心主墓与陪葬墓形制、结构的展示。基于考古研究对墓葬形制的复原研究，对封土、墓道、墓坑、椁室和器物坑等构成要素及其相互关系进行展示，向观众阐释春秋时期越国贵族墓的总体面貌。三是微观层面对八亩墩中心主墓及周边陪葬墓的建造技术进行展示。基于对八亩墩中心主墓及周边陪葬墓的建造方式、材料、细部的分析和研究，以展现越国建筑技术及社会生产力水平。当然，八亩墩中心主墓、随葬器物坑和陪葬墓中出土的印纹硬陶、原始瓷、玉器、绿松石等珍贵文物更是展示的重点。不过，出土器物的展示重心在遗址博物馆，考古发掘现场内展示的重点是通过模拟展示器物的出土位置、排列组合关系。

　　文物本体保护先行。首先对八亩墩山体采取整体回填后植草固土保护，将八亩墩整体复原到考古发掘前的地形地貌。其中，对山体陡坡及其他易发生土体滑坡的区域，先用内植竹筋加固的夯土层层夯实固土加固，再用种植土回填覆盖。同时，为确保中心主墓、石块护坡等基础安全，通过对场地的有组织排水、整体疏水，防止水土流失对文物本体安全性及遗址环境风貌造成不利影响。其次，针对遗址价值有重要阐释作用，但不具备露明展示条件的其他遗址要素，以回填后地表模拟和标识等手段予以保护。很多有关大遗址保护展示的论著中都将回填视作一种保护措施，其实算不算保护措施要视回填目的而定。通常的考古发掘项目，结束野外考古作业之后或阶段性中止之后，都会采取种植土回填或沙土回填的方式。这不仅是国家文物局《田野考古工作规程》的要求，更是对土地使用人（承包人）的承诺。在大遗址的展示工程中采取回填的方式，严格来说不只是为了保护，也为了更安全地展示。

　　"先回填、后展示"是八亩墩展示的主要做法。八亩墩中心主墓墓室是八亩墩展示的焦点。无论是它所处的墓园位置还是其在距今 2 500 年以前的历史年代，墓室都是八亩墩越国贵族墓园的核心。因此，虽然现在的技术尚无法满足露天现场展示的要求，但不能就此"一填了之"。故而，在考古发掘单位、当地文物主管部门和遗址公园运营机构的共同要求下，编制单位对八亩墩贵族墓园内价值较高、可看性较强，但现状残损较为严重或不具备露明展示条件的主墓室、封门石遗迹、块石护坡、陪葬墓等进行精致模拟展示，为未来可能进行的后续展示工作提供可还原的条件。主墓室内现有的圆木支撑加固方式替换为更安全、更持久的定向加固，然后夯土回填处理。在回填保护层之上以仿夯土混凝土模拟墓室、独木棺以及墓室内出土的器物。在墓室所有出土器物中，作为墓主人饰品的玉器、绿松石等不仅外观精美，而且能在一定程度上反映出与墓主人性别、等级、生活有关的信息，对观众而言是不可或缺的重要参观内容。与墓室一起回填的还有连接墓室的墓道。不过，墓道及其入口的封门石需要进行模拟标识，以此注明中心主墓的完整形态。中心主墓北侧的随葬器物坑回填后亦采用模拟展示方式，并模拟墓内出土器物，供观众在外围进行参观。随葬器物坑内出土的印纹硬陶和原始瓷器已搬迁至遗址博物馆进行展出。为了与遗址博物馆的展览形成互补，现场的展示应该更多复原出土器物以外的信息，比如印纹硬陶罐内储存的食物，等等。

　　中心主墓墓室的开口层位距离八亩墩顶端也就是原封土还有5~6米的高度，按照整体风貌协调和宏观层次的展示要求，发掘掉的封土部分是要复原的。留给设计师的空间，其实就是封土顶端和墓室开口层位之间的空白部分，同时也是弥补考古现场展示遗憾的"自由发挥"空间。类似的展示需求，在很多帝王陵的展示实践中都有有益的尝试，最著名的莫过于汉景帝阳陵的地下展示项目。根据宏观层次和微观层次展示的两个近乎自相矛盾的需求，覆罩展示也就呼之欲出。设计师设计的保护展示棚建筑形式取材于中心主墓原始封土形象，建筑平面整体呈规整的长方形，建筑高度以原封土高度为基准进行控制，基本保持原始高度。建筑采用筏板基础，最大程度减小对八亩墩现有土层的干扰和破坏。建筑主体结构为钢筋混凝土，位于主墓室外部，并覆盖后半段墓道、主墓室以及上方封土。建筑基础不直接接触文物本体，而是落于已设置隔离层的封土之上，并与主墓室保持安全距离。模拟的墓室内部可供观众进入参观。保护棚室内展示设计由模型展柜、展墙、遗址解说牌等内容构成。模型展柜展示八亩墩整体微缩场景，以及八亩墩内出土的相关文物复制品。展墙内容包括八亩墩遗址考古过程及考古成果介绍、八亩墩营建复原过程及其各部件介绍、八亩墩价值阐释。屋顶原设计为钢梁＋预制楼承板，考虑到钢梁处理不当可能出现的生锈问题，方案将原屋面结构改为混凝土梁＋现浇混凝土屋面板，更大程度上保证保护棚罩的安全性和耐久性。屋顶为覆斗状力求弱化人工痕迹，将建筑尽可能消隐，在保护展示棚完成后八亩墩整体仍然保持其原有墓葬形象，并在屋顶上方植草覆绿，与周围环境相协调的同时展现其建造时呈现的雄伟气势。

八亩墩中心主墓、墓道和随葬器物坑都是典型的土遗址，无法实现露天原状展示。所幸，在八亩墩中心主墓的封土外还发现了块石护坡遗迹，不仅具有较高的研究价值，而且保存情况较好，可视性也较强，其材质也更适合露明展示。因此，对块石护坡底部进行加固处理后，再于其上采取加盖保护棚罩的形式，确保遗址不受自然风雨侵蚀，为观众多提供一份游览体验。不过，由于八亩墩山体自身的坡度较大，并非所有块石护坡都适宜露明展示。其余不适宜露明展示的块石护坡同样要先进行回填，然后在回填层之上以仿石材的人造石挂板模拟原护坡进行展示。对于块石护坡存疑的区域则在保护层之上植草进行展示。

考古发掘的 30 多座围绕在中心主墓四周的陪葬墓，虽然多因被盗掘而保存并不理想，出土文物也并非十分精美，但其布局极为规整，特别是首次清理完地表植被之后的航拍照片十分震撼。在考古发掘过程中，考古发掘项目负责人田正标研究员对比较有代表性的几座陪葬墓及时采取了覆罩保护的措施，为后续的整体展示创造了条件、提供了便利。遗憾的是，为了确保八亩墩贵族墓园内整体展示的效果，几座代表性的陪葬墓不得不采用回填模拟的展示方式。此外，现存的 30 多座陪葬墓并非是陪葬墓的全部。20 世纪 70 年代，当地村民拓宽隍壕修筑鱼塘时破坏了墓园的东南角。根据地勘和水文地质勘探的结果，并结合复原研究和历史底图，有较为充分的依据对缺失的区域进行恢复性复原。参照现存陪葬墓的形制、大小和相互之间的距离，对缺失的多处陪葬墓进行模拟展示。在展示方案编制过程中，遗址公园运营机构曾多次提出对缺失区域的展示利用意见，即模拟复原出陪葬墓的封土形状，然后在封土之间营建地下空间供观众特别是少儿研学互动所用。虽然这个意见在方案设计中没有被采纳。但其思考方向是很有启发的。或许，未能原状展示陪葬墓结构的遗憾可以在这里得到一定程度的弥补。

隍壕位于八亩墩贵族墓园的最外围，同时也是连接九亩墩的关键水域。隍壕周长 630 米，宽 21～23 米，深 1.4～1.7 米。隍壕围绕八亩墩一周，从航拍照片甚至在现场都能看出隍壕西北角的曲尺状拐角。由西北一角的规整程度可以推断，隍壕在营建墓园之初是何等的规模宏大和肃穆庄重。因此，隍壕不仅是八亩墩贵族墓园的重要组成部分，也是还原贵族墓园最重要的历史环境风貌。故而，对南侧、西侧部分隍壕的护岸进行加固、支护和修复，对北侧、东侧部分隍壕进行疏浚整治，以恢复八亩墩墓园的原始格局和宏大规模，无疑将为八亩墩贵族墓园的现场展示增色不少。八亩墩和九亩墩之间的连通水域，可能表明九亩墩也曾拥有同等甚至更大规模的隍壕。在考古证据尚不充分的当下，谨慎控制对隍壕的规模化展示是必要的，但在不影响本体安全的前提下，还是应该围绕隍壕多做一些展示设计，在讨论批评中推进整个墓园的展示工作。

第二节　考古遗址与公众

为了克服土遗址本身脆弱和不易辨识的缺陷，我国逐步探索出以土遗址本体及其以环境为中心的具体可行的展示方式。但是，当考古学家、文化遗产保护专家兴致勃勃地将考古发掘的城墙断面、模拟复原的高等级贵族墓呈现在遗址之上的时候，又将直面另一个更加复杂困难的问题，即如何通过土遗址展示建立起遗址与公众、考古学与公众的联系。无论多么丰富的遗址内涵、多么精彩的展示方式，遗址自身无法向公众传递更多的有效信息，更无法将自身潜在的历史价值、社会价值、资源价值呈现在世人面前。再者，公众是一个极大范围的群体，包括了各个年龄段、各种职业、各种教育背景等不同层次的广泛群体，每个群体对于遗址的兴趣、认识和精神诉求是不一样的。为了建立这个复杂的联系，在国内外考古学中又衍生出所谓的"公共考古学""公众考古学"，或称为"考古学大众化"的议题。国内几十年的考古大众化、科普宣传的实践，不仅为考古遗址公园的展示与运营奠定了坚实的基础，也为拉近和改善遗址与公众的关系指明了方向。

一、考古的大众化历程

自19世纪诞生并发展成为一门社会科学以来的200多年时间里，考古学已经在很大程度上、很大范围内改变了世界各地知识分子、普通民众对过往历史的看法。不仅如此，不断涌现的考古新发现和不断深入的考古研究，仍在以更快的速度刷新着我们对自身历史的认知和对未来世界的预测。由于客观条件的限制，早期田野考古发掘获得的各类遗物不得不离开原生环境，被就近搬迁至文化更为发达的城市，甚至漂洋过海被掠夺到该国家以外的大型博物馆，最终成为现代社会非常重要的文化和教育资源。现代文明的发展和文化普及，一方面使得分布广泛的地下文化遗产得以面世并被认识和解读，另一方面现代化的步伐却又不断蚕食地下文化遗产。无论是大规模工业化的开发建设，还是屡禁不止的盗挖盗掘，都以更快的速度、更严重的程度威胁着地下文化遗产安全。严峻的形势使很多学者意识到仅仅依靠考古学界的力量难以有效保护分布广泛、数量巨大的考古遗产。考古遗产的保护需要政府的介入和社会公众的支持。那么，考古学者要首先站出来向社会阐明考古学的意义和考古遗产的价值。面向社会公众和政府阐释考古学意义、地下文化遗产价值的过程，就是考古大众化的过程。国际上特别是欧美国家将这一过程中的实践与探索称为"Public Archaeology"[1]。这一概念介绍到国内时，被翻译为公共考古学或公众考古学。

1972年，查尔斯·麦克基姆西（Charles MeGimsey）首次使用"Public Archaeology"这一概念，用以强调社会公众参与考古遗址和文化遗产保护的重要性。此后，考古学家开始反思考古学研究的社会意义，并重新审视考古学家自身所担负的社会责任。这一概念引入国内时之所以会有"公共考古学"和"公众考古学"的差异，原因并不仅仅是大家对英文中"Public"的含义理解不同，即便是在欧美学术界对"Public Archaeology"的内涵和外延也存在诸多争议，或者说还远没有达成共识[2]。国内很多学者都不约而同地将问题聚焦于"公共"和"公众"的两层含义。"公共考古"侧重于国家或政府行政机关、公共机构与考古学、考古学家的关系，"公众考古"则更强调由个体组成的公众与考古学、考古学家的关系。由于中西方政治体制和文化传统的差异，地下文化遗产的管理体制存在很大不同。很多欧美国家的地下文化遗产管理政策由政府、公共机构和公众共同制定，最关键的考古发掘和研究经费也是由政府、公共机构和公众共同承担的。因此，从根本上决定了欧美考古学的发展必须时时刻刻直面公众，并保持公众对考古发掘和研究的支持。我国文物考古事业的管

---

① 杭侃：《公共考古学推动考古学发展》，《人民日报》2016年9月26日第20版。
② 魏峭巍、方辉：《公共性与社会化：公共考古学与公众考古学之思辨》，《考古》2018年第8期。

理体制虽与欧美国家不同，但考古事业发展的历程中也始终伴随着"考古大众化"的发展。

中华人民共和国成立之后，我国的考古事业和其他科学事业一样迎来了前所未有的发展契机。在"科学要为人民服务"的社会大环境下，1950 年苏秉琦先生针对向达先生提出的"我国图书博物馆和考古事业需要加以改造以适应新中国经济文化建设"的议题，在天津《进步时报》发表《如何使考古成为人民的事业》一文。苏秉琦先生指出"形势所赋予考古学的新方向是公众方向，考古学的新任务是为人民服务。考古学应该为建立中国化的马克思主义理论体系、中国物质文化史和社会主义文化建设服务"。苏秉琦先生强调考古是人民的事业，不是少数专业工作者的事业，一方面是社会对考古事业的要求，另一方面也是考古学自身发展之所需。在此后将近半个世纪的时间里，考古学家通过撰写科普文章、开办考古学讲座等各种形式，探索向公众传播考古理念知识、文化遗产价值的方式方法，并取得了一定的成效。但是，受两个条件的限制，考古面向公众的规模以及传播的效果始终未能尽如人意。首先是快速的工业化、城镇化导致基本建设考古任务极为繁重，专业人员本就紧缺的中国考古学界整体上不得不奔波于抢救性考古发掘现场。考古学家在这种工作环境下，按期整理和发表考古资料尚且难以做到，更无暇顾及公众对考古的疑问和需求。其次是小众的考古学家面向广泛的大众进行传播宣传的媒介和手段有限，即便所有考古工作者都撰文科普也无法达到更好的效果。20 世纪末考古大众化的条件有所改善，一方面中国考古学的发现和研究积累了更加丰富的材料和认识，学界更深入地反思"公众需要什么样的考古学"，尝试从公众的视角解读当前中国考古学研究的社会意义。另一方面，以电视为主的新媒体在公众宣传传播方面发挥出巨大的作用。这样的形势下，大量考古发掘的纪录片、考古研究的科普节目、考古学家讲座等通过电视这一大众媒介才得以在全国实现最大范围的覆盖。

不论是传统的书籍报纸还是广播电视的传播，从传播的主体和受众来看，考古学与公众的关系基本锁定在单向传输的范围内，在这个范围内一定程度上满足了公众与生俱来的好奇心和求知欲。但是，媒体自身的局限性导致考古学家无法像学校课堂教育那样从听众观众那里获得相应的反馈，公众也无处寻求专家的答疑解惑，更无法与考古学家及时交流自己的想法和意见。不可否认的是，相比于严肃客观的考古证据，新奇少见的出土文物更能吸引公众的兴趣和注意力，相比于科学严谨的考古讲座，热闹悬疑的鉴宝栏目和盗墓题材故事更能引发公众的讨论和热议。因此，在市场利益、电视收视率的引导下，电视媒体中的考古栏目不断受到收藏、鉴宝等栏目的挤压和挑战。考古学家通过电视媒体撒下的"考古科普"种子，并没有像他们预期的那样在全国"百花齐放"，反而是鉴宝、盗墓的影视剧和栏目在"百家争鸣"。经历了电视媒体的传播，考古确实从考古学家、考古发掘现场走向了大众，但当考古学家单方面对考古材料的权威性解读与公众的自我认识发生矛盾时，公众的心里也就埋下了"挑战"的种子。更甚者，相当大范围的公众在鉴宝、盗墓题材栏目的持续引导下，直接走到了考古的"对立面"，并就此固执地认为他们认识的就是考古的本来面目，考古学家的说教和解释都成了"狡辩"。这样的局面是考古学界始料未及的，如此一来，考古学界再也无法坐视不理任其发展，必须主动出击，改善和修复与公众之间的微妙关系。

2002 年在杭州召开的全国十大考古新发现颁证与学术研讨会上，"考古学与公众——考古知识的普及问题"第一次作为高规格会议的主题被单独讨论。2003 年北京大学考古文博学院、中国社会科学院考古研究所、科学出版社联合召开了新世纪中国考古学传播学术研讨会，更是将"考古学与公众"作为研讨的核心议题，尤其强调了考古学的传播问题。与会者除了考古工作者还有致力于传播的新闻工作者。与会专家承认进入中国已经八十多年的考古学虽然取得了举世瞩目的成就，但取得的成就以及考古学本身并没有被广大公众广泛而正确地理解。伴随着互联网时代的到来，考古学家与公众沟通联系的渠道越来越开放，传播的效率也越来越高。同时，社会上已经积累多年对考古的误解，也出现了集中爆发的现象。2008 年"曹操墓"事件在互联网上引发全社会对考古的关注和热烈讨论，让中国考古学在质疑声中经受了一次前所未有的考验。"曹操墓"事件进一步加速了公众考古学的发展进程，也明确了公众考古最紧迫的任务仍是做好考古科学普及。

二、考古科普永远在路上

目前，在考古与公众关系的研究群体中，总体上还是考古从业者或是文化遗产从业者占据着绝对主导地位。研究者从自身的站位和角色出发，探讨了关于考古走向大众的历史进程、理论方法和实践活动，为推动考古学的普及和发展作出了很大贡献。但是，这些讨论仅局限于业内而始终无法掀开更广泛的社会大讨论。事实上，面向公众、面向社会几乎是所有自然科学和社会科学面临的重大课题，考古学作为社会科学的一个分支，它所面临的困难大概也不出社会科学或是整个科学界面临问题的范畴。考古学于"新文化运动"之后传入中国，在一百多年的历程中，考古走向大众实际上也是在中国百年科学普及的历程中走到今天的。和"Public Archaeology"一样，科普的基本内涵也是伴随着人类科普活动的进行而有所变化和发展的。建国初期至改革开放期间，基于特定的历史背景，新中国刚从近百年的屈辱和动荡中走出来，整个国家的生产生活都处于一穷二白的落后状态。尽快扭转极度落后和贫穷的经济社会状况是这三十年间全国上下人心所向。要发展生产当然离不开科学和技术，这就需要全民对科学技术有最基本的理解，至少要让广大人民群众破除封建迷信并脱离"文盲"状态，从而掌握最基础的生产生活技能、技术。因此，这一阶段的科普任务就是尽快地使尽可能多的广大人民群众能够接受和吸收"扫盲性"或"基础性"的科学技术知识。这三十年也是我国考古发现集中面世的第一个阶段。考古宣传报道也显现出社会对于古代科技、生产力水平、高超技艺的偏好。可见，这一时期的考古大众化已经汇入科学技术普及的浪潮。

改革开放初期，全国上下再次将注意力集中到如何恢复被破坏的经济环境和构建快速增长的经济体系上来。在这样的背景下，走在最前面的仍然是科学技术。1982年10月23～24日，国家科委在北京召开全国科学技术奖励大会，在这次会议上明确提出"经济建设必须依靠科学技术，科学技术必须面向经济建设"的工作方针。邓小平同志根据当代科学技术发展的趋势和现状，提出了"科学技术是第一生产力"著名论断。这一论断为这一时期的科学技术普及与经济建设的紧密结合奠定了坚实的理论基础。因此，在这一时期弘扬科学精神，普及科学知识，传播科学思想和科学方法，推广使用技术，使科学家的科研成果转化为生产力成为社会共识。2002年6月29日，我国颁布实施了世界上第一部有关科普的法律即《中华人民共和国科学技术普及法》。2006年2月9日，国务院颁布了《全民科学素质行动计划纲要》，强调以促进人的全面发展为最终目标，由以往的国家立场向公民立场转变。

从以上科学技术普及的历程中可以发现，科普是伴随人类技术与科学的产生而必然产生的一种社会实践活动，它通过各种有效的媒介，将人类在认识自然和社会实践中所产生的科学技术知识，在全体社会成员中传播，不断提高公众的科学文化素质。简言之，科普是通过各种方式和手段向公众传播和普及科技信息并由公众建立意义的活动过程。如果在科普的大框下思考考古大众化的问题，那么就会发现考古并没有那么特殊，它也只是众多需要普及的科学内容之一。科学普及的过程中也遇到了考古大众化面临的难题，就是与公众的关系越来越复杂，有时甚至非常紧张。科学被斥为反人性，科学家被贴上"自以为是"的标签等，这和考古被误解为盗墓挖宝，考古学家被污蔑为"合法的盗墓"不是如出一辙吗？所以说，解决考古大众化过程中的问题，不是考古学界一个行业可以解决的，必须在科普事业的大局中才有希望破解。

20 世纪 80 年代，随着科普内容在广度和深度上拓展，英国皇家学会会员博德默（W. F. Bodmer）提出了著名的"公众理解科学"的概念，强调了科普方式从无反馈的单向灌输向有反馈的双向交流的转变。伴随考古新发现的传播，部分率先接触并对考古有基础理解的公众自然而然就会产生"与考古学家聊一聊"的想法。但是，由于缺乏反馈的意识和条件，考古学界未必能及时捕捉到这一关键信息。长此以往，考古与公众就沿着两条永不相交的平行线，在各自的认知惯性驱使下渐行渐远。一方面，考古学界还在按照传统的、静态的、单向度的方式，向公众进行群众运动式的、灌输式的科普、指令计划式的科普，而收效甚微。另一方面，公众通过其他渠道获得不同于甚至相悖于考古学理论常识的信息，并通过互动坚定了自己的认识和选择，最后还将自己变成了对外传播的媒体。总之，反馈和互动的缺失，让考古学在大众化的过程中蒙受了重大形象损失。好在随着技术的更新迭代，互联网时代的到来为考古与公众的对话互动提供了平台。可以看到，已经有相当多的考古机构、院校、协会和考古学家个人通过开设微博、微信公众号、短视频、直播等形式与公众进行更具互动性的交流。在线下，很多考古发掘现场、考古遗址公园、历史博物馆和学校课堂等都成为考古与社会、考古学家与公众互动交流的场所。

有了互动交流，公众还会期望或要求互动交流的内容和过程是"有趣的"。科学技术发展到今天，其内部的专门化、精细化特征越来越明显，与公众在日常生产生活形成的知识、经验等的距离持续加大。于是，让公众对陌生的、不同于日常经验的科学技术产生认知的欲望本身就不是一件容易的事情。客观世界的原理、本质和规律外推无穷、内析无尽，而且不会也不可能会全部以直观的形式进入公众的认识视野而成为认识对象。公众也没有能力一次性地将整个外部世界的所有事物都纳入自己的认识视域。只有在一定的具体历史条件下进入公众的实践活动领域并发生联系的那部分客观实在，才可能被认识到。研究表明，人脑将接收的信息通过感受区、贮存区，经过评价进入判断区，然后按照一定方式将已有的知识和经验与新信息结合起来放入想象区，没有趣味的信息无法进入或者达到贮存想象的区域。考古学界对于考古的定义有很多种，但是其研究和复原古代社会的主要任务是学界共同承认的。在中国一百多年的近现代历史中，古代社会的生产力关系、生活习惯发生了翻天覆地的变化，公众对于古代社会的认知脱离了生活经验，仅有的古代社会知识往往源于学校教育、阅读以及各种粗制滥造的影视剧。考古发掘和研究揭露的又往往是局部的、残破的微现场，很难让公众产生联想式的认知。认知论中，人的认知往往指向一部分客观实在，而舍弃掉另一部分客观实在。究其原因，一是由人的价值评价尺度决定的。人的认知过程中始终渗透着价值关系，在认识某一客体以前，总要基于自身的需要对认识结果预先进行价值评价。只有与自身的价值评价相符合时，客体才会进行认识。二是由趣味性这一特殊认知倾向所决定。而趣味无非是和快乐、欢喜、高兴等积极向上的情感色彩相伴随的。简言之，就是通常所说的"有意思"。回到考古与公众的关系上来，公众对于考古的预期、评价和兴趣与考古学家肯定存在着天壤之别，但绝无高低贵贱之分。考古学家与公众互动交流，一方面要设身处地地将自己放到目标公众的生活场景中，在彼此熟悉可控的范围内进行沟通，让公众拥有便于认知的环境。另一方面，要为公众营造有乐趣、有吸引力的语言环境，让沟通交流更富有感染力和传播力。

讨论科普的趣味性时，我们使用了"目标受众"的概念，其实质是在强调公众的"个性化"问题。开展公众考古活动时，为保证不同受众能够更有效地接受科普信息，显然还要遵循科普受众的"个性化"特征。正如《科学技术普及概论》中所言，公众的科学文化素质层次的差异具有一定的客观性，科普的形式和内容不能一刀切，对不同地区、不同人群，以至于不同年龄的公众，应该有不同层次的科普要求，必须充分考虑科普对象的个性。面对少儿这一科普群体就要充分利用孩子们所处年龄段的好奇心，更有效地提供能够激发这一年龄段科普受众兴趣的科普方式和内容。得益于以往公众考古活动和考古博物馆事业自身的快速发展，针对不同群体的考古科普已经有了充分的经验，特别是在各地全面铺开的面向中小学生的考古科普活动更是积攒了足够多的经验。但是，另外一个群体的个性似乎没有引起足够的关注和重视，即自然科学和社会科学界的同仁们。现代科学技术是在一条高度分科化的道路上发展的，各类科学技术专家在自己的领域内是科学技术知识的创造者和提供者，但他们未必也拥有其他专业的丰富知识，更难成为全科式的专家。对于自身专业的自信往往会导致其将自身在某一科学领域的深入了解和所取得的成就"平移"到考古认知上来。以考古学家为例，他们对于考古学中的地层学、埋藏学、类型学、文化因素分析等运用自如，但是对于科技考古中材料学、动植物考古中的自然科学、民族调查中的社会学等无法做到专业的程度，更不用说和考古学无直接联系的其他学科。随着我国基础教育和高等教育的规模化发展，全民科学素质都在大幅度提高，考古的大众化必须要在全民科学素质提高的大局中占有一席之地，那么就要借用全民科普的跑道，众多跑道中恐怕基础教育和高等教育仍然是最便捷的跑道，这也是安吉考古遗址公园着力打造考古大学堂的出发点，后文中再进行详细讨论。

第三节　定位考古大学堂

一、教育功能的回归与延伸

近些年，在各级政府的重视与主导下，越来越多的公众有机会在考古学家的讲解引导下近距离与考古遗址、出土文物亲切接触。特别是每年的"中国文化和自然遗产日""国际博物馆日"等与考古遗址相关的节日期间，各类丰富多彩的公众考古活动更是层出不穷。在看到成绩的同时，我们也应该冷静看待和思考"考古热"背后存在的问题。公众考古活动依然主要集中在大中城市和县城，惠及的仍是极小部分的公众，而且每年的活动集中在固定的几天，具有明显的间歇性和节日性，缺乏一个较为完善的常态化体系。更直白地讲，当前的公众考古活动更多的是表明了政府重视文化遗产保护的态度，距离真正的"全民参与"还有很长的路要走。自从苏秉琦先生在1950年提出"考古是人民的事业"至今已经有七十多年，公众的规模在变得越来越大的同时，也变得越来越复杂。考古从业人员规模虽然比七十年前翻了几十倍，但仍然没有改变其为小众群体的现实。显然，在继续依靠政府引导和媒体宣传的同时，考古学家还应该寻求第三条道路。那么第三条道路在哪里呢？

不难发现，全国各地各式各样的公众考古活动的参与群体基本都是以当地中小学生为主。全国各地不约而同地选择了中小学生作为公众考古活动长期稳定的"嘉宾"，想必不仅仅是出于中小学生"有组织、有纪律"的考虑，而应该有更深层次的必然性。处于塑造人格、培养技能和开发兴趣关键时期的中小学生，其知识体系和行为模式尚不稳定，他们的世界观、人生观和价值观正在形成的过程中。重视教育是中国乃至整个华人世界一贯的传统，重视中小学生的教育更是当今社会的最普遍的共识之一。因此，选择中小学生作为公众考古活动长期稳定的"嘉宾"，不仅是所有从事文博事业工作人员的共识，也是所有学生家长的共同心声。因此，所谓的第三条路并不是一条新路，而是在前面老路的基础上重新铺垫出跑道，这条跑道就是中小学生的考古教育。中小学生对考古和文化遗产方面的认知还处于构建期，拥有这个年龄段独特的好奇心和想象力。若是在这一阶段的基础教育中融入公众考古教育，进行知识点的穿插结合，培养学生自觉保护文化遗产的意识，就能在他们的心中埋下考古和文化遗产的种子，从而使他们理解、支持甚至参与文化遗产的保护，进而为整体提升公众的文化遗产资源保护意识储备新的传播力量。

2010 年张忠培先生参观甑皮岩国家遗址公园组织的一次儿童考古活动时，表达了"坚持公众考古从娃娃抓起"的殷切希望。毋庸置疑，在中小学课堂上接受的课本知识体系往往构建起一个人知识体系的框架，在此框架下去认识世界和接受新知识最符合人的认识规律。当我们走进博物馆或走近一处古遗址时，曾经在课本中学习过的名词、图片与眼前的文物、古遗址相对应时，那种似曾相识的历史亲近感令无数人终生难忘。相信很多人第一次参观国家博物馆或陕西历史博物馆时，会下意识地去寻找历史课本上学习过的"司母戊"方鼎、四羊方尊和人面鱼纹盆等文物。可见，课堂教育对个人知识的传播力有多么强大。2019 年良渚古城遗址成功申报世界文化遗产名录，前来参观良渚古城国家考古遗址公园和良渚博物院的游客可谓"超乎想象"。在前来参观的游客中，中小学生家庭占据着绝对优势，这与良渚文化入编课堂教材有着不可分割的联系。2003 年 11 月，由良渚文化博物馆与杭州市余杭区教委联合编辑的乡土教材《走进良渚文化》，在余杭区实现了良渚文化进课堂的目标。2007 年9 月，人教版《历史与社会》（八年级上册）第二单元第一课《得天独厚的大河文明》中出现良渚文化的简单介绍。2011 年在《中国历史》（七年级上册）中，增加了"浙江余杭的良渚遗址群，距今四五千年，考古学家在这里发现了村落、古城、祭坛等遗址，出土了大量精美的玉器"等文字，并配发了良渚遗址出土的玉琮、玉璧两枚特种邮票图片。2016 年 8 月，经中共中央政治局审查，"良渚文化"以整整一版的篇幅，从中华文明起源的角度被写进全国统编

2. 河姆渡遗址出土的骨耜是用于什么劳动的？如果让你来使用骨耜，应在上面添加什么？

3. 近几十年的考古发现证实，在距今约5 000年，长江流域和黄河流域进入了早期文明社会。请谈谈你对"中华五千年文明"的认识。

 知识拓展

良渚遗址

　　以良渚古城为核心的良渚遗址，位于浙江省杭州市余杭区，1936年首次发现。迄今为止，遗址考古发现非常丰富。良渚古城距今5300—4300年，由宫殿区、内城和外城组成。内城长1900米，宽1700米，面积约300万平方米；外城面积约630万平方米。古城北面丘陵地带一个延绵20余千米的外围水利系统，影响面积达100平方千米，这是同时期世界上规模最大的水利工程。古城中部，有一个人工堆筑、高十几米、总面积达30万平方米的高台，上面建有大型广场和多组高等级建筑。据估算，古城和水利系统的工程总量，超过1000万立方米。上述考古发现，见证了当时该地社会经济的发展水平和统治者较强的调动、组织能力。城内外祭坛上权贵们的墓地里，随葬着数十件至数百件数量不等制作精美的玉器，包括祭祀神灵用的玉琮、玉璧和象征军事指挥权的玉钺。这和其他随葬品较少的普通墓葬对比鲜明，说明当时的社会阶级分化已经相当明显。良渚古城的考古发现证实，距今约5000年左右，长江下游地区已经出现早期国家，进入了文明社会。2019年7月6日，良渚古城遗址被列入《世界遗产名录》。

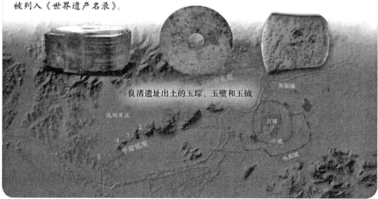

良渚遗址出土的玉琮、玉璧和玉钺

图4-1　人民教育出版社《中国历史（七年级上册）》中的良渚文化

人教版《中国历史》（七年级上册）教科书（图4-1）。2017年9月1日，全国约1 400万初中一年级学生通过课本认识良渚遗址这一实证中华五千多年文明史的圣地。显然，当良渚文化被编入教材后，该文化及其相关遗址也逐渐进入公众视野。

　　中小学生在学校中普遍接受考古教育将意味着什么？根据教育部发布的

《2021 年全国教育事业发展统计公报》，2021 年全国共有义务教育阶段学校20.72 万所，招生 3 488.02 万人，在校生 1.58 亿人。其中全国小学招生1 782.58 万人，在校生 1.08 亿人，全国初中招生 1 705.44 万人，在校生5 018.44 万人。1.58 亿的受众，不仅关联 1 亿多的家庭，更可能关联着全国一半以上的人口，更重要的是这个群体将在未来 10 年内走向社会的各个工作岗位，可以说他们就是未来。从这一层面理解，开展中小学生的公众考古教育的重要意义无论怎么强调都不过分。2017 年初，中共中央办公厅、国务院办公厅印发的《关于实施中华优秀传统文化传承发展工程的意见》提出，在国民教育方面，要把中华优秀传统文化贯穿国民教育始终，以幼儿、小学、中学教材为重点，构建中华文化课程和教材体系。显然，公众考古融入中小学教育符合文化遗产保护传承和国民基础教育的双向需求，这种新型的教学实践活动对文化遗产的保护和中华优秀传统文化的传承发展必将起到巨大的推动作用。

　　同时，我们应该清醒地认识到公众考古融入中小学教育绝非易事，编入教材进入课堂只是"万里长征第一步"。具体如何融入，无论是对于考古学者还是中小学生教育的从业者都是一个新课题。之所以说是新课题，是因为中小学生的考古教育不能满足于传统的课堂授课，而是要让学生拥有更多的社会实践。但是，在当前中小学教育的现状下，让中小学生有组织地离开校园将面临诸如安全、经费等方面的巨大压力。安全问题的本质是责任归属问题，具体实践中需要教育主管部门和文物主管部门通力合作，从政策层面予以解决。技术层面需要中小学的教师和考古学家进行深入探讨和规划设计。考古学家走进学校进行授课的案例虽然不少，也取得了很好的宣传效果。但由于考古专业人员的规模和工作属性的限制，不可能长期承担起中小学的考古教育课程，终归还只是"以点带面"。如果对学校任课教师进行系统培训，既符合当前的实际，又契合教育和传播的要求。需求是最好的导向，国内出现了针对中小学教师的公众考古培训活动，如北京大学考古文博学院分别在 2015 年 12 月和 2016 年 4月举办了两届全国中学历史教师考古培训班。培训班通过专家讲座、博物馆和遗址参观、实验室操作及考古工地实践等活动，将考古学基本理念和方法向参加培训的教师进行讲解和展示。经过考古教育培训的教师再通过日常教学活动传播给中小学生。可以说，此类考古培训教育不仅最大限度地传播了考古和文化遗产的知识理念，同时也极大丰富了学校的教学内容和形式，以最低成本实现了考古和教育的最大共赢。

编入教材的考古遗址及相关知识在课堂上通过教师的讲解传播给中小学生，不仅以最直接、最高效的方式实现了考古学和文化遗产的传播，也引发了中小学生参加相关实践活动的兴趣和向往，良渚国家考古遗址公园的案例就充分证明了这个逻辑。那么，中小学生可以参加考古实践的场所有哪些呢？首选当然是当地的综合博物馆。据国家文物局统计，2021年我国备案博物馆总数达6 183家，其中5 605家博物馆实现免费开放，2021年全国博物馆举办展览3.6万个，教育活动32.3万场，全年接待观众7.79亿人次。在当地综合博物馆开展考古实践活动的优势非常明显，博物馆一般具有较为完备的教育服务设施，有一定数量的专业技术人员和宣传教育讲解人员，馆藏文物基本反映了当地的历史文化面貌。但是，由于缺少考古遗址现场、缺少动态的多样化展示方式等原因，在博物馆开展的考古实践活动常常让中小学生感到有些失望。2012年安吉县博物馆重新对外开放以来，安吉县文物部门和县教育部门联合开展了针对全县初中一年级学生的"第二课堂"实践活动。本书作者参与了实践活动中的讲解环节。由于安吉县博物馆的藏品以考古发掘出土文物为主，所以在讲解过程中，有关考古发掘的内容最为丰富，也是初一学生最感兴趣的话题。每一件展柜文物的背后都对应一处遗址或考古发掘点，当学生看到自己熟悉的地名时便抑制不住激动之情。讲解结束之后，学生询问最多的不是展柜文物，而是他们熟悉的地名或是考古发掘的过程。因此，后来几期的"第二课堂"实践活动增加了诸如上马坎遗址、安吉古城遗址等现场考察环节，一定程度上满足了学生对于参观考古现场的需求。

毋庸置疑，将考古遗址和博物馆融合在一起的遗址博物馆或更大范围的考古遗址公园是开展中小学生考古教育的最佳场所。在考古遗址博物馆或考古遗址公园开展公众考古教育在我国由来已久，甚至可以说考古遗址博物馆的诞生就是为了实现在考古现场进行公众考古教育的目标。20世纪50年代西安半坡遗址发掘过程中，著名考古学家石兴邦先生和参与考古实习的北京大学学生在工作之余就会给围观群众包括中小学生讲解出土的遗迹和文物。为更全面细致地介绍遗址，他们在现场办起了简易展览。展览的成功让石兴邦先生萌生了建一座博物馆展出半坡遗址出土文物的想法，并得到陈毅副总理等领导的大力支持。最终西安半坡博物馆于1958年建成开放。在西安半坡博物馆的影响下，更多的遗址博物馆相继建立，成了开展公众考古教育的传统阵地。考古遗址博物馆在展示内容和公众考古宣教等方面与传统历史博物馆有着很大的区别，考古遗址博物馆最大的优势在于拥有最真实的历史现场。所以，对于遗址博物馆而言，将遗址本身的内涵以及其所包含的知识向观众进行最直观的价值阐释是其教育内容最重要的内容。2012 年，汉阳陵博物馆为考古爱好者筹建了"汉阳陵模拟考古基地"，成为小学生进行考古体验的优良场所。基地内根据汉景帝阳陵 13 号坑复原了 8 个考古探方，探方内埋藏了复制的陶俑、残存的地砖等建筑材料和小型墓葬等，小学生既可以在探方内体验真实的考古发掘活动，又能在课堂中学习考古知识[①]。

近年来，随着各种考古遗址公园的兴建，以室外参观导览为形式的考古教育也开始出现，与考古遗址博物馆相结合形成新的公众考古阵地，在公众考古教育中独具特色[②]。

二、考古教育视角下的展览

第三章讨论的考古文化展示园涉及了考古博物馆，在考古博物馆的展陈模式下，以往被大家所忽视的，并不认为是精品的文物标本，如陶瓷碎片、墓砖、瓦片，以及一般博物馆没有条件展示的大型不可移动文物如房址、墓葬、窑址，都将发挥出巨大的社会价值，特别是公众考古教育的价值。浙江省考古文化展示园未能落地安吉，但安吉古城考古保护中心和安吉古城遗址博物馆却在 2017 年通过立项审批，开始动工建设。前文讨论安吉古城遗址博物馆的建设时，仅从遗址博物馆的选址和建筑设计等外在形式上进行了介绍，并没有拓展到遗址博物馆的展陈设计和阐释教育功能。站在遗址阐释与展示的视角，遗址博物馆就是一处讲述遗址的特定空间；站在公众考古教育的视角，遗址博物馆便成为讲述考古的课堂。因此，在安吉古城遗址博物馆建成之后，有必要就遗址博物馆的功能定位进行系统讨论，确定遗址博物馆将以什么样的身份呈现在安吉古城考古遗址公园之中，并以什么样的面貌和形象迎接走进博物馆的观众。

讨论安吉古城遗址博物馆之前，有必要解析一下传统意义上的博物馆、遗址博物馆等的定义和主要功能，因为安吉古城遗址博物馆无论如何定位和展陈设计，都是在博物馆大的框架内进行的探索和延伸。关于博物馆的定义，已经是老生常谈的话题，本来不需要单独拿来讨论。但是 2022 年 8 月 24 日，来自

①　李库：《汉阳陵国家考古遗址公园公众参与考古》，《中国文化遗产》2013 年第 4 期。

②　王太一、高蒙河：《公众考古教育实践初探》，《南方文物》2017 年第 2 期。

世界各地 126 个国家委员会的数百名博物馆专业人士在国际博物馆协会（ICOM）的会议上，对博物馆的定义进行了最新一轮的修改。修改后的博物馆被定义为：为社会服务的非营利性常设机构，它研究、收藏、保护、阐释和展示物质与非物质遗产，向公众开放，具有可及性和包容性，博物馆促进多样性和可持续性，博物馆以符合道德且专业的方式进行运营和交流，并在社区的参与下，为教育、欣赏、深思和知识共享提供多种体验。相比于 2007 年的定义[①]，虽然突出强调了更多的属性和定位，但是仍不能全面概括博物馆的全部含义。博物馆涵盖的内容十分繁杂，特别是进入 21 世纪以来，更是包罗万象，越来越难以统一定义。同样，作为博物馆的一个特殊门类，遗址博物馆在几十年的发展中也经历了类似的认知历程。国内最早的遗址博物馆，一般可以追溯到 20 世纪 50 年代的北京周口店猿人陈列馆、西安半坡博物馆等。随着重大考古发现的频出，遗址博物馆的数量也急剧增加。建设遗址博物馆的同时，学界也开始尝试给遗址博物馆下定义。为了减少不必要的争论，一般将定义区分为广义和狭义。广义的遗址博物馆是集遗址的室内陈列和露天展示为一体的，保管、展示和研究一个遗址的可移动文物和不可移动文物的机构、馆舍和场所。狭义的遗址博物馆只是某遗址内或旁边的主要收藏、展示和研究该遗址或遗址群出土的可移动文物的博物馆[②]。如果不了解遗址博物馆的发展历程，便很难理解为什么露天展示的部分要归入遗址博物馆的范畴。这种打破固有博物馆形态的泛博物馆化情形[③]，在欧美和我国的博物馆发展中都曾出现，生态博物馆或社区博物馆就属于此类情况。随着社会发展水平的提高以及我们对历史文化遗产的认识越来越多元化，泛博物馆化是对传统博物馆功能、理念和影响力等局限性和不足的一种突破。但在社会实践中，这种泛化的概念并未得到学界和公众的普遍认可，生态博物馆的理念在落地之后就逐步退化为一个个具体的馆所和室内空间。

　　近十年来，随着考古遗址公园等园区形态的遗址利用方式逐渐增多，广义的遗址博物馆也同样被遗址公园等更具象、更通俗的概念替代。在这样的背景

---

　　① 2007 年 8 月，在奥地利维也纳召开的国际博物馆协会第 21 届全体会议上，通过的《国际博物馆协会章程》对博物馆定义进行了修订，博物馆是一个为社会及其发展服务的、向公众开放的非营利性常设机构，为教育、研究、欣赏的目的征集、保护、研究、传播并展出人类及人类环境的物质及非物质文化遗产。

　　② 孙华：《遗址博物馆的特点与规建》，《东南文化》2022 年第 4 期。

　　③ 王刃馀：《考古遗址公园发展语境中的考古遗址博物馆》，《博物院》2020 年第 3 期。

下，安吉古城遗址博物馆实际上就是狭义的遗址博物馆，是集安吉古城遗址、龙山越国贵族墓群及其周边相关遗存的保管、室内展示和研究的馆舍场所。其所依托的环境及其室外的展示成为安吉古城考古遗址公园的重要组成部分。而且，安吉古城遗址与龙山越国贵族墓群的保护、安吉古城遗址博物馆的展陈和安吉古城考古遗址公园的运营管理各有相应的机构或团队负责，虽然存在部分环节的交集，但各负其责的架构已经非常清晰和完善。关于这一点，在后面章节中再详细解读。

虽然安吉古城遗址博物馆归属于狭义遗址博物馆的范畴，但其在促进遗址展示利用多样性和可持续性方面却有着更广泛的追求，在考古遗址的教育、欣赏、深思和知识共享的方式方法上有着更多的诉求。正如前文所言，土遗址自身的脆弱性和破碎性导致考古遗址的展示始终无法突破可读性差、可感知度低的"原生枷锁"。在当前展示技术极为有限的条件下，土遗址要想被观众读懂和感知，我们努力的方向应该尽快从被阐释的"土"转移到具有主观能动性的"人"上面来。和土遗址面临的展示困境一样，全国众多博物馆也饱受社会各界的批评和指责，其中历史类博物馆相比自然科技类博物馆更是成为众矢之的。客观地讲，自然科技类博物馆中的藏品和展品比历史类博物馆中的出土文物拥有更多的"人缘"。背后的原因是多方面的，但其中最直接的一点便是观众对两种类型展品"看懂"的标准不一样。观众在自然科技类博物馆中看到非洲草原动物、海洋生物标本时，即便对其背后的生物特征、生存环境等一无所知，也可以从其外部形态中获取直观认识，并在此基础上与生活中常见的动物、海洋鱼类等进行比较，自觉地将动物标本"活化"为自然界中有生命的动物，从而获得"读懂"的感觉。历史类博物馆的陶瓷器、青铜器等展品在理论上也可以在一定程度上与日常生活中的场景进行呼应，但是由于历史已经远去，"活化"它就需要借助深入研究基础上的视频甚至是"VR"虚拟场景才有可能实现。且不说这样的虚拟复原并不能满足观众的个性化知识和审美需求，仅就展示空间而言也不可能在博物馆中得到充分保障。因此，安吉古城遗址博物馆没有选择大量使用声光电、模型场景和虚拟现实等技术手段为观众营造一个表面光鲜热闹的体验环境，而是回归到大遗址和遗址博物馆保护和展示的初心——以人为本的传承和发展。本着这个初心，北京大学考古与文博学院徐天进教授率领团队，结合安吉古城大遗址范围内的考古发现和研究成果，在遗址博物馆的既定空间内完成遗址内涵的解读和考古学方法的普及，并为安吉古城遗址博物馆赋予了"考古大学堂"功能定位。

博物馆的陈列展览是在一定空间内，以学术研究资料和文物标本为基础，以展示空间、设备和技术为平台，按照一定的主题、序列和艺术形式进行组合，实现面向大众进行知识、信息和文化传播，是具有一定思想性和观赏性的文化创造①。虽然遗址博物馆有着原真性、实景性、完整性展示的优势，但在遗物展示方面通常都有着明显的劣势。毕竟考古遗址博物馆兴起的时间不长，遗址博物馆诞生之前考古发掘出土的文物特别是精美的珍贵文物，出于安全和展示的需要往往都已经入藏当地或更高一级的博物馆。再者，遗址博物馆是一处遗址的专题展示馆，无须过多考虑通史展的全面性。因此，在安吉古城遗址博物馆的展陈大纲设计中，没有按照历史类博物馆的通史划分，也没有局限于遗址出土文物的质和量，而是以考古为根，以安吉古城遗址的发现为干，生发出"安吉考古大学堂"的叶。展览以安吉古城遗址范围内考古工作、遗迹遗物为基础，在展示遗址考古发现的同时，更重在解读发现的过程，以及发现过程中用到的考古学思维、技术和方法。借助主展厅的展览空间和临展厅的教育空间，营造考古大学堂的氛围，实现展教结合（彩版一五）。

无论是展览的观赏性还是考古教育的思想性，得以实现的基础仍然是展览的内容，也就是遗址的考古发现，包括遗迹遗物及其他信息。安吉古城遗址博物馆的展览内容可以概括为三个主要块面，以古城遗址为代表的众多城址和聚落，以龙山越国贵族墓群为代表的春秋至汉代的墓葬，以及考古发掘出土的遗物。以上三个块面的展览内容基本涵盖了安吉古城遗址、龙山越国贵族墓群及其周边考古发现的所有文化面貌，也是中国大遗址中的最主要的组成部分。三个块面所包括的具体城址、聚落遗址和墓群的基本信息已经在第一章中进行了简要介绍，展览中图文信息虽有不少最新的考古发现，但基本知识框架未发生根本变化。因此，后文介绍展览内容时便不再重复介绍遗址本身的概况。在讲述城址、墓葬和器物之前，需要有一个总的引言，也就是通常展览所设的序厅。序厅除了以最简洁的语言和最小的空间将遗址博物馆整体展览的立意定位、主要内容和路线方法介绍清楚外，还要将观众的注意力从室外空间转移到室内展览上来。历史文献和地方志中对于安吉和古城有着哪些记载，而考古中又有哪些发现，无论观众何时何地进入遗址博物馆，进入之前已经对安吉有了

①　单霁翔：《解读博物馆陈列展览的思想性与观赏性》，《南方文物》2013年第3期。

最初步的直观印象，由此将直观印象延伸到历史记载中的安吉和考古发现过程中的安吉。"史志述安吉"和"考古释安吉"不仅贯穿于安吉的古今，也是考古研究认识安吉的最主要的方法。在考古学的研究方法中，田野发掘中用到的地层学，室内整理中用到的类型学是两种最重要的方法。陶器作为考古中出土数量最多的器物，由于使用时间较短，变化较快，也是最常用来作为考古类型学分析的器物。有了序厅时空框架以及考古基础知识的铺垫，后三个展厅依次从安吉的城、墓、物三个角度介绍。

城的出现通常被视为一个特定的文明发展程度的标志。城墙作为城的最显著标志以及最普遍的遗存，一直以来深受专家和公众的关注。对于普通观众而言，无须像考古专家研究唐长安城那样细致，只需要对城的出现、使用以及消失的过程和背后的逻辑有个初步认识即可，在初步认识的基础上激发出来的兴趣会指引他们主动深入研究。以安吉古城及其周边的城址聚落为蓝本，展览从读城之识、营城之式、解城之法三个方面讲述了考古学家面对一座城池时的解读方法和步骤。在安吉古城遗址周边，密集分布着从崧泽文化到汉晋时期的诸多聚落、城址和墓葬，说明由西苕溪、沙河、九龙山和笔架山围合的这一区域，自古就是适合人类聚居的理想场所。由此，从考古学研究的角度归纳古人建城择址的基本要求，如地形平坦开阔，多河谷、平原或盆地，水源充足便于灌溉、生活取水以及依靠河流运输，山环水绕，或有险可依，便于防守等。关于城的功能和使用过程，从护城河、城墙、城门、城内建筑四个角度依靠考古发现进行详述，具体依赖的考古学方法包括文献资料分析、野外考古调查、勘探和发掘。当然，鉴于安吉古城遗址在吴越争霸、楚越之争以及秦汉设郡中的作用来看，军事防御功能应是其最突出的功能。其辐射的外围小型城址和聚落址承担了各时期相应的居住和拱卫功能。城的规模和沿用时间决定了其外围墓群的规模和数量。在安吉古城周边，即存在着龙山、笔架山、上马山、西家冲、吟诗等多处墓群，由此将展览带入第二块面。

墓葬是考古学研究当中的重要对象和材料，但墓葬的意义并不局限于精美的出土物，还有墓葬形制、丧葬习俗等诸多问题，在此基础上还要探讨它的文化、人群以及背后的历史，将墓葬中的发现与历史相联系，通过墓葬、随葬品等物质遗存，来证史、补史，甚至重建古史。以龙山越国贵族墓群、上马山墓群和笔架山墓群为研究对象，细分为五个模块进行解构。一是墩土为墓，主要以土墩墓为例讲解安吉地区墓葬的背景知识；二是透墓见人，主要从文化因素分析角度入手，尝试将墓葬与历史人群对应；三是墓以证史，有了土墩墓的基础知识和文化因素法的铺垫，尝试用安吉地区考古所见墓葬材料讲述历史；四是拂土见墓，主要内容为墓葬的发掘研究方法；五是走进八亩墩，在科技手段的支持下，走进虚拟的八亩墩大墓。墓葬展示的块面，无疑八亩墩将是重中之重，这既是遗址公园展示体系的现状，也是公众进入遗址博物馆抱定的心理预期。但是，无论是从展览引人入胜的角度还是从公众考古教育的节奏角度，都应该将墓葬相关的内容提前分散开来。如此，观众看到八亩墩中心主墓及其器物坑内出土的器物、看到虚拟展示中的八亩墩贵族墓园的营建过程和恢宏气势时才能最大程度感到"共情"。因此，可选择中心主墓外围陪葬墓为例，并结合发掘日记、遗迹图等展现墓葬考古发掘的工作流程。由于中心主墓棺椁实验室考古尚在进行，因此在展厅内以中心主墓的封土剖面和随葬器物坑为主进行展示，预留了中心主墓展示空间，也为观众留出更多的想象和期待空间。

　　城和墓的块面以考古和安吉古城遗址发现两条展线融合展示，虽然也呈现了遗址和墓葬中出土的器物，但这对于器物认识和"悟"的深度还是远远不足以接触到考古学器物研究的核心。第三块面中的出土器物，更偏向从器物分类整理、分型定式、制作工艺以及所属文化面貌等方面解读背后的历史。虽然我们还无法证实勾践卧薪尝胆，西施若耶浣纱，范蠡泛舟五湖等这些耳熟能详的历史典故，也无法再现典籍上记载的古越人断发文身、凿齿锥髻、踞箕而坐等风俗，但仍能从支离破碎的陶器上看到古越人质朴无华又带有野性的精神气质。器物背后隐含的历史信息很复杂，通过一次观展或一次授课，根本不可能"悟"透，即便是以此为业的考古学家也同样如此。但是，在此可以实现观众与陶器直接接触的愿望，也可以在后面的研学空间完成实践的升华。展厅外的考古图书馆、文物库房、基因库、考古保护中心等构成了一个考古教育体系后程部分。

三、考古学家的角色转换

　　考古学家是伴随考古学的诞生而出现，并随着考古学的发展而不断丰富其身份角色的群体，没有考古学的社会需求和实践也就没有考古学家。最早的西方考古学家就出现在那些专精于古代历史和艺术、具有钻研精神的中产阶级群体之中①。宋代兴盛一时的金石学同样也是一大批文人士大夫在接力推波助澜。

---

① 陈胜前：《考古学家的演化》，《大众考古》2017 年第 4 期。

现代考古学传入中国，与特殊历史条件下小部分知识分子奋力重建古史的努力分不开。随着田野考古资料的丰富，相关的科学技术逐步被运用到考古资料分析中来，围绕同样的考古资料，不同背景的考古学家采用不同的技术，以不同的理论和方法推理出不同的考古认识。田野考古学家、科技考古学家、理论考古学家、民族考古学家的出现不断丰富考古学这门学科的内涵，也不断给考古学家赋予了更多的角色和身份。在丰富考古学内核的同时，考古学无时无刻不在拓展它的外延，将越来越多的社会科学和社会公众"卷入"考古学的影响范围内。考古学发展趋势促使这门学科逐渐向大众开放，并努力拥抱更广泛的公众，如此使考古学家开始把公众与考古学的关系问题作为学术研究的课题①，也就是前文反复讨论的公众考古或公共考古。在学校、遗址公园和博物馆等公共场所向公众传播考古知识和信息的实践活动越来越丰富，而且正在形成系统的理论和方法，研究和践行公众考古的考古学家群体正在形成。

有必要说明的是，本书所称的考古学家总体上包括了毕生从事或正在致力于考古事业的研究人员。这一笼统的标准自然远远达不到考古学界通常所称的考古学家的标准，而且还有嫌疑将考古界依然存在的"考古匠"和"考古学家"混为一谈②。之所以笼统地将毕生从事或正在致力于考古事业的研究人员都赋予"考古学家"的美称，还有一个重要的客观原因，那就是我国从事考古事业的研究人员实在太少。据相关数据统计，至 2019 年底，全国省级文物事业单位共有编制 1 670 名，加上国家级单位的编制人数，全国省级以上文物考古事业单位的工作人员实有人数不足 2 100 名。编制人数中还包括了财务、行政、后勤和安保人员。若将这些人员的编制数目扣除，各级文物考古部门实际可参加野外工作的人员数量会更少。若以国土面积计算，每名考古人员需要承担 4 571.4 平方千米的考古勘探与发掘任务。新疆、内蒙古、青海、西藏、云南、贵州六个省、自治区的 235 名省级考古工作人员，则需要承担全国 56％的国土面积的考古工作③。如此小众的群体肩负起如此繁重、艰巨的任务，终生倾注心血矢志不渝，因此"考古学家"也可作为社会公众对考古从业者的鼓励、鞭策和期望。

---

① 陈淳：《让考古学从"象牙塔"走向公众》，《群言》2022 年第 8 期。
② 孙庆伟：《淹没的班村与淡忘的俞伟超》，《江汉考古》2020 年第 2 期。
③ 陈星灿、常怀颖：《关于当前我国考古工作面临的编制与从业人员严重不足的问题》，《文物调研》2021 年第 1 期。

就像著名考古学家苏秉琦先生在《如何使考古成为人民的事业》中所说"形势所赋予考古学的新方向是公众方向，考古学的新任务是为人民服务。考古学应该为建立中国化的马克思主义理论体系、中国物质文化史和社会主义文化建设服务"。著名考古学家夏鼐先生早年参加西北科学考察团时，将其在甘肃进行科学调查的所见所闻写成《敦煌考古漫记》。他在绪言中提到普通人对考古学家的印象，比如"外貌一定带着几分古气，额上满布着皱纹，嘴上长着灰白胡子，用他们干瘪的手指抚摸着绿锈斑斓的商彝周鼎"①。开展公众考古活动，一方面是将考古学、考古工作介绍给公众，另一方面也是希望公众对于考古学家的认识更为客观真实。但是，遗憾的是夏鼐先生描述的公众对考古学家的印象直到今天仍刻在很多公众的脑子里。

进入 21 世纪，特别是党的十八大以来，考古学发展面临的形势依然是沿着公众的方向前行，而且形势比以往任何时候都更为紧迫，也更为有利。2020年 9 月 28 日，习近平总书记在中央政治局第二十三次集体学习时明确指出，考古工作是展示和构建中华民族历史、中华文明瑰宝的重要工作，考古工作是一项重要文化事业，也是一项具有重大社会政治意义的工作。考古学者将埋藏于地下的古代遗存发掘出土，将尘封的历史揭示出来，将对它们的解读和认识转化为新的历史知识。经过几代考古人接续奋斗，我国考古工作取得了重大成就，延伸了历史轴线，增强了历史信度，丰富了历史内涵，活化了历史场景。新的征程上，要进一步锚定文物考古工作发展目标，坚持考古在文物保护利用中的基础性、指导性作用，加强对考古工作的统筹规划和政策供给，加快文物考古学科体系、学术体系、话语体系建设。考古学界要会同经济、法律、政治、文化、社会、生态、科技、医学等领域研究人员，做好出土文物和遗址的研究阐释工作，把我国文明起源和发展以及对人类的重大贡献更加清晰、更加全面地呈现出来。要吸收最新史学研究成果，及时对我国古代历史部分内容进行完善，以完整准确讲述我国古代历史，更好地发挥以史育人作用②。

考古学家要做好考古研究阐释工作终将与公众发生"面对面"的联系。关于考古学家与公众的关系，著名考古学家张忠培先生曾有一个"源与流"的比

---

① 杜金鹏：《新世纪中国考古新常态》，《华夏考古》2017 年第 4 期。
② 习近平：《建设中国特色中国风格中国气派的考古学，更好认识源远流长博大精深的中华文明》，《求是》2020 年第 23 期。

喻①。专业研究人员的研究是源，非专业人士之利用和普及是流，并形象地分析了源流的辩证统一关系，从哲学层面上回答了专业考古与公众考古的关系，也即回答了考古学家在公众考古实践中的角色转换问题。2014年，中国考古学会公共考古专业指导委员会正式成立，中国社会科学院考古研究所原所长、中国考古学会理事长王巍认为这标志着我国公共考古学体系全面启动。公共考古学体系的源是考古学，考古学的根和源是分布在田野中的各类地下文化遗产，发现和认识地下文化遗产则要通过考古学家的劳动和智慧。中国社科院考古研究所研究员王仁湘认为，先人遗留下来的东西需要考古学家去解释，要建立话语体系，但不能降低严谨性和科学性。中国考古学会公共考古专业指导委员会副主任、浙江省文物考古研究所所长方向明也强调，考古工作者心中要确立"人民的事业"理念，以科学化、专业化的精神，打造公众真正需要的公众考古。

打造公众真正需要的公众考古，无疑还是要从考古本身做起。考古学的基础是田野考古，那么从田野考古的角度出发，考古学家应该如何处理好与社会公众的关系呢？北京大学考古与文博学院赵辉、张海和秦岭编著的《田野考古学》中，给出了四个方面的思考，非常有借鉴和指导意义。首先是考古学家如何处理与主动性项目的行政管理部门、抢救性项目的委托部门和出资方的关系，如何争取对项目的理解和立项支持，如何争取项目实施过程中的全面支持等。其次是如何处理与遗址所在地的基层行政部门和土地使用者、群众的各种利益关系。第三是面向当地社会举办的如现场参观等各种形式的遗址考古成果的宣传讲解活动，且利用媒体和互联网，这种科学普及可以影响全社会。最后是跟踪项目的实施对当地社会发展、文化建设带来的积极影响②。能否争取到行政主管部门、项目委托部门和出资方的真正支持，关系考古工作能否落地，其重要性不言而喻。主动性考古发掘项目往往引领着考古学研究的学术关切和发展方向，犹如一项重大建设工程的启动，在立项阶段需要充分的必要性和可行性研究报告，需要处理与之相关的各方面的关系。虽然考古学家对于这一环节并不陌生，但随着社会的发展，考古学家面临的压力和考验会越来越大。

安吉古城遗址从最初的一个不知确切年代的城址，到关联了龙山和笔架山

---

① 张忠培：《中国大遗址保护的问题》，《考古》2008年第1期。
② 赵辉、张海、秦岭：《田野考古学》，北京大学出版社，2022年。

贵族墓群的全国重点文物保护单位，再到跻身"十三五"和"十四五"重要大遗址名录，考古项目负责人田正标用科学的考古工作赢得了上自国家文物局、下至安吉县文物局和当地乡镇村的理解和支持。基于考古价值的安吉古城遗址的重要性，得到当地政府各个部门特别是国土规划和发展改革部门的认可和肯定。在中国现行国土管理和项目建设审批制度下，赢得国土规划和发展改革部门的支持才有可能顺利推动诸如考古遗址公园这类保护展示项目的发展。得到社会公众初步理解和支持之后的考古学家，为了回应并保持来之不易的信任，在考古工作中除了专业和科学，还会生发出更多的责任和关怀。这种责任和关怀包括更积极地举办考古现场参观讲解活动，更自觉地利用媒体、网络和自媒体与外界交流和解释，更有远见地为考古发掘后的保护展示出谋划策。在八亩墩贵族墓园考古发掘过程中，项目负责人田正标从发掘布方开始就对中心主墓的封土进行了分区规划，以便于展示复原封土的面貌。发掘的比较有代表性的陪葬墓均在第一时间采取现场保护措施，并制作临时展板或说明牌，用于发掘过程中的讲解宣传。更难能可贵的是，在遗址博物馆展陈设计工作启动之前，田正标就在考古发掘现场考虑到遗址博物馆展示的"素材"问题。为了最大程度保留和还原中心主墓的结构和建造过程，呈现给观众更真实的现场感，田正标提出揭取中心主墓封土剖面的建议。为了保留和采集后期数字虚拟展示所需的影像和数据，同样耗费了大量的人力物力和精力。正是得益于考古发掘过程中考古学家的"处处留心"，最终呈现出来的安吉古城遗址博物馆才得到观众、专家和管理部门的一致赞誉。

　　曾有学者提出，考古学与遗址保护展示是互为基础、互为表里的关系，并大力倡导创建以遗址保护展示为主要目的的新型考古模式。这种新型考古模式，是以遗址保护为要旨，兼顾考古学研究，并为遗址展示提供方便①。其实，考古学与保护展示的关系，映射的正是考古学家与社会公众的关系。如果说将"为保护展示而考古"称为一种模式还为时尚早的话，我们至少已经看到了其顺应时代的发展趋势。考古学家别无选择，唯有顺势而为。

---

　　① 杜金鹏：《新世纪中国考古新常态》，《华夏考古》2017 年第 4 期。

第五章

镂锗之舞：企业参与的
探索之路

第一节　社会参与势在必行

国家考古遗址公园自 2010 年启动以来已经快速发展了十多年，大遗址保护利用的活力和生命力得到了前所未有的呈现。在国家文物局的大力支持和精心指导下，国家考古遗址公园不仅在业界得到广泛认可，更是在各地得到了地方政府的热心追求，在全国范围内形成了大发展的局面，而且在 2022 年前后逐步列入国家"十四五"规划内容。国家考古遗址公园将大遗址保护利用融入区域经济社会发展，兼顾了文物安全与人民群众日益增长的公共文化服务需求，不仅为国际文化遗产保护领域提供了中国经验，更为当地经济社会发展提供了助力。随着国家考古遗址公园的规模化、纵深化发展，影响遗址公园发展的一些因素特别是普遍存在的制约因素，比如财政资金不足、运营困难甚至难以维持等，逐步显现出来。与此同时，作为市场主体的企业逐步认识到参与文化遗产保护、考古遗址公园建设运营的潜在价值。改革开放四十多年来，在不同阶段需要以不同的方式处理政府和市场的关系，根据实际情况处理好资源配置中市场起决定性作用还是政府起决定性作用这个问题。文化遗产保护是一个特殊的行业，虽然不宜照搬发展经济的管理经验，但也到了借鉴市场经验的时候了。引导社会企业并为企业规范好参与建设运营的制度和环境，可以说是关系考古遗址公园能否持续健康发展的关键之举。

一、财政投资的困难

作为国家所有的大遗址以及各级政府主导建设的国家考古遗址公园，其国有属性、公共属性从根本上决定了财政资金是其投入资金的主要来源。这在世界各国的重要文化遗产保护行动中也是最为常见的投资模式。例如美国，在其众多的国家史迹、国家历史地标和国家公园体系和国家遗产区的管理中，采取了由联邦政府机构统一管理土地所有权的方式，成立内政部国家公园管理局，承担全部运营管理所需资金。美国国家公园管理局代表联邦政府管理 400 多处国家公园及其附属单位约 34 万平方千米的联邦土地。他们认为，当公园范围内存在非联邦土地时，收购这些土地或相关权益才是保护管理这些文化遗产资源的最佳方式①。同样，欧洲的德国、英国、意大利等文化遗产较为丰富的国家，都不同程度上赋予政府相当重要的保护管理职责和权力。亚洲文化遗产保护事业较为先进的日本，无论在文化遗产的财政投资、保护方式甚至展示细节方面都为我国国家考古遗址公园的建设运营提供了很多的有益借鉴。在日本的文化遗产保护框架里，最高设有文部科学省，下设文化厅，主要负责文物保护等事业，并通过财政预算保障所需保护管理资金。地方政府可依据诸如《古都保存法》等法律法规向中央财政申请专项资金将需要保护区域的土地购买下来，从而进行合理的保护控制。例如京都古城的周边，按照《古都保存法》严格规划管理，大片的山体森林，几乎没有被开发建设过，如此良好生态环境的形成，很重要的一点是依靠国家财政支持②。

在大遗址保护管理的财政投入方面，我国文化遗产事业与起步更早、制度更为完善的欧美日本等国家相比，具有高度的一致性，即以各级政府财政支持为主。但是，由于我国大遗址分布面积、遗址区人口分布以及颇具中国特色的中央和地方财政制度差异性，我国大遗址保护管理以及国家考古遗址公园建设运营所面临的资金筹集问题更为严峻。在 21 世纪初的大遗址保护实践中，西安大明宫遗址、西安汉长安城遗址、隋唐洛阳城遗址、浙江杭州良渚遗址、安阳殷墟遗址等位于城市郊区甚至城市中心区的超大型遗址，在保护规划编制、遗址区拆迁、环境整治和遗址公园建设中，动辄需要几十亿甚至上百亿的持续财政投入。在强有力的政府财政支持下，包括以上大遗址在内的众多国家考古遗址公园特别是第一批国家考古遗址公园得以建设完成并向公众开放。对于国家考古遗址公园的发展而言，这当然代表了各级政府的高度重视，也收获了社会公众关注的目光。同时，也向其他大遗址所在地政府和文物管理部门表明，没有巨额且持续的财政资金投入是无法启动国家考古遗址公园建设的。众所周知，有资格立项建设国家考古遗址公园的大遗址至少是名列大遗址保护规划名

---

① 中国文化遗产研究院：《大遗址保护行动跟踪研究（上）》，文物出版社，2016 年。
② 张松：《城市文化遗产保护任重道远——国外遗产保护的经验及启示》，《中国文化报》2011 年 11 月 2 日。

录的重要大遗址。即使在"十二五"规划以后这个名录扩展到 150 处之多，但相比于全国重点文物保护单位的数量，可立项建设的国家考古遗址公园仍是稀少的。

在各级政府财政的投入中，中央财政虽然承担了相当重要的杠杆和撬动作用，但是很多地方政府却很难复制和推广上文中提到的几处大遗址的投资经验。其原因何在呢？纵观我国大遗址保护发展历史可以看出，中央财政对大遗址保护展示的财政支持始终是以"全国重点文物保护单位"为单位进行划拨的。虽然在 2006 年国家文物局和财政部曾经出台了支持大遗址保护的专项政策，但随着 2013 年《国家重点文物保护专项资金管理办法》（以下简称《资金管理办法》）的出台，重新回归传统的拨付方式。中央财政为支持全国文物保护工作、促进文物事业发展设立的具有专门用途的补助资金，需根据国家文物保护工作总体规划、年度工作计划及中央财政财力情况确定每年的年度预算。因此，专项资金遵循的是"规划先行、突出重点、中央补助、分级负责、注重绩效、规范管理"的原则。专项资金的补助对象主要是全国重点文物保护单位的保护和考古发掘研究等项目。对于大遗址保护和国家考古遗址公园建设而言，对应的即是全国重点文物保护单位保护项目。根据《资金管理办法》规定，全国重点文物保护单位的专项资金补助范围包括保护规划编制、文物本体维修保护、安防消防防雷等保护性设施建设、文物本体保护范围内的保存环境治理、陈列展示、数字化保护、预防性保护、大遗址保护管理体系建设和世界文化遗产监测管理体系建设等[1]。

但是，大遗址保护管理和国家考古遗址公园建设中涉及资金最多的征地拆迁、基本建设、日常养护、应急抢险、环境整治等事项并未列入中央专项资金的支持范围，而是作为"属地管理"事项层层下放到文保单位所在地的地方政府。在全国重点文物保护单位之中，绝大多数的产权都属于国家所有和集体所有。所谓的集体所有的文保单位主要包括古遗址、古墓葬等，其"集体所有"只是针对遗址墓葬依附的土地而言，其产权在本质上仍然应视作国家所有。既然是国家所有，那么涉及该文保单位保护管理的征迁拆迁、环境整治等资金理应由所在地方政府承担。一般而言，承担的主体是文保单位所在的县（市、

---

[1]　关于国家文物保护专项资金管理的表述引自中华人民共和国中央人民政府网站公布《财政部、国家文物局关于印发国家文物保护专项资金管理办法的通知》。

区）和乡镇（街道）一级政府。因此，我们有必要厘清县乡基层政府财政收入的主要来源，然后才能分析文物保护财政支出的困难。在相当长的一段时间内，特别是1994年我国实行行政垂直集权与财税分权体制以来，县乡基层政府财政收入主要有三个来源，即以税收收入为核心的可支配收入、以土地出让收入为核心的基金收入、以银行贷款为核心的债务收入。需要特别说明的是，与土地房产相关的租税费占据了地方财政收入的大头，甚至债务收入也主要依靠土地收入作为抵押来偿还①。由此可见，土地可以视为一般县乡财政收入的核心，那么土地价格就成为财政收入多寡的关键，大遗址所在区域的经济发展情况及其所在地块的土地价格就成为该地政府通过土地资源的运作来换取文物保护管理经费的重中之重。在这样的逻辑下，一些符合条件的大遗址才得以在源源不断的地方财政收入的强力支持下，开启征地拆迁、环境整治等一系列需要巨额投入的大遗址保护管理项目。不具备条件的地方政府的大遗址建设项目则进展缓慢甚至停滞不前。

　　2017年，本书作者有幸参与了浙江省内的省级考古遗址公园中期评估和国家考古遗址公园的挂牌前评估工作，对于同一批被国家文物局挂牌的慈溪上林湖越窑和龙泉大窑龙泉窑两处国家考古遗址公园在建设中面临的财政困难有着更为直观的感受。上林湖越窑国家考古遗址公园位于浙江省慈溪市，整个越窑分布区域分为上林湖片区等四大片区，已发现瓷窑遗址近200处。考古遗址公园规划以上林湖片区为核心展示区，规划面积约为1 518.3公顷。在考古遗址公园建设过程中涉及的遗址保护和环境整治工程包括各窑址点的保护展示和景观提升，周边环境综合整治，主入口、管理服务片区、东横河历史公园的景观提升等方面。特别是上林湖湖面视线所及范围内的山林环境整治，包括现代坟墓迁移、建构筑物拆除改造等，涉及资金金额较大。在当时"海上丝绸之路"申遗背景下，中共慈溪市委市政府设立4.5亿元的上林湖考古遗址公园建设专项资金，为遗址公园建设提供了强有力的财政资金保障。4.5亿元对于一处较小规模的国家考古遗址公园而言并不是一个小数目，而且慈溪市并没有在遗址公园周边运作房地产等快速回收资金的项目。这笔专项资金从哪里来呢？了解慈溪市的经济发展水平之后，疑惑就迎刃而解了。慈溪市市域面积1 361

---

① 财政部财政科学研究所课题组：《城镇化进程中的地方政府融资研究》，《经济研究参考》2013年第13期。

平方千米，拥有市场主体超过 13 万家，工商企业超过 3.5 万家，申报国家考古遗址公园的前一年也就是 2016 年的地区生产总值为 1 210 亿元，工业总产值为 3 630 亿元，财政总收入 245 亿元①，一般公共财政收入 132.1 亿元，位居 2016 年度全国百强县区第 6 名。因此，上林湖越窑国家考古遗址公园建设速度和质量有了强有力的保障。

相比之下，浙江省龙泉市大窑龙泉窑国家考古遗址公园建设过程则显得颇为艰难。大窑龙泉窑遗址作为龙泉窑的核心产区，共有窑址 126 处，是中国宋代至明代龙泉窑的代表性窑址。2016 年龙泉窑大窑、金村遗址被列入"海上丝绸之路"申遗首批申报点并启动考古遗址公园建设以来，中共龙泉市委市政府同样是高度重视。大窑龙泉窑考古遗址公园总体规模约为 974 公顷，其中考古遗址公园一期项目以环境整治为主，包括高际头和金村游客接待中心、大窑和金村村落、枫洞岩窑址和金村码头保护展示、古道遗存保护展示以及道路工程、标识系统工程、安防监控工程等其他配套项目，总投资约 1.1 亿元②。而龙泉市在 2017 年的地区生产总值才达到 128.3 亿元，一般公共预算收入 8.5 亿元。投入到大窑龙泉窑国家考古遗址公园建设的经费占了可支配财政收入的近八分之一。

在我国当前文物保护财政制度的框架下，中央财政支持的项目范围仅限于较高级别文物保护单位的本体，涉及展示利用以及环境整治等需要巨额资金的项目均需各级地方政府承担。随着国家财政制度和文物保护管理制度改革的深化，中央财政支持的范围虽然有逐步扩大的迹象，比如一些大遗址保护范围内的环境整治项目可以得到相应的资金支持。但是，由地方各级政府承担保护展示利用资金的大格局不会发生变化。因此，无论多么困难，在未来相当长的一段时期内，政府财政仍然是考古遗址公园的最主要保障。地方政府代表国家对大遗址及考古遗址公园行使产权管理职责并为之解决财政资金困难，是政府公共服务职能的应有之义。在地方政府的治理体系中，资金困难并非是一项事业能否启动以及长期投资的最大障碍，投资的收益回报才更具有参考和决策价值。当然，这里所说的收益回报是包含了经济效益、社会效益、生态效益等各个层面的综合效益。具体到国家考古遗址公园而言，建设完成之后的运营状况

---

① 相关数据引自慈溪市上林湖越窑国家考古遗址公园申报材料。

② 相关数据引自龙泉市大窑龙泉窑国家考古遗址公园申报材料。

在更大程度上影响着当地政府决策者的意志。换言之，在运营中暴露的问题和遭遇的困难才是阻碍考古遗址公园发展的最大"绊脚石"，因为它不是通过地方政府的"砸钱"能够解决的。

二、政府运营的困难

尽管国家考古遗址公园的建设特别是启动建设所需资金量巨大，但是作为遗址公园和大遗址保护管理的责任主体，地方政府依然表现出了不同以往的主动性和积极性。整体而言，国家考古遗址公园自 2010 年启动以来，展现出了前所未有的活力和生命力，亦逐步从行业内保护管理的工作抓手上升为国家任务，列入国家"十四五"规划内容，受到各级政府关注。各级政府安排财政资金建设国家考古遗址公园，可以说是政府重视文物工作的重要体现。随着第四批国家考古遗址公园评定工作的结束，国家考古遗址公园再添 19 家挂牌单位和 32 家立项单位（表 5-1）。至此，在全国 150 处重要大遗址中已建成国家考古遗址公园 55 家，立项 80 家，覆盖率已高达 90%，以至于在某种语境下，大遗址和国家考古遗址公园往往被同等对待。随着国家考古遗址公园一路高歌猛进式的建设，被投资热情一时掩盖或不愿提及的运营管理困难，最终还是横亘在继续前进的道路上。这里所说的困难，更多的是针对考古遗址公园所在地政府及其专门管理机构而言。具体而言，可以理解为考古遗址公园运营中的入不敷出的现状与地方政府建设前美好预期之间的巨大落差。

表 5-1　第四批国家考古遗址公园挂牌和立项名单

序　号	挂牌名单（19 家）	省　份
1	泥河湾国家考古遗址公园	河北省
2	赵王城国家考古遗址公园	
3	邺城国家考古遗址公园	
4	辽上京国家考古遗址公园	内蒙古
5	安吉古城国家考古遗址公园	浙江
6	凌家滩国家考古遗址公园	安徽

序　号	挂牌名单（19家）	省　份
7	城村汉城国家考古遗址公园	福建
8	汉代海昏侯国家考古遗址公园	江西
9	仰韶村国家考古遗址公园	河南
10	二里头国家考古遗址公园	
11	郑州商城国家考古遗址公园	
12	屈家岭国家考古遗址公园	湖北
13	龙湾国家考古遗址公园	
14	炭河里国家考古遗址公园	湖南
15	靖江王府及王陵国家考古遗址公园	广西
16	邛窑国家考古遗址公园	四川
17	石峁国家考古遗址公园	陕西
18	统万城国家考古遗址公园	
19	乾陵国家考古遗址公园	
立项名单（32家）		
1	琉璃河考古遗址公园	北京
2	燕下都考古遗址公园	河北
3	定窑考古遗址公园	
4	长白山神庙考古遗址公园	吉林
5	草鞋山考古遗址公园	江苏
6	上山考古遗址公园	浙江
7	河姆渡考古遗址公园	
8	宋六陵考古遗址公园	

序　号	立项名单（32 家）	省　份
9	繁昌窑考古遗址公园	安徽
10	南山考古遗址公园	福建
11	苦寨坑窑考古遗址公园	
12	德化窑考古遗址公园	
13	铜岭铜矿考古遗址公园	江西
14	平粮台古城考古遗址公园	河南
15	虢国墓地考古遗址公园	
16	清凉寺汝官窑考古遗址公园	
17	宋陵考古遗址公园	
18	明楚王墓考古遗址公园	
19	学堂梁子考古遗址公园	湖北
20	擂鼓墩考古遗址公园	
21	汉长沙国王陵考古遗址公园	湖南
22	青塘考古遗址公园	广东
23	罗家坝考古遗址公园	四川
24	宝墩古城考古遗址公园	
25	城坝考古遗址公园	
26	石寨山考古遗址公园	云南
27	秦雍城考古遗址公园	陕西
28	桥陵考古遗址公园	
29	大堡子山考古遗址公园	甘肃
30	热水墓群考古遗址公园	青海

序　号	立项名单（32 家）	省　份
31	水洞沟考古遗址公园	宁夏
32	七个星佛寺考古遗址公园	新疆

在国家考古遗址公园概念提出的前夕，财政部和国家文物局共同主导推动了大遗址保护行动，这次行动的本质就是通过主动的文物管理体制机制创新，来动员和吸引全社会参与文物事业发展，改变大遗址保护面临被动局面的广泛动员和实践行动。就像前文所言，在某种语境下的大遗址几乎等同于国家考古遗址公园。最早纳入大遗址专项行动的遗址正是最早一批挂牌国家考古遗址公园的大遗址，也是国家文物局和地方政府共同认为最具有创新示范价值和意义的大遗址。在国家考古遗址公园实践的同时，中国文化遗产研究院于 2011 年至 2014 年通过国家社科基金重大项目"大遗址保护行动跟踪研究"对大遗址保护专项行动进行了总结、回顾和评估。课题组在充分肯定首批国家考古遗址公园建设在大遗址保护行动中显著成果和突出贡献的同时，也客观地指出了首批国家考古遗址公园存在的短板和不足，特别是堪忧的运营状况。根据国家文物局组织调研形成的《关于促进国家考古遗址公园可持续发展的调研报告》数据，中国文化遗产研究院项目组对首批 12 家国家考古遗址公园的运行成本、经费来源和经营收入等进行了统计（表 5－2）。在统计表中可以直观地看到国家考古遗址公园的年度运行成本极高，超过 10 家遗址公园的运行成本在 1 000 万元以上，圆明园、秦始皇帝陵和大明宫这三家考古遗址公园的运行成本甚至过亿。与此相比，遗址公园的经营收入除秦始皇帝陵尚能勉强平衡外，其他公园几乎都是在地方政府的强力补助下维持运行的。如果再考虑到秦始皇帝陵博物院、殷墟等早在成为国家考古遗址公园之前就已经享誉世界并形成稳定经营收入的情况，那么国家考古遗址公园在运营上的短板就显得更加突出。虽然统计表中的数据为 2012 年之前的数据，并不能全面反映 2012 年以来的运营改善情况，但至少从一个侧面暴露了考古遗址公园转入运营阶段时面临的普遍难题。

表 5 - 2　首批国家考古遗址公园运行管理情况统计表①

序号	省份	名　称	管 理 机 构	年度运行成本（万元）	经 费 来 源			年度经营收入（万元）
					政府补助（万元）	自筹资金（万元）	合计（万元）	
1	北京	圆明园国家考古遗址公园	圆明园管理处	12 116	8 297	3 821	12 118	4 100
2	北京	周口店国家考古遗址公园	周口店北京人遗址管理处	2 000	1 856	144	2 000	144
3	吉林	集安高句丽国家考古遗址公园	集安市文物局（博物馆）	400	30	370	400	320
4	江苏	鸿山国家考古遗址公园	无锡市鸿山遗址博物馆	1 500	1 500	0	1 500	40
5	浙江	良渚国家考古遗址公园	杭州良渚遗址管理区管理委员会	600	600	0	600	0
6	河南	殷墟国家考古遗址公园	殷墟管理处	1 000	1 000	0	1 000	953
7	河南	隋唐洛阳城国家考古遗址公园	隋唐洛阳城遗址管理处、洛阳市文化投资管理有限公司	2 500	780	1 720	2 500	130
8	四川	三星堆国家考古遗址公园	广汉市文物管理局	3 000	700	2 300	3 000	2 300
9	四川	金沙国家考古遗址公园	金沙遗址博物馆	3 500	1 300	2 200	3 500	200
10	陕西	阳陵国家考古遗址园	汉阳陵博物馆	1 500	300	1 200	1 500	1 200

① 中国文化遗产研究院：《大遗址保护行动跟踪研究（上）》，文物出版社，2016 年。

续表

序号	省份	名　称	管　理　机　构	年度运行成本（万元）	经费来源			年度经营收入（万元）
					政府补助（万元）	自筹资金（万元）	合计（万元）	
11	陕西	秦始皇陵国家考古遗址公园	秦始皇帝陵博物院	33 000	33 000	0	33 000	30 000
12	陕西	大明宫国家考古遗址公园	西安曲江大明宫遗址区保护改造办公室、西安曲江大明宫遗址公园管理有限公司	19 000	19 000	0	19 000	9 500
	合计			80 116	70 663	9 455	80 118	50 887

　　国家考古遗址公园管理运营存在短板的原因有很多，涉及大遗址的产权确认、土遗址的可视性、脆弱性特征等客观因素，但不能否认基层政府特别是文物部门面对新兴的国家考古遗址公园时，在管理运营方面还存在着方方面面的不足。这种不足既有从业人员能力素质的原因，更有传统管理体制机制适应性减弱的原因。在启动第四批国家考古遗址公园评定之前，国家文物局修订了已经试行 12 年的《国家考古遗址公园管理办法》（以下简称《管理办法》）并公布实施。《管理办法》再次重申了国家考古遗址公园通过发挥科研、教育、游憩功能，在考古遗址研究阐释、保护利用和文化传承方面具有全国性示范意义的特定公共文化空间的定位，并再次明确了考古遗址所在地县级以上人民政府的建设运营职责。为了适应国家考古遗址公园的建设管理和运营要求，国家文物局要求当地政府必须成立具有独立法人资格的遗址公园专门管理机构，并作为立项申报的一项"硬指标"。在我国现行行政管理框架下，专门管理机构无疑就是大遗址保护、国家考古遗址公园管理运营所需人事权、财政权的最佳保障。同样，专门管理机构能否成立也是检验地方政府是否下定决心投资建设国家考古遗址公园的"试金石"。专门管理机构的要求早在第一批国家考古遗址公园评定时就已经存在，甚至早于国家考古遗址公园的提出。由于大遗址本身的分布面积、价值重要性不同，地方各级政府对大遗址保护管理的认识和重视

程度不同，国家考古遗址公园的专门管理机构的层级也不尽相同。级别较高的如良渚遗址管理区管理委员会、南昌汉代海昏侯国遗址管理局均为副厅级规格，级别中等的如北京周口店北京人遗址管理处为正处级，级别为正科级及股级的如北庭故城国家遗址公园建设管理局（正科级）、安吉古城遗址保护中心（股级）等。不论行政级别高低，专门管理机构在当地政府的授权下履行国家考古遗址公园的建设运营管理职责。

根据《管理办法》的要求，专门管理机构承担的职责包括依法履行文物保护职责，实施考古遗址公园规划，建立健全相关管理规章制度，提供良好的卫生、服务、消防、救护等公共设施并不断改善服务质量，在规定时限内向国家文物局提交年度运营报告。从以上几个方面的要求中可以看出，《管理办法》是从文物管理部门特别是上级文物管理部门的角度出发而制定的规范，其中并没有完全反映地方政府对于考古遗址公园管理的诉求。地方政府对考古遗址公园管理有哪些要求呢？我们可以从国家考古遗址公园专门管理机构的职责设置来管窥一二。海昏侯墓考古发现和研究取得重大突破并获得全社会关注之后，南昌市成立南昌汉代海昏侯国遗址管理局[①]。该机构的职责包括：贯彻执行有关国家文物保护的法律法规及相关政策，按照制定区域控制性详细规划和遗址公园建设规划并组织实施，负责遗址区内文物保护、研究、利用与考古发掘，负责全国旅游5A级景区、国家考古遗址公园和世界文化遗产及其他有关项目的申报，负责遗址公园区域内建设项目的规划论证和建设管理，项目涉及的土地征用、房屋拆迁以及其他社会事务，负责遗址区内的招商引资、商贸旅游等服务业的指导和管理，负责遗址公园的管理、运营、维护与对外交流工作等。南昌海昏侯国遗址管理局的职责设置，尤其是由旅游服务衍生的各项职能，在很大程度上代表了地方政府对于国家考古遗址公园的运营的诉求。

按照政府行政管理逻辑，设置了职能全面清晰的专门管理机构，相关的事业产业发展便会随之风生水起，这在政府设置的各类开发区、工作指导小组的实践中均得到了有效体现。然而，在国家考古遗址公园管理运营领域，政府的常规管理经验出现了"失灵"情况。失灵的原因何在呢？我们已经知道国家考古遗址公园脱胎于大遗址保护专项行动，而大遗址又是国家文物局从众多全国重点文物保护单位中遴选而来。全国重点文物保护单位是我国文物保护单位层

---

① 南昌汉代海昏侯国遗址管理局网站：http://www.hhh.gov.cn。

级中最高的一级。文物保护单位的概念最早在 1956 年国务院《关于在农业生产建设中保护文物的通知》中首次使用，于 1961 被写入《文物保护管理暂行条例》，1982 年被写入《中华人民共和国文物保护法》，一直沿用至今。围绕这一制度，自中央至基层的文物管理机构形成了一整套传统的、行之有效的保护管理工作模式和操作流程。关于文物保护管理的事项诸如"四有"① 档案、保护规划、专项资金、文物安全等统统是以"文物保护单位"为单位开展的。国家考古遗址公园虽然以全国重点文物保护单位为载体，但其管理运营的内容远远超出了文物保护单位管理的范围，而超出传统范围的职责也正是国家考古遗址公园管理机构困惑之所在。困惑的根源仍要追溯到文物保护单位的产权问题。实质上，传统的文物保护单位行政管理制度代替了产权管理制度，地方政府代表国家充当大遗址资源的垄断分配角色。如此，在面临新兴的国家考古遗址公园规划建设时，没有约束性的制度来强制政府充分考虑投资成本和收益平衡问题。但是，大遗址资源的经济社会价值或市场吸引力并不会因为政府的制度性漠视而不对政府行为作出反馈。即便很多地方政府事先考虑了投资收益很难平衡的可能性，但政府以发挥公共文化服务职能为由，同样可以合法合规地、不计成本地投资考古遗址公园建设。对于当地乡镇（街道）、村（社区）和村民居民而言，这仍然属于关乎其切身利益的民生工程，各级文物管理部门及其他利益相关者也没有理由拒绝政府投资考古遗址公园的热情。

因此，在当前国家考古遗址公园建设的背景下，各地政府的主动性和积极性必定是只增不减。根据后发优势理论，新晋或正在立项建设阶段的国家考古遗址公园应该充分吸取"前车之鉴"，在提高运营管理能力水平、配置运营管理资源、改革运营管理制度上多探索、多实践。安吉古城国家考古遗址公园正是在这样的背景下，初步摸索出了"政府主导、企业参与"的建设和运营管理的新方式。第三节中我们将针对企业参与的学理理论、社会需求等进行进一步讨论。

三、社会企业参与的活力

作为国家考古遗址公园的载体，大遗址是我国众多不可移动文物中历史价

---

① 《中华人民共和国文物保护法》第十五条规定，各级文物保护单位，分别由省、自治区、直辖市人民政府和市、县级人民政府划定必要的保护范围，作出标志说明，建立记录档案，并区别情况专门设置专门管理机构或者专人负责管理。以上四项工作被概括为"四有"工作。

值、科学价值、艺术价值最为突出的代表。国家考古遗址公园所展示出的古代大型聚落、古代都城、古代帝王陵、重要手工业遗址和文化景观等往往是大遗址所在地最具有标识意义的文化。可以说，大遗址是理解一个城市古今身份的根基，并深刻影响着城市发展的未来，这个影响包括了带动性影响和约束性影响。所谓带动性影响源自大遗址所特有的历史价值、科学价值和艺术价值，以价值为导向的大遗址是城市形象、文化建设的基础性资源。所谓约束性影响源于大遗址所依附的农田、山林等国土空间，国土空间是一个城市存在、规划建设和发展的根本空间资源。因此，拥有基础性资源和根本空间资源价值的大遗址，很难独立于经济社会发展大局之外，更不可能不吸引着各级政府、社会各界特别是以企业为主体的市场力量的高度关注。

虽然学界和社会对于大遗址的经济价值和社会价值的认知出现较晚且尚未统一意见，但大遗址的经济价值和社会价值是长期以来客观存在的。2002 年《中华人民共和国文物保护法》修订后提出"文物是不可再生的文化资源"时才第一次将文物与资源相提并论[①]，虽然并未对这种资源该如何发挥经济社会价值作出详细规定。2015 年《中国文物古迹保护准则》中增加了文化和社会价值，明显强化了其社会属性，使用价值（包括经济价值）也受到更多关注[②]。虽然经济价值在很多语境中是"值多少钱、有什么用"的世俗之见，但不可否认这也是全社会对文物价值最为常见、最为广泛的认同方式。我们没有理由避而不谈、视而不见。

回顾我国文物保护和大遗址保护的历史，可以明显看出从单纯保护到合理利用的发展轨迹。新中国成立后，随着基本建设的快速发展，在文物保护领域逐步形成了"重点保护、重点发掘，既对基本建设有利，又对文物保护有利"的"两重两利"工作方针。在这一阶段，全社会的关注和参与，是以基本建设为切入点进行的。关注的主要是文物的三大价值，三大价值以外的价值集中体现是否"对基本建设有利"。随着改革开放以来经济建设的突飞猛进，以及伴随着政府、专家和全社会对于文物价值的认知积累，"保护"已经不足以强调文物面临的危险程度，不得不将保护提高到"抢救第一"的优先级。这一阶

---

① 于冰：《从文物到文物资源和文物资产——身份转换与制度升维》，《自然与文化遗产研究》2022第 1 期。
② 吴卫红：《理论、方法、定位：土遗址保护与遗址公园建设的理性三问》，《东南文化》2020 年第 3 期。

段，全国的文物考古机构都奋战在抢救地下文物特别是古遗址、古墓葬的一线。然而，面对重点地区、重要大遗址仍然无法做到科学保护，大遗址的超大范围不可避免地与城市扩张、工业发展遭遇面对面的冲突。在经历了几十年的摸索之后，合理利用终于被正式提出，终于找到了一条从死守硬保到均衡发展的统筹协调之路。2022 年 7 月 22 日，全国文物工作会议在北京召开，对于新时代文物工作提出了更高的要求，即坚持保护第一、加强管理、挖掘价值、有效利用、让文物活起来，这次会议预示着文物保护利用和文化遗产保护传承进入崭新时代。当然，事物的发展有其内在的规律，也有其外在的环境和条件，我们不能苛责前人，但我们应该努力向前更进一步发展。

让文物活起来，离开社会的广泛参与是不可能做到的。国家考古遗址公园作为当下大遗址保护利用的最佳形式，显然也需要社会的广泛参与。在我国，社会力量参与文物保护的政策与理论基础，与群众路线这一中国共产党的根本工作方法有着深刻的渊源。"发动群众，依靠群众，充分调动广大群众的积极性"，一直以来都是我国文物保护的一项基本政策，也是长期以来坚持的工作理念。改革开放以来，随着经济社会快速发展，各类经济组织、社会团体的数量不断攀升，为了补充政府力量的不足，越来越多的社会文物保护组织和群众性组织涌现，并参与了较为浅层次的文物巡查等事务。进入 21 世纪，文物事业依然强调要充分发挥社会各界的作用，最典型的是第三次全国不可移动文物普查工作，这一工作动员了大批的志愿者、村社区干部群众等参加，在普查文物的同时也做了一次全国性的文物保护总动员。党的十八大以来，新时代文物工作改革破题的重点是强调广泛动员社会力量参与，努力走出一条符合国情的文物保护利用之路。2016 年国务院《关于进一步加强文物工作的指导意见》提出了"社会力量广泛参与文物保护利用格局基本形成，文物保护成果更多惠及人民群众"的目标。2017 年 3 月，国务院办公厅印发《关于进一步激发社会领域投资活力的意见》，支持社会资本对文物保护单位和传统村落的保护利用。2018 年 7 月，中共中央办公厅、国务院办公厅印发的《关于加强文物保护利用改革的若干意见》，提出应积极调动社会力量参与文物保护利用。这些理念和政策为社会力量参与文物保护利用工作提供了政策依据。在《关于加强文物保护利用改革的若干意见》中，明确了社会参与的要求和目标，即坚持政府主导、多元投入，调动社会力量参与文物保护利用的积极性。在坚持国有不可移动文物所有权不变、坚守文物保护底线的前提下，探索社会力量参与国有不可移动文物使用和运营管理。鼓励依法通过流转、征收等方式取得属于文物建筑的农民房屋及其宅基地使用权。加大文物资源基础信息开放力度，支持文物博物馆单位逐步开放共享文物资源信息。促进文物旅游融合发展，推介文物领域研学旅行、体验旅游、休闲旅游项目和精品旅游线路。

　　参与文物保护的社会力量从普通的社会组织、群众组织扩展到拥有市场力量的社会资本，可以说是近年来文物保护特别是文物利用进步的重要标志。与国外较为成熟的文物保护基金、社会捐赠相比，国内参与文物保护的社会资本主体则是企业，包括从事规划编制、安全防范、保护工程、考古勘探、数字化信息化等。这里所说的企业并不包括以政府购买服务为利润来源的企业，而是特指通过市场调研发现文物保护利用的经济社会价值，主动进行投资并获取合法利润的企业。参与文物保护利用的企业以价值为导向、以市场为遵循，深入挖掘文物的展示利用价值，以有价值的服务换取利润和生存空间。在传统的以保护和抢救为第一要务的时代，政府的行政管理不仅高效而且强劲有力，因此也就无须企业的过多参与，从企业的角度来讲也没有足够的动力参与公共服务层面的文物保护与抢救。但在文物保护利用的政策引导下，"让文物保下来"迭代为"让文物活起来"，企业较于政府在资源配置方面的市场优势则有了用武之地。

　　《关于文物保护利用改革的若干意见》指出，文物承载灿烂文明，传承历史文化，维系民族精神，是弘扬中华优秀传统文化的珍贵财富，是促进经济社会发展的优势资源，是培育社会主义核心价值观、凝聚共筑中国梦磅礴力量的深厚滋养。其中，大遗址更是经济社会发展优势资源的典型代表。国家考古遗址公园作为大遗址资源的呈现方式，作为培育社会主义核心价值观、凝聚共筑中国梦磅礴力量的文物载体，需要在政府的主导下，遵循市场的逻辑和规律，方能行稳致远。国家考古遗址公园虽然以其公共性、公益性而著称，但并不意味着运营管理完全由政府承担。同样，市场力量不但无损于公共服务和公益性质，反而是促成遗址公园更全面、更高效发挥自身价值的关键力量。如果放在我国社会主义市场经济改革的大局中审视国家考古遗址公园的发展，也许能更进一步理解市场因素在遗址公园运营管理中的重要作用。虽然遗址公园的运营并不等同于市场经济活动，但社会主义市场经济的改革发展历程对于国家考古遗址公园的运营管理仍然具有重要的参考价值。

　　自 20 世纪 90 年代我国开启市场化改革以来，市场在资源配置中的认识不断深化。中国共产党第十五次全国代表大会（简称党的十五大，后同）提出"使市场在国家宏观调控下对资源配置起基础性作用"。党的十六大提出"在更大程度上发挥市场在资源配置中的基础性作用"。党的十七大提出"从制度上更好发挥市场在资源配置中的基础性作用"。党的十八大提出"更大程度更广范围发挥市场在资源配置中的基础性作用"。党的十八届三中全会全面总结改革开放以来的历程，通过了《中共中央关于全面深化改革若干重大问题的决定》，明确提出"使市场在资源配置中起决定性作用"①。在提出社会主义市场经济之前，我国长期按照计划经济体制进行经济管理和资源配置，也正是在这样的大环境下，文物事业的管理长期保持了"计划经济"式的行政管理模式，并且一直延续至今。无论是在自中央至地方的文物系统"条条"内，还是在地方各级政府部门的"块块"横向比较中，文物治理能力水平相较于规划建设、国土空间管理和环境保护等的治理能力水平都给人以"落伍"的印象。但如果以此来批评文物从业者的能力水平显然是有失公允的。文物管理特别是不可移动文物管理中的精细化信息缺失根源于不可移动文物空间分布的不确定性，以及由此带来的所有权模糊难题。加之长期以来基层文物单位机构和人员编制严重不足，和城乡规划、自然资源管理、环境保护等相比在机构、人员、经费方面形成天渊之别。文物保护管理力量的不足，通过政府增加人力财力支持是可以解决的，因为这些硬件建设的提升完全在政府资源配置的框架之内。而文物特别是不可移动文物的展示利用，涉及文物的经济价值和社会价值的呈现，比如国家考古遗址公园的运营涉及市场营销、游客分析、市场化经营等超出政府常规职能范围的行为，理应让位给市场或至少要让市场主体参与进来。市场参与进来所产生的效果不限于做好遗址公园这类展示利用平台的运营管理，或许还能成为撬动整个文物领域体制机制改革的杠杆。已有社会主义市场经济发展的成功经验，使我们更有理由相信这一点。

第二节　在艰难中探索

一、企业参与经营的历程

为了统筹协调经济社会发展与文物保护利用的关系，引导和鼓励社会力量

---

① 林兆木：《使市场在资源配置中起决定性作用》，《人民日报》2013年12月4日第6版。

参与文物保护利用，一直是党和政府重点关注的改革领域。2016年全国文物工作会议前夕，习近平总书记作出重要指示，强调指出："各级文物部门要不辱使命，守土尽责，提高素质能力和依法管理水平，广泛动员社会力量参与，努力走出一条符合国情的文物保护利用之路。"党和国家领导人作出重要指示批示，明确要求动员社会力量参与文物保护利用，这在新中国历史上还是第一次，充分说明社会力量在新时代文物事业发展中的作用不容忽视、不容低估。只有将最广泛的社会力量动员起来，真正做到齐抓共管，才能形成强大合力，推动文物事业健康快速发展。如前文所述，作为国家考古遗址公园的载体，大遗址是文物资源中最为特殊的一种公共资源。由于大遗址的分布范围大、内涵丰富、各种价值高，因而在保护管理中所需要的人力、物力和财力通常超出地方政府所能承担的范围。因此，在大遗址保护管理中引入社会力量特别是资本力量的需求相较于其他单体不可移动文物而言更为迫切。同时，大遗址所依附的农田、林地等国土空间范围较大，大遗址及其国土空间为市场主体提供了企业发展所必需的文化内涵和物理空间。因此，在社会主义市场经济发展的背景下，已经有一定数量的企业在探索尝试参与文物保护利用的方式方法。由于大遗址的国有文物属性、相关法律法规的模糊性以及投资收益的不平衡性等因素的影响，企业参与大遗址的保护利用和国家考古遗址公园的运营管理还面临着严重困难和严峻考验。

在参与国家考古遗址公园的运营管理之前，企业遇到的第一个难题也是我国不可移动文物保护管理中最根本的问题，即遗址的所有权问题。所有权是指所有权人依法对自己的财产享有的占有、使用、收益和处分的权利。在所有的物权形式中，所有权是最重要的物权与财产权，是市场交易发生的前提。包括古遗址、古墓葬在内的地下文物的所有权在《中华人民共和国文物保护法》中是非常明确的，即第五条规定的中华人民共和国境内地下、内水和领海中遗存的一切文物，属于国家所有。国家指定保护的纪念建筑物、古建筑、石刻、壁画、近代现代代表性建筑等不可移动文物，除国家另有规定的以外，属于国家所有。到目前，"国家另有规定"的法律只有《中华人民共和国物权法》（简称物权法）。《物权法》第五十一条规定"法律规定的属于国家所有的文物，属于国家所有"。《文物保护法》与《物权法》，分别从公法、特别法和普通法、私法的角度明确了不可移动文物中的国家所有属性。看似非常明确的所有权划分，实则隐藏着包括企业参与困难在内的不可移动文物保护管理的根本性困难。首先是地下文物国家所有权与土地集体所有权的分离。《文物保护法》明确规定，国有不可移动文物的所有权不因其所依附的土地所有权或者使用权的改变而改变。在大遗址保护管理和国家考古遗址公园建设运营的实践中，大遗址的土地问题始终是当地政府、各级文物行政管理部门和当地村组织、村民最为关切的核心问题，而且各方的利益诉求存在巨大差异。诉求差异的根源就在于大遗址及其所依附的土地难以分离。在遗址和土地不可分离的事实面前，《文物保护法》中关于国家不可移动文物所有权的规定很难被落实。在文物国有属性的基础上，《文物保护法》第二十四条规定，国有不可移动文物不得转让、抵押，建立博物馆、保管所或者辟为参观游览场所的国有文物保护单位，不得作为企业资产经营。企业参与国家考古遗址公园运营管理的门槛和困难正是集中体现在这一法律明文规定之上。

　　"不得作为企业资产经营"最早出现在 2002 年修订的《文物保护法》之中，是在当时旅游开发兴起的社会背景下做出的反应性修订。我国文物保护管理的法律始于 1960 年 11 月 17 日国务院第一〇五次全体会议通过的《文物保护管理暂行条例》（简称《暂行条例》）。《暂行条例》指出："在中华人民共和国国境内，一切具有历史、艺术、科学价值的文物，都由国家保护，不得破坏和擅自运往国外。各级人民委员会对于所辖境内的文物负有保护责任。一切现在地下遗存的文物，都属于国家所有。"《暂行条例》公布实施的 20 世纪 60 年代初，我国的文物保护管理事业刚刚起步，第一批全国重点文物保护单位正是在《暂行条例》颁布之后才得以公布的。在当时的经济社会发展阶段，基本不存在企业参与经营的问题，也就不可能做出相关的限制性规定。改革开放初期《中华人民共和国文物保护法》颁布时仍然没有涉及企业参与经营问题。20 世纪 90 年代，随着改革开放的深入以及社会主义市场经济的发展，在城市化、工业化进程中，文物保护管理面临城市建设、旅游开发等经济活动的严重冲击。在此背景下召开的全国文物工作会议明确了"有效保护、合理利用、加强管理"的原则。在 1997 年《国务院关于加强和改善文物工作的通知》中，进一步强调必须正确处理好文物事业发展中社会效益和经济效益的关系，建立与社会主义市场经济体制相适应的文物保护体制。国务院要求地方各级人民政府特别是文物比较集中的地方人民政府，在把文物作为地方优势加以利用的同时，要防止因单纯追求经济利益而损害文物的做法。重大的文物利用项目要事前进行充分的科学论证，严格履行审批手续，避免对文物的破坏性利用。然而随着旅游体制改革的深化，企业参与文物旅游暴露的问题和矛盾开始从经营层面深入到体制层面。

2000 年 12 月，曲阜市负责"三孔"文物旅游景区管理的文物旅游服务处，在对孔庙、孔府、颜庙等文物景区进行卫生清理时，出现了用水冲刷、用硬物摩擦和擦拭文物的举动，造成 3 处古建筑群的 22 个文物点不同程度受损。此事在互联网刚刚兴起的年代引起了全社会的关注，在国家文物局的督导和全社会的舆论压力下，当地政府对有关责任人给予严肃处理。济宁市和曲阜市重新确定"三孔"文物景区的保护管理由市文管会统一负责，孔子国际旅游股份有限公司立即退出管理①。如果说"水洗三孔"是一个被互联网和其知名度放大了的孤立事件的话，那么陕西省在文物旅游方面的体制改革无疑是代表了这一时期地方政府的主流发展思路。

随着市场经济的快速发展，以文物旅游为最大特色的陕西省充分享受到了文物的经济价值所产生的发展红利。据陕西省统计数据，1998 年旅游业总收入已占全省生产总值的 6.3%，成为陕西国民经济发展和对外开放的重要组成部分和最具发展潜力的优势产业之一。为进一步"扫除"旅游（主要是文物旅游）发展的体制性机制性障碍，陕西省委省政府于 1998 年 12 月作出《关于深化旅游体制改革加快旅游产业发展的决定》，明确要建立发展与社会主义市场经济相适应的旅游管理新体制，充分发挥历史文化资源优势，营造支持和保障旅游业发展的良好环境，加快旅游产业化、规模化、市场化进程，坚持以经济效益为中心，做到经济效益、社会效益和环境效益相统一。在贯彻文物保护为主的前提下，建立以国家保护为主，并动员全社会参与的文物保护新体制，促进文物资源优势向旅游产品优势的转化，实现文物事业和旅游产业的可持续发展。同年 12 月新组建的陕西旅游集团成立。通过行政划拨方式，陕西旅游集团囊括了秦始皇兵马俑、华清池、乾陵、法门寺、汉阳陵等吸引力极强的文物旅游景区和多家省内知名旅游服务企业。这种打破文化旅游资源的藩篱，使原来的事业单位通过企业化改造进入市场的体制变革，一度被称为"陕西模式"。凭借秦始皇兵马俑等文物的知名度和吸引力，陕西旅游集团在短短几年之内成为中国旅游企业 500 强。但是，该模式下，文物保护被置于服从旅游经济发展的辅助地位，文物景区被作为企业资产进行经营，并且基本脱离了文物行政部

---

① 曲志红、杨鸿勋：《绝不轻易出让文物经营权》，《中国经济快讯》2001 年 5 月 25 日。

门的监管范围，由此引发了国家文物局和文物考古界的强烈不满。最终，经过多方协调，陕西省政府于 2007 年印发《关于调整完善部分文物旅游景点管理体制的通知》，陕西旅游集团公司参与经营管理的秦始皇陵、汉阳陵等 5 处全国重点文物保护单位、博物馆移交陕西省文物局管理①。同年 12 月 29 日，陕西省文物局和省旅游集团公司在西安举行了交接仪式，而这一天正是《中华人民共和国文物保护法》（2007 年修正）的发布和生效日期。由此可见，陕西省此次文物旅游体制的回归是多么意味深长。

　　面对市场经济带来的旅游产业大发展，后来被纳入重要大遗址名录和国家考古遗址公园建设名单的全国重点文物保护单位成为各级政府争相开发的目标。与此同时，发展相对滞后的文物保护管理一时难以招架应付。作为全国文物管理最高行政管理机关，国家文物局不得不多次出面叫停国有文物的旅游开发，表明文物部门的立场和主张②。国家文物局出面叫停国有文物的无序开发，并非是简单地全盘否定了企业参与经营的合理性，而是在宏观层面上为当前的混乱局面"降降温"，并为更科学的引导和规范争取有利条件。事实上，企业参与文物旅游经营的案例并不少见，如上市公司中青旅投资开发历史文化名城浙江乌镇和北京司马台长城脚下的古北水镇，曲江文旅投资运营西安大明宫国家考古遗址公园。截至 2017 年 7 月底，全国 248 家 5A 景区中，159 家涉及文物保护单位，占 64%，这其中有 82 家景区由企业经营，占 51.6%。在 252 个国家级历史文化名镇中，被评为 4A 以上景区的有 54 家，其中 33 家由企业经营管理，占 60% 以上③。可以说，企业经营国有文物的现象不仅是客观存在的，而且还是相当普遍的。

二、企业经营存在的问题

　　在国家考古遗址公园提出并发展了十多年之后的今天，重新审视由各地政府主导形成的"企业参与经营"现象，可以为国家考古遗址公园的健康可持续发展提供诸多有益借鉴。从 2002 年《文物保护法》修订提出的"国有文物不得作为企业资产经营"到鼓励社会力量社会资本参与国家考古遗址公园的运营管理，其间近 20 年的时间，我们可以理解为前文所说的"争取有利条件"的

---

① 庞博：《陕西多处文物景点由旅游企业移交文物部门》，《中国文物报》2008 年 1 月 4 日第 1 版。
② 于冰：《国有文物"不得作为企业资产经营"辨析》，《东南文化》2018 年第 2 期。
③ 于冰：《国有文物"不得作为企业资产经营"辨析》，《东南文化》2018 年第 2 期。

关键时期。一方面，社会主义市场经济的发展逐步规范化、社会企业参与市场资源配置的自觉性、自律性以及法律法规的约束性、强制性越来越突出，遵守法律法规框架下的合理利用、合法经营成为包括企业在内的全社会的共同认识。另一方面，经历了长达数十年的文物利用、文物旅游监管的实践和探索，文物管理能力和水平和地方各级政府的保护意识都有了一定程度的提升。再者，随着中国经济逐步进入高质量发展的轨道，文物保护与经济社会发展的矛盾较之前阶段有所减缓。党的十九大报告指出，中国特色社会主义进入新时代，我国社会主要矛盾已经转化为人民日益增长的美好生活需要和不平衡不充分的发展之间的矛盾。与此同时，人民美好生活需求中对于文物利用的要求水涨船高。为满足人民群众的美好生活需求，国家考古遗址公园以及其他以古遗址、古墓葬等为载体建设的展示利用场所，成为当前文物考古界面向人民群众的最重要的公共服务、休闲旅游场所。正如本章第一节中所讨论的那样，单纯依靠政府很难提供出符合市场需求的高品质服务和产品，社会企业的参与是被无数实践证明了的行之有效的手段，也是推动国家考古遗址公园可持续发展的必然选项。因此，我们有必要再次心平气和地分析企业参与国家考古遗址公园的潜在弊端和风险，特别是专家和社会十分关注的文物安全威胁、公益性丧失等风险。进行分析的前提和条件是，近年来包括文物考古、文化遗产、政策法规研究在内的研究人员针对全国各地国家考古遗址公园的运营管理、企业参与经营中的所有权制度改革、文物资源资产制度等有了更进一步的研究成果。在这些研究成果的基础上，本书才得以展开对安吉古城国家考古遗址公园建设运营的分析和展望。

首先是文物安全威胁风险。文物安全是文物保护工作的红线、底线和生命线。文物安全是我国文物工作自 1949 年以来直到现在始终坚持的工作原则。古遗址、古墓葬不仅面临着自然因素的破坏，更面临着盗挖盗掘和生产生活破坏等风险。文物安全首要是保护文物历史、艺术、科学价值的安全，既包括文物本体的安全，也包括文物环境风貌的协调。相较而言，自然因素和盗挖盗掘是对文物本体的直接破坏，有时甚至是灭失性的破坏。而与文物经营相关的危及文物安全的活动则主要以破坏环境风貌、过度修复与干预、扭曲阐释与解释等"软破坏"为主。为了预防和化解文物安全风险，文物考古业内专家、各级文物管理从业人员已经是长期超负荷工作。因此，随着改革开放以后旅游业的兴起，越来越多的颇具知名度的重要大遗址、古建筑、历史文化名城被开发成为文物旅游景区。与此同时，无序开发、过度商业化的弊端立即暴露出来，涉及文物旅游、文物经营的项目建设和规划遭到越来越多有识之士的反对与抵制。根据《文物保护法》等法律法规的规定，国家一切机关、企事业单位、团体组织和个人都应履行保护文物的责任和义务，对于破坏文物的行为有着非常严格的惩罚性规定。和盗挖盗掘等风险的不可控性相比，经营文物旅游景区的企业是具有法人身份的市场主体，经营活动的内容、范围和性质皆非常明确，其经营活动是公开地呈现在景区之内的，企业经营中造成对文物安全的威胁和破坏是处在执法机关和社会公众的监督状态之下的。这种状态下频频发生破坏文物的行为和事件，很难完全归咎于企业经营，也反映出政府机构文物保护责任不落实、有法不依、违法不究的问题。其实，从近年来全国各地的文物违法案件来看，法人违法仍是占据将近七成以上的比例，其中多反映出地方政府对于经济利益的片面追求所导致的对文物违法行为的漠视甚至纵容。因此，对文物的破坏不取决于是否开发旅游，也不在于开发主体是行政机构还是企业，而在于政府如何处理资源保护与旅游开发的关系，在于保护与开发的法律、规划、制度是否执行到位①。

其次是国有资产流失风险。综合考虑企业参与经营的优势以及企业参与经营造成的文物安全风险，国家文物局并没有采取"一刀切"的禁止措施，而是突出强调了"不能作为企业资产经营"，并在 2002 年主持修订的《文物保护法》中得到充分体现。长期以来，文物被视作一种特殊的文化遗产，偏重于强调了其特殊性，而对于普遍意义上的资源资产的概念没有引起足够的重视。《文物保护法》规定了古遗址、古墓葬的国有属性，但因为缺乏可具体操作的所有权登记管理制度，国有属性很难落实到保护管理工作中去。《中共中央关于建立国务院向全国人大常委会报告国有资产管理情况制度的意见》中，将国有资产分为企业国有资产、金融企业国有资产、行政事业性国有资产和国有自然资源。根据这一分类，古遗址、古墓葬等地下文物资源似乎无法归入其中的任何一类。由此可见，国有文物资产管理体系还存在空白，缺乏国有文物的资产登记、变更、使用权评估转让等系统性制度。在缺乏国有文物资产管理制度的背景下，政府便没有畅通的渠道将国有文物交由企业进行合法经营。因此，源头上的无法可依导致了后续无序经营出现后的违法难究。

---

① 孙峰：《我国文物景区"经营权分离"管理模式研究》，《商场现代化》2007 年第 1 期。

再次是公益性丧失风险。公益性是与经济效益相对应的社会效益原则，是与文物的国家所有制度相适应的一种属性。企业作为以营利为目的的市场主体，其与政府机构的最大区别就是对经济利益的追求远远高于对社会效益的追求。在社会主义市场经济发展的初期，确实存在大量参与经营文物景区的企业在商业利益的驱动下，忽视文物社会效益的现象。经营企业将不可再生的古遗址、古建筑、古城古镇等完全当作攫取利润的经济资源，最终导致了类似"水洗三孔"等极其恶劣的破坏文物事件的出现。除此之外，企业偏好于经营那些文物价值突出、可感知度高的核心"精华"文物，而对于文物核心价值以外区域的保护展示则明显存在有意忽视的现象。这种现象之所以普遍存在且长期得不到有效改善，一方面是由企业追逐经济利益的内在动力决定的，这也是文物考古专家极力反对企业参与经营文物的最重要原因。另一方面是政府在放权企业参与经营文物的过程中，主动放弃了对文物保护展示利用的主导权，没有履行好法律赋予政府的文物监管职能。

以上讨论的关于企业参与经营所面临的问题，均是以文物保护的视角来观察的，着重强调了企业参与经营与文物保护利用的矛盾和问题。如果从企业经营本身的视角观察，特别是聚焦于参与国家考古遗址公园运营管理的企业，则会发现企业存在着投资收益难以平衡的问题。在首批国家考古遗址公园中，西安大明宫国家考古遗址公园在规划建设初期即引入"集团运作模式"，开启了大明宫遗址的快速展示利用之路。西安曲江大明宫投资（集团）有限公司是曲江新区管理委员会下属公司，成立于 2007 年 10 月，承担大明宫遗址区保护改造的项目招商、投融资、基础设施建设、土地开发和经营管理工作。该公司下设西安曲江大明宫国家遗址公园管理有限公司负责大明宫国家遗址公园经营管理。2013 年年报则显示，西安曲江大明宫国家遗址公园管理有限公司总资产16 510.45 万元，净资产 8 367.75 万元，报告期内实现营业收入 19 516.29 万元，净利润 1 818.44 万元。2013 年年报还披露，西安曲江大明宫遗址区保护改造办公室委托西安曲江大明宫国家遗址公园管理有限公司对大明宫国家遗址公园进行经营管理，委托期限为 20 年，年度管理酬金为 17 350 万元。也就是说，西安曲江大明宫国家遗址公园管理有限公司 2013 年度自身营业收入为2 166.29 万元[①]。大明宫国家考古遗址公园建设中不仅解决了遗址保护的资金

---

① 中国文化遗产研究院：《大遗址保护行动跟踪研究（下）》，文物出版社，2016 年。

和棚户区改造问题，而且还从遗址周边土地升值中获得巨大的利益，提升了城市形象和文化品位。因此，大明宫国家考古遗址公园被多方定义为"样板"。但是，从中国文化遗产研究院在《大遗址保护行动跟踪研究》中的报告来看，承担遗址公园运营阶段经费的仍然是以当地政府为主，企业从经营中虽然获得部分收入，但远远不足以实现收支平衡。当然，国家考古遗址公园的国有属性、公益属性决定了其社会效益是第一位的，经济效益的优劣不能作为评判遗址公园成败的标准。

第三节　企业参与的新实践

被业界视为样板的大明宫国家考古遗址公园的运营尚且入不敷出，可以想见收支不平衡在国家考古遗址公园运营中的普遍性。一个完整的考古遗址公园项目的生命周期要经历启动、规划、实施、完成和运营管理五个阶段，尤其在建设的过程中较其他行业的企业存在更大的不确定性，投资回收期一般较其他旅游行业更长，运营以后受考古遗址本身脆弱性、可视性差等因素的制约，很难通过经营性收入来实现持续稳定的收益。最终，不得不选择依靠财政补贴的老路子。于是，在国家考古遗址公园的经营内容、运营模式、文旅融合方式等方面迫切需要进行单兵突进式的探索和突围。安吉古城国家考古遗址公园在充分吸收前三批国家考古遗址公园建设运营经验的基础上，立足于安吉全域旅游得天独厚的优势，锚定了面向长三角旅游市场和中小学生群体的考古研学旅行，在政府主导和鼓励下，始终专注于以"考古"为核心内容的研学旅行，试图探索出一条遵循市场规律、以研学服务为手段的行稳致远的运营之路。这是安吉古城国家考古遗址公园机遇，也是未来国家考古遗址公园突破运营困境的一次充满希望的尝试。

一、全域旅游释放的活力

国家考古遗址公园概念的提出，源于在经济社会发展中更好地保护大遗址，并努力让大遗址的展示利用融入当地经济社会发展大局，成为当地经济发展的助推器，成为当地居民休闲游憩的目的地。国家文物局在定义国家考古遗址公园和制定相关评定管理办法时，无不将游憩功能作为一项重要指标。游憩之所以重要，是因为这是让公众走近大遗址和国家考古遗址公园最重要的途径。随着市场经济的发展，旅游服务业逐步成为我国产业结构中极为重要的组成部分，甚至在部分地区上升为支柱产业。为扩大旅游消费，进一步推动有条件的地方制定鼓励居民旅游休闲消费的政策措施，进而提升旅游消费水平，国务院办公厅于 2013 年颁布《国民旅游休闲纲要（2013～2020 年）》，提出保障国民旅游休闲时间、丰富旅游休闲产品、鼓励旅游休闲消费、提升旅游休闲品质的要求。休闲旅游已经成为大众旅游和国民休闲最主要的表现方式，旅游的品质在人们生活中扮演着越来越重要的角色。国家考古遗址公园设立的功能之一就是游憩。可以说，国家考古遗址公园游憩是以考古遗址资源为支撑，以考古信息的内涵挖掘与展示解读为手段，以积淀深厚的游憩资源、游憩线路以及游憩空间为载体，满足公众历史文化和科普教育需求的游憩活动，在游憩的基础上让公众获取深度文化体验与全方位精神享受[1]。

事实上，自首批国家考古遗址公园建设以来，全国各地各种类型的考古遗址公园均围绕考古遗址的旅游做足了研究和探索工作。其中，上文提到的西安大明宫遗址更走在了探索的最前沿。与大明宫、秦始皇帝陵、圆明园等在旅游发展上知名度极高的遗址公园相比，安吉古城国家考古遗址公园几乎没有任何优势。但是，自 20 世纪末期发展旅游以来，安吉县在乡村旅游、全域旅游等方面取得了举世瞩目的成就，同时也为安吉古城国家考古遗址公园培养了优良的旅游基础条件、市场环境，提高了市场对于安吉旅游投资的回报预期。正是基于对安吉旅游市场的强预期，参与安吉古城国家考古遗址公园建设运营的浙江绿城集团才会较早地关注安吉古城遗址及其周边的发展。与以往有关国家考古遗址公园文化旅游的研究相比，安吉旅游市场环境似乎更偏向于遗址公园外的大环境，而非是遗址公园旅游自身。本书之所以特别关注遗址公园外部旅游环境条件，是因为近年来国家考古遗址公园旅游和经营现状已经明确反映出一个事实，即国家考古遗址公园所处区域的旅游热度与吸引力，在很大程度上决定了考古遗址公园的经营状态。因此，如果仍然局限于在考古遗址公园内部寻找经营不善的原因，可能无法走出"无人光顾"的窘境。国家文物局在国家考古遗址公园的立项管理中早就明确的可行性研究，实则就包含了对区位交通、周边环境的考量。对于大遗址而言，可视性差、可感知度弱是普遍存在的难题，故各处大遗址在可行性研究中的起点是相差不多的，最明显的差别正是大

---

① 高宁：《基于公众享用的国家考古遗址公园游憩功能研究》，长安大学硕士学位论文，2019 年。

遗址和遗址公园以外的因素。无论是区位交通、周边环境，还是经济发展水平等，最终体现在经营数据上的差别都可以视作外部旅游环境的差别。因此，本书非常赞同"国家考古遗址公园是一个极为复杂的系统工程"的观点。安吉县乡村旅游、全域旅游发展过程中攻破的难题、取得的成就为安吉古城国家考古遗址公园的建设运营奠定了良好的基础，使之有条件在考古遗址公园经营方面进行更多的有益尝试。

有关安吉县的区位优势本书第二章已进行了简述。安吉是长三角经济圈的中心地。如果把整个长三角经济圈围成一个几何图形，安吉正处于这个几何图形的中心。近年来，随着杭长高速、商合杭高铁、申嘉湖高速及235国道的建设，安吉对外交通条件不断改善，安吉与长三角一线城市的距离大为缩短，成为距离长三角中心城市上海、杭州等最近的山区县。在很长一段时间内，安吉县的地理位置并没有成为经济社会发展的区位优势。在经历了短暂的"片面工业化"发展阶段之后，不合理的工业化发展给安吉县的环境保护和人居环境带来了严重的破坏。进入21世纪，安吉县开始探索"生态立县"战略下的经济社会发展新方式。发展思路和战略的转变，使得原本是工业经济发展障碍的山川地理成为乡村旅游的天然禀赋资源。安吉县以打造"中国美丽乡村""中国大竹海"两大县域旅游品牌为抓手，全力推动休闲农业、乡村旅游的发展和迭代升级，全县休闲旅游产业呈现出强劲发展态势。以"农家乐"为例，截至安吉古城考古遗址公园建设前期的2010年，全县共完成创建省级"农家乐"精品村2个，省级"农家乐"特色村8个，省级"农家乐"特色点3个，当年度安吉"农家乐"共接待游客超过180万人次，实现营业收入近2亿元。安吉被国家农业部和国家旅游局命名为全国首个休闲农业与乡村旅游示范县。

随着旅游业的发展，其在国民经济和生活中的作用和地位进一步提高。在2017年的国务院政府工作报告中，首次提到发展"全域旅游"的概念。全域旅游通过对区域内经济社会资源尤其是旅游资源、相关产业、生态环境、公共服务等进行全方位、系统化的优化提升，实现区域资源有机整合、产业融合发展、社会共建共享。简言之，全域旅游是一种以旅游业带动和促进经济社会发展的理念和模式。由于国家层面的积极引导，全域旅游迅速在各地蓬勃发展起来。在安吉古城考古遗址公园的规划建设阶段，安吉县旅游业也在进行着新形势下的全面升级。特别是安吉古城立项国家考古遗址公园以后，随着国家推行的文旅融合机构改革的深化和实施，文物保护利用的事业与旅游发展的产业逐步实现了统一管理、统一规划的融合发展目的。考古遗址公园成为安吉县旅游新业态的重要组成部分，旅游更成为考古遗址公园可持续发展的强劲保障。在 2019 年召开的全国全域旅游推进会上，安吉县人民政府作了经验交流发言，较为系统地介绍了安吉的主要做法。随着安吉县全域旅游的深入发展，其对地方经济社会发展的带动性和促进性逐步凸显。据安吉县统计数据，2019 年安吉县共接待国内外游客 2 807.4 万人次，其中过夜游客 1 301.7 万人次，旅游总收入 388.24 亿元。2020 年共接待游客 2 104.7 万人次，其中过夜游客 1 016.7 万人次，旅游收入达 305.04 亿元。2020 年旅游增加值达 10.6%，农民收入占比 20.34%，均高于全省平均水平。2021 年全县共接待游客 2 671 万人次，旅游总收入 365.7 亿元，同比分别增长 26.9%、19.9%，恢复至 2019 年同期的 95.1% 和 94.2%。相比于单纯的数据和比例，横向的比较更可以看出安吉全域旅游发展的强劲势头。2022 年 6 月，全国县域旅游研究课题组、北京华夏佰强旅游咨询中心联合发布了《全国县域旅游研究报告 2022》。该报告以 1 866 个县级单位为研究对象，从旅游经济发展水平、政府推动作用、旅游产业综合带动功能、旅游开发与环境保护、旅游设施与服务功能、旅游质量监督与市场监管等六大方面 35 个指标构建研究体系进行综合评选，最终确定旅游百强县名单，安吉县连续四年位居榜首。三年疫情之后的第一个春节，安吉县旅游市场迎来反弹热潮。据统计，2023 年春节期间安吉县文旅市场累计接待游客 73.1 万人次，同比增长 105.3%，恢复至 2019 年的 101%；旅游收入 10.96 亿元，同比增长 153.2%，恢复至 2019 年的 113.2%。

　　置身于安吉全域旅游发展的大环境中，安吉古城国家考古遗址公园可以充分共享成熟旅游市场带来的巨大的客流量、规范的市场秩序以及互补竞争的平台。在安吉县文物部门的监督和在专家学者的指导下，浙江绿城公司充分发挥了自身运营文化产业的优势，吸引公众走进考古遗址公园，在阐释和展示大遗址基本价值的过程中充分发挥了大遗址的经济和社会价值。2020 年初至遗址博物馆开馆之前，局部开放的安吉古城国家考古遗址公园就已经接待游客 4.2 万人次，实现了旅游收入 500 余万元，并在 2021 年被评为"全国十佳文化遗产旅游案例"①。但是，全域旅游所释放的红利和活力归根到底是考古遗址公园

---

① http://www.ncha.gov.cn/art/2022/3/15/art_1025_173369.html.

运营发展的外部条件，决定其生存发展命运的仍然是其自身的价值阐释和路径选择。

二、顺应需求的考古研学

研学旅行虽然是近些年才被热议的话题，但在实践层面的出现时间可以上溯到更早的历史时期。在古代中国，历来都非常重视"读万卷书、行万里路"的求知学习方法，现代考古学传入中国诸多因素中，同样饱含着对书斋以外研究资料的追求。在欧洲，16 世纪中叶兴起了以社会考察和教育为目的的"大游学"活动。在日本，将"修学旅行"纳入中小学教育活动也有一百多年历史，其目的是让学生亲身接触社会及其背后的历史和文化，并在旅行中锻炼学生的团结友爱精神。在我国，劳动教育很早就纳入中小学的教育体系之中，只是由于经济社会发展条件的限制，在学校或学校周边开展的劳动教育未能发展成为以旅行为途径的研学。

随着我国经济社会的快速发展，研学旅行最早出现于中小学教育领域，旨在推动中小学生的素质提升和全面发展。2012 年 11 月，教育部启动中小学研学旅行实践教育研究项目，指定合肥、上海、西安、杭州 4 个城市为国家首批研学旅行实践教育试点城市。2013 年 2 月，国务院印发的《国民旅游休闲纲要（2013～2020 年）》中从国家层面提出，在放假时间总量不变的情况下，高等学校可结合实际调整寒暑假时间，要逐步推行中小学生研学旅行。2014 年 8 月，国务院出台《关于促进旅游业改革发展的若干意见》，将研学旅行实践教育试点城市扩大到 9 个，并将其纳入中小学生综合素质教育范畴。同年，在第十二届全国基础教育学校论坛上，教育部基础教育一司司长王定华作了题为《我国基础教育新形势与蒲公英行动计划》报告，指出研学旅行是指学生集体参加的有组织、有计划、有目的的校外参观体验实践活动。进而对研学提出了更为具体的要求，如要以年级、班级为单位进行集体活动，活动要确定主题，以课程为目标，以动手做、做中学的形式，共同体验，分组活动，相互研讨，书写研学日志，形成研学总结报告。2016 年教育部等 11 部门《关于推进中小学生研学旅行的意见》中将研学旅行定义为：由教育部门和学校有计划地组织安排，通过集体旅行、集中食宿方式开展的研究性学习和旅行体验相结合的校外教育活动。在国家政策的推动下，由各省市教育部门主导的研学旅行相关工作在全国各地相继展开。

现在讨论的研学旅行实际上是在交通条件大为改善、市场经济充分发展的产业语境中的研学旅行。这一点在快速扩张的研学旅行需求市场中得到了验证。2016 年之后，旅行社、教育培训机构和个人都加入到了研学旅行市场开发的行列中，各种商业性的研学旅行产品层出不穷。研学旅行虽然首先在教育系统内被提出，但如果不把它和传统教育体系中的课外实践区别开来，则无法实现研学的真正目的。同样，如果把研学旅行等同于普通的旅游活动，并施以一般的商业化操作，则会偏离其教育的根本属性。由此观之，研学旅行和国家考古遗址公园运营一样，都面临着在坚守自身属性的前提下走向市场的课题。在公共考古活动中，类似于研学旅行的实践也是伴随着考古学的公众化过程陆续开展的，或者说 1949 年以来开展的公共考古学实践为考古主题的研学活动铺垫了专业基础和群众基础。有关公共考古的内容已在前面章节中从政府和考古学家的视角进行了论述，本节所讨论的考古研学则偏重从研学旅行市场和维持考古遗址公园正常运营的角度展开。

既然研学旅行是走出校园进入社会实践层面的学习活动，那么原本相对单纯的师生关系、学校与家庭的关系等就被迅速扩展为家庭、学生与整个复杂社会的关系。在整个复杂社会生态圈内，利益相关者理应从自身的社会分工出发来看待和面对研学旅行。参考旅游研究者旅游产业生态圈层次架构模型①，大致可将研学旅行生态系统的社会分工分为生产者、消费者、分解者三种角色②。生产者主要承担各类研学目的地的课程开发、课程服务和场地提供等功能，比如各类博物馆、旅游景区、军事拓展营地等。研学机构则独立地或依托于旅行社整合营地、交通和课程等资源，提供具有教育价值的课程和旅行服务。作为最熟悉学生身心发展状况的学校教师除了参与组织引导之外，同样也应该是研学内容的设计者和生产者。研学消费者除了直接参与体验和实践的学生之外，还应包括支付研学费用的学生家长，尤其在中国教育的环境中，家长对于研学内容和形式的诉求往往是研学市场发展的风向标。研学旅行分解者主要包括政府相关主管部门、第三方研究和评估机构和行业协会等，分解者承担了研究行业现象、制定行业规范、保障行业各方权益、监管和引导行业有序向好发展等功能。

作为研学旅行生态系统中的生产者，学校之外的研学机构、旅行社等企业或组织必然有营利诉求，这一点毋庸讳言。那么，提供研学旅行服务的企业有哪些营利方式呢？一是专业化分工。如前所述，研学旅行是对传统的、结构性的课堂教学的拓展，其开发、实施和质量提升均具有专业性和复杂性。研学旅行企业通过整合景观资产、专业人力资本、空间移动服务能力和在场体验服务能力等，从而提供研学旅行所需要的有偿服务。二是范围经济。由于研学旅行产品服务具有生产与消费的同步性、不可储存性等特点，企业就会产生追求多元化、多产品经营的动机，通过技术融合等提高生产效率。三是规模经济。在专业化分工和范围经济基础上，旅游机构介入学生研学，又能发挥规模经济效应，进而降低研学课程的开发、运行成本，从而获得合理利润。

在研学旅行市场规模逐步扩大的环境下，文物考古主题的研学活动同步开展起来。在文物考古领域的研学旅行最早以"博物馆第二课堂""跟着课本去旅行"等更贴近课堂教育的形式出现在文物考古资源较为丰富的城市。比如2021年中国旅游研究院发布《中国研学旅行蓝皮书（2021）》，评选北京、西安、杭州、曲阜、苏州、成都、广州、绍兴等为研学旅行十大热门城市。而单纯以考古为主题内容的研学旅行也在逐步从传统的"考古夏令营"走向考古研学。在众多考古夏令营之中，以北京大学考古文博学院组织举办的"全国中学生考古夏令营"项目最具影响力（彩版一六）。该项目始于2008年，研学内容包括考古学家带领参观博物馆和考察考古发掘现场等[1]。

随着国家考古遗址公园在全国各地纷纷挂牌成立，原本"运动式"的考古夏令营活动逐步固定在考古遗址公园之内。对照研学旅行所需要的研学营地、配套设施以及研学指导老师、课程开发等软硬件条件，考古遗址公园较传统的博物馆而言更具有优势。第一批国家考古遗址公园中大明宫较早对考古研学进行了设计和探索。大明宫考古探索中心位于大明宫国家遗址公园御道广场西侧，总占地面积约4.23公顷，是一座以考古科普为主题的综合性文化场馆，同时也是全国中小学生研学实践教育基地。依据大明宫遗址等唐代文化遗存和资源，从文化典型性、影响力及可操作性角度出发，大明宫考古探索中心借鉴

---

① 贾昌明：《今日插柳　明日成荫——青少年考古夏令营观感》，《中国文物报》2016年10月21日第5版。

后过程考古学和沉浸式体验的相结合的设计理念，研发组织了"考古达人""文物修复师""大唐工匠""未来遣唐使"四大主题研学课程①。在模拟场景下，各类研学课程开展体验式教学，融合考古、建筑、艺术等多学科内容，具有趣味性和参与感。学生在了解大明宫考古遗址的重要价值与内涵的同时，体验了在学校课堂上无法体验到的唐代的文化、艺术、生活。丰富生动的研学课程得到了考古业界和社会公众的认可。2021 年 10 月，大明宫考古研学项目成功入选"2021 全国文化遗产旅游百强案例"。

考古研学以考古遗址为载体、以考古科普和体验为核心内容，是研学旅行众多门类中新近发展起来的一个门类。与以往开展的公众考古活动、考古夏令营不同，并非考古学家在考古遗址的讲解和传授就可以完成的。而是更突出强调了研学活动的教育属性。虽然全国各地的考古研究机构、考古遗址公园和其他机构都在积极推进考古研学发展，但总体而言尚处于初步探索阶段。因此，在考古研学的探索阶段，安吉古城国家考古遗址公园的"考古大学堂"实践显得尤为重要。

安吉古城国家考古遗址公园的规划虽然始于 2010 年前后，但真正步入建设的快车道已经是 2017 年了。此时，国家层面已经明确了发展研学旅行的思路，各地考古遗址公园也有了初步的尝试。因此，安吉古城国家考古遗址公园建设之初就为考古研学预留了较为充分的空间和设施，也即建立起研学旅行所必需的硬件条件。其中，安吉古城遗址博物馆在大纲设计阶段就委托北京大学考古文博学院徐天进教授确立了"考古大学堂"的定位。第四章中已就该定位的起因和深层次考虑进行了探讨。在考古教育理念下设计的安吉古城遗址博物馆不仅具备了开展考古研学的硬件，而且从格局、走线、展陈等各个方面都渗入了考古研学的因素。但是仅仅一个遗址博物馆是难以开展形式多样的考古研学的。故在安吉古城遗址博物馆内部的有限空间内又增设了临时展览、考古图书馆、研学教室等功能设施（彩版一七）。在遗址博物馆之外，结合考古保护中心、龙山驿酒店、农田茶园和研学营房等，组合成一个可研可学可游的考古研学综合系统。

临时展厅作为一座博物馆的常规设置，在博物馆日常运营中承担了举办特

---

① 黎筱筱、曹雅琪：《从文博场馆到文化社区：以大明宫国家遗址公园考古探索中心运营为例》，《博物院》2022 年第 3 期。

色展览、外借展览的功能。但在安吉古城遗址博物馆内，临时展览被视作将考古研学引向纵深发展的空间。比如遗址博物馆开馆之际举办的"秦风越地，安且吉兮——秦始皇和他的郡"展览（图5-1）。该展览共展出秦始皇帝陵博物院馆藏的兵马俑、秦二世两诏权、青铜秦剑、秦陵铜车马（复制品）等各类精品文物26件，划分为"秦砖汉瓦""陶俑兵器""权衡成器"和沉浸式体验等六个板块，与常设展览所体现的越文化珠联璧合，制造了一场秦国文明与越地文化的跨时空对话。临时展览本身就是一次深入浅出的研究活动和公众考古活动，在此基础上开展考古研学不仅顺理成章，而且为未来的临时展览赋予了更多的价值意义。基于同样的考虑，在徐天进教授的建议下，安吉古城遗址博物馆内新增了考古图书馆。为了丰富研学旅行者的阅读体验，考古图书馆内还设计了图书选购区、文创区和咖啡吧。

图5-1 "秦风越地"和"风从长安来"展览

在遗址博物馆之外，结合前述的考古保护中心等设计了考古体验、农耕体验等研学项目。考古体验类活动是立足于考古遗址公园特色的、与考古工作相关的体验项目，除了参观考古现场展示（目前主要是八亩墩）外，还有考古发掘体验、文物修复体验、文物传拓体验等活动形式。相关活动策划始终围绕遗址的考古发现和研究，即越文化和秦汉故鄣文化。农耕研学活动包括安吉白茶采摘以及制茶、饮茶，土地耕种、蔬果采摘，钓鱼捕虾等活动。这些活动常与遗址参观结合进行，冠之以"古越农事日""古城绿地图"等主题，共同构成考古遗址公园的特色研学活动①。在考古遗址公园建设之前，遗址主要的地表景观以湿地、竹林、茶园、稻田为主，考古遗址公园的景观设计充分利用了这些得天独厚的生态资源，不仅减少了对遗址的干扰，节省了项目投资，还借此发展生态农业，以"国家级大遗址"的名号为农产品品质背书，将历史文化遗产与当代生产生活连接起来，借大遗址的"基本价值"发挥出大遗址的"衍生价值"。但在徐天进教授看来，如今的农耕园"考古韵味"仍显不足，根据他的规划设想，应该根据植物考古的研究成果，复原出越国时期的各类农作物和野生植物，对照《诗经》中的文献记载，将农耕园提升为更具考古气质的"诗经园"。

　　虽然考古研学是以考古知识学习和体验为主的教育活动，但寓教于乐的田野户外体验不应该被忽视。户外体验类活动中，除了最直接的园区游览观光以外，还包括以考古遗址公园的一些景观节点为场地开展的松林露营、烧烤野炊、水上运动、骑行等活动。与常见的走马观花式的参观相比，这些项目明显丰富了研学者对遗址风貌的体验和感受，让研学者更好地享受到大遗址保护利用成果。同样，研学旅行中所必需的住宿和餐饮服务，在安吉古城国家考古遗址公园内也有一些尝试，比如龙山驿酒店和研学营房。龙山驿酒店虽然名曰"酒店"，但实际不过是一处不足 20 个床位的精致民宿。与前述考古研学课程、体验活动相比，遗址公园内的住宿和餐饮服务存在明显的短板。短板的原因非常明确，即受限于大遗址保护规划的空间管理。为了满足考古研学最基本的住宿服务需求，遗址公园运营方在保护规划和遗址公园规划的框架内，充分利用国家文物局和自然资源部对国家考古遗址公园内临时性设施用地的支持政策，组装了 20 间共 100 个床位的服务于小学生的研学营房。住宿和餐饮虽然是研学旅行的必备因素，但考古遗址公园的特殊性决定了其规模必须受到严格限制。成熟的研学旅行市场必然会衍生出不同的社会分工，考古遗址公园自身无法提供的设施和服务有望成为周边市场竞相发展的产业。如果希望成真，则预

---

① 　高月：《浙江安吉古城国家考古遗址公园建设实践与启示》，山东大学硕士学位论文，2022 年。

示着考古遗址公园运营又迈上了一个新台阶。

三、综合监管下的运营

前文述及我国传统文物保护管理模式时，指出了其在当下文物活化利用环境中的不足和缺陷。但是，延续了几十年的以文物保护单位安全为核心目标的管理模式在考古遗址公园的运营管理中仍占据着重要地位。为了预防和规避诸如"水洗三孔"等企业经营文物景区过程中产生的破坏行为，地方政府、文物管理部门、文物考古专家以及社会各界的监督必定要贯穿于国家考古遗址公园建设运营的全生命过程。这一点在与浙江绿城集团最初洽谈阶段就已经非常明确，也是安吉县选择合作企业的重要衡量标准。其实，参与考古遗址公园的企业为了自身可持续发展，在经营管理权责明晰的前提下，对于遗址公园范围内的文物安全具有强烈的责任感。不过，对于国家考古遗址的规范运营而言，政府需要将企业的自觉遵循上升为制度遵循，根据国家考古遗址公园管理规范要求，并结合历年来探索总结的工作经验，安吉县已经形成了初步的制度设计，主要包括政府主导、专家把关和社会监督三个层面。

政府主导是国家考古遗址公园建设运营始终坚持的一项基本原则，从大遗址名单的遴选到国家考古遗址公园的立项申请，均是以大遗址所在地的县级及以上人民政府的名义开展的。国家文物局设定这一基本原则就是为了将国家考古遗址公园的国有属性、公共属性等最根本的属性贯彻到底。安吉古城国家考古遗址公园最早脱胎于安吉生态博物馆群框架下的专题博物馆，从那时起就确定了由政府主导的导向原则。概括而言，安吉古城国家考古遗址公园运营中政府的主导作用体现在三个方面。一是产权国家所有。在地下文物属于国家所有的法律定义前提下，政府与企业通过签订协议的方式，明确了企业投资建设的考古保护中心、遗址博物馆、龙山驿酒店等建筑和设施的产权均为政府所有。其中，考古保护中心已通过三方协议的方式，由安吉县人民政府递铺街道办事处移交给浙江省文物考古研究所长期无偿使用。运营企业虽然可以利用安吉古城遗址博物馆的展厅和公共空间进行研学授课，但遗址博物馆的日常运营管理权限在安吉县古城遗址保护中心。运营企业独立使用和经营的有龙山驿酒店、研学营房和露营帐篷等旅游服务设施。龙山驿酒店产权为递铺街道所有，运营企业以租赁的方式在协议规定的时限内免费使用。基于以上的制度设计，政府与企业不存在产权争议的矛盾，也从根源上杜绝了国有资产流失的风险。二是成立专门管理机构。在国家考古遗址公园的立项申报条件中，国家文物局要求地方政府成立专门管理机构，而且特别强调了具有独立法人资质。国家文物局的该项强制要求大抵是为了让政府主导的基本原则更具化、更有操作性。2010年以来，地方政府对于申报国家考古遗址公园的热情持续增加，在立项申报条件中，专门管理机构确实检验了地方政府"动真格"的决心和态度。经过三年的洽谈考察，2013年安吉古城考古遗址公园开始步入规划阶段。在启动文物保护规划和考古遗址公园规划的同时，中共安吉县委以正式文件的形式，明确成立安吉古（安）城国家遗址公园管委会筹建领导小组，领导小组组长由时任中共安吉县委副书记陆为民担任。2017年正式申报立项国家考古遗址公园之前，中共安吉县委同意设立安吉龙山古城大遗址管理委员会。拟设立的机构为浙江省安吉经济开发区管理委员会下属公益一类事业单位，核定事业编制8名，其中文物考古类专业招聘不少于3名。安吉龙山古城大遗址管理委员会主要负责龙山古城大遗址的文物保护、规划建设、开发利用以及其他相关协调监督等事务。后因党和国家的宏观机构改革，该机构推迟到2019年，并以"安吉县古城遗址保护中心"的名称得以正式成立，同时加挂"安吉古城遗址博物馆"牌子。该机构的职责包括，依法履行大遗址文物保护职责，协助开展文物考古发掘工作，收集反映文物违法犯罪问题线索；建立健全遗址公园管理规章制度，编制运行规划和年度运营报告，负责遗址公园和遗址博物馆的日常管理，协调有关专业机构和企业保障遗址公园内良好的环境和秩序等。三是全流程监管。新成立的安吉县古城遗址保护中心的办公场所位于安吉古城遗址博物馆内，其职责可以概括为全流程监管。运营企业年初拟定的全年经营活动计划，需要经安吉县古城遗址保护中心审核同意后方可实施。实施过程中的活动规模、现场布置、研学课程内容及形式、对外宣传和营销均需要在监管范围内进行。运营企业需要在年底向安吉县古城遗址保护中心提交年度运营报告，包括财务报告。安吉古城国家考古遗址公园不仅是一处大遗址，还是一家3A级景区，无论是文物保护还是景区经营均在安吉县文化和广电旅游体育局（安吉县文物局）的监管范围内。可以说，2019年文化和旅游部门的合并为遗址公园的监管创造了极为有利的条件。

"专家把关"是安吉县文物主管部门负责人向上级政府和省级文物部门负责人汇报时常用的名词，本书认为该名词准确地概括了考古学家在考古遗址公园规划建设和运营管理中发挥的重要作用，故借用到此处。在公众看来，国家考古遗址公园区别于其他公园的最大特色在于考古，考古学家在遗址公园中发挥重要作用应是顺理成章的事情。但事实并非如此。一般情况下，考古学家在大遗址的发现发掘阶段参与最为深入，在保护规划和遗址公园规划编制阶段便已经出现了被"边缘化"的趋势，在运营管理阶段几乎已经丢失了话语权。出现这种现象虽然有考古学家自身的原因，但更重要的起因是地方政府对于考古遗址公园的认识存在较大偏差。国家文物局一再强调考古遗址公园要"考古先行""考古贯穿于始终"，这是因为考古研究是考古遗址公园的基础和根本，考古学家是考古遗址公园最重要的内容生产者和阐释者。安吉古城考古遗址公园最初在浙江省文物考古研究所特别是安吉工作站田正标老师的大力支持下，完成了各类规划设计和概念性设计，后续的八亩墩考古现场展示、遗址博物馆展陈，无一不凝聚着考古机构和考古学家的付出和智慧。出于考古专业性的要求，考古遗址公园离不开考古学家持续的关注和指导。但考古遗址公园需要专家把关的需求远不止于此。国家考古遗址公园虽然已在国内快速发展了多年，但关于遗址公园的运营仍是一个有待深入研究的课题。考古遗址公园的运营本质上是将考古遗址的资源及其各类价值共享给全社会的复杂工程，运营的复杂性决定了对各方面专家需求的必然性。因此，在安吉古城遗址博物馆开馆和安吉古城考古遗址公园试开园的 2021 年底，安吉县克服疫情防控的种种困难，聘请了中国考古学会理事长王巍、北京大学考古文博学院教授徐天进、北京大学城市与环境学院教授吴必虎等 11 人，共同组成安吉古城国家考古遗址公园专家委员会。根据专家委员会的指导和建议，安吉县古城保护中心和运营企业共同拟定遗址公园的发展方向和实施细节。专家委员会为遗址博物馆定位的"考古大学堂"，以及策划的"秦风越地——秦始皇和他的鄣郡""风从长安来——汉景帝和他的鄣郡"等展览，实证了专家委员会的必要性和重要性。

此外，专家委员会的设置在一定程度上对运营企业和当地政府起到了"软约束"的作用。虽然国家考古遗址公园的建设和推广有效缓解了文物保护与经济社会发展的矛盾，但我们应该理性地认识到矛盾依然普遍存在，而且还会演变出遗址公园发展与经济社会发展的新矛盾。这种形势下，作为文物监管的补充措施，专家委员会可以发挥更好地化解矛盾的作用。专家委员会成员可以凭借其专业领域的权威性知识和前瞻性理念，及时纠正运营企业和地方政府的一些不合时宜的思路和想法。在这个方面，意大利的"文物监督人"制度为我们提供了很好的借鉴。意大利"文物监督人"主要是具有相关专业背景的大学教授、考古学家和著名的城市规划和建筑师。"文物监督人"直接接受文化遗产部下属机构——建筑历史环境监督局的领导。"文物监督人"被中央政府派往各地进行监督工作时，直接代表中央政府，可以代表政府处理文化遗产保护中的复杂问题，可以为遗产保护单位和当地政府提供咨询，可以出面协调中央和地方政府的遗产保护工作[1]。同样，安吉古城国家考古遗址公园专家委员会的成立，也为沟通中央与地方之间、遗址公园与社会各界之间的联系提供了便利。

在新闻传播学研究中，社会监督是指社会依据宪法和法律赋予的权利，以法律和社会及职业道德规范为准绳，对社会和政府的一切行为进行监督，主要有公民监督和舆论监督[2]。近年来，鼓励和引导社会力量参与文物保护利用的呼声越来越高，其实社会力量最早就是通过社会监督的形式参与了文物保护利用实践。仅就安吉古城遗址而言，早在2006年就在古城村形成了一支由退休干部和老党员组成的文物保护巡查队伍。经过多年的发展，这支队伍已经从最初的4人壮大到16人。这支队伍为安吉古城遗址和龙山、笔架山越国贵族墓群的预防保护和巡查监督作出了重要贡献，并在2015年被评为"安吉骄傲"。这支巡查队伍所能覆盖的监督范围包括了安吉古城国家考古遗址公园的内部和外围，巡查内容从单纯的防止盗挖盗掘行为扩展到遗址公园的运营活动。除此之外，遗址公园招聘的当地村民、参观游客、研学学生等都有各自的监督形式和渠道。总之，置身于无处不在的综合监督环境中，安吉古城国家考古遗址公园会变得更加透明、更能赢得政府、专家和社会各界的信任，在未来的发展中会更稳健。

---

① 马建昌：《中国城市区域大遗址管理运营研究》，西北大学博士学位论文，2017年。
② 童兵等：《新闻传播学大辞典》，中国大百科全书出版社，2014年。

第六章

星星之火：考古遗址
公园的初心使命

第一节　在地价值实现

一、在地的文化认同

从空间维度来看，考古遗址公园是以某一个地方的考古遗址为中心进行保护展示的特定文化空间。这个"地方"集中体现了考古遗址公园、大遗址及其所蕴含文化内涵的地方性。"地方"在人文地理学中是非常重要的概念，在人文主义地理学语境中被定义为是一种"感知的价值中心"，以及社会与文化意义的载体①。在我国辽阔的地域和悠久的历史文化中，遗留下无比丰富的具有地方性特征的文化遗产资源，包括以各类遗址、古建筑为主的物质文化遗产和以精神文化、神话传说、民间艺术与工艺、民俗风情与节庆活动等为主的非物质文化遗产。由于受自然条件、生态环境、民族宗教以及社会政治经济文化等多种因素的影响，不同区域的历史文化具有比较明显的地方特点，每一个地区都有自己独特的文化传统，文化遗产在某种意义上是文化传统的全部积淀，也是显示文化个性、凝聚文化认同的依据。

地方文化之所以能够凝聚文化认同，根源于深藏在地方文化中的集体记忆。阿斯曼将记忆分为三个层次，个人认知层次、社会层次和文化层次。其中，个人认知层次中形成的记忆是个体记忆，在社会层次形成的记忆是沟通记忆，而在文化层次中形成的记忆是文化记忆。大遗址及其所包含的历史信息牵涉的记忆主体并不是个人，因为个人不到百年的生命历程注定没有与遗址所展示的历史有交集。此类集体记忆正是我们今天高度重视大遗址保护展示的前提。但是，众多的大遗址不仅能反映国家或社会的几千年的集体历史记忆，还

---

① 周尚意、唐顺英等：《"地方"概念对人文地理学各分支意义的辨识》，《人文地理》2011 年第 26 期。

能反映近百年以来居住在大遗址当地及其周边人群的集体记忆。在一定程度上而言，通常所讨论的大遗址的国有性质和在地性质，正是源于两种不同时间维度的集体记忆。显然，后一种集体记忆的群体更为真实具体，即生活在遗址上和周边的群体。于安吉古城遗址而言，由于它自春秋战国直至明清时期的独特地位，它周边的自然地理环境、和它有关的地方传说等都铭刻在一代又一代安吉人的记忆中。安吉古城考古遗址公园的建设正是打开了安吉人的集体记忆，凝聚了广泛的文化认同。

安吉处于浙江省西北部，是典型的山区县，自然和人文资源极其丰富。从地形图上可以看到，天目山脉西起浙皖边界，经西天目山和东天目山自西南向东北延伸至安吉境内，在安吉境内分为东西两支环抱安吉全境。受天目山脉影响，安吉境内自南而北形成多条溪流，并在安吉中部汇入西苕溪后注入太湖。优越的山水自然环境使得安吉在古代是易守难攻的安全之地和水运便捷的通衢之地，在现代是环境极佳的生态宜居之地。同时，"七山一水二分田"是安吉地形地貌的典型特征，可耕种的土地面积狭小，而山林面积广袤，由于山区地形和广袤竹林的佑护，安吉境内古遗址、古墓葬等历史文化遗迹在历史上得以较为完好地保存下来。从目前的文物普查和考古调查发掘成果来看，从以上马坎遗址为代表的旧石器时代到以安乐遗址为代表的新石器时代再到历史时期的古城遗址和安城城墙，地上和地下文物遗存极为丰富。据统计，安吉县各类文物点达 908 处，其中全国重点文物保护单位 5 处，省级文物保护单位 9 处、县级文物保护单位 57 处，涵盖了古遗址、古建筑、古墓葬、古窑址等遗存。同时，安吉还是史上历次大规模移民的重要目的地，除本地土著山民外，还有来自湖北、河南、安徽、云南、四川等省及本省温州、台州、绍兴、宁波、杭州等地的移民。大量移民的迁入，将原籍文化带入本地，一些外地风俗由此传入，形成"十里不同风，百里不同俗"的文化景象。移民文化与当地土著文化的融合，使安吉各地的乡土文化、民间习俗呈现多样化态势并极具特色，涵盖了乡村类、山水类、民俗类、产业类、军事类等文化景观资源。

20 世纪 90 年代以来，随着地方经济的发展，城乡的基础设施建设工作不断加重，承载历史文化信息的地上文物建筑和地下文物都受到了一定程度的破坏。配合基本建设进行的考古发掘工作持续增加，从而也使得全县可移动文物迅速增加。截至 2020 年，安吉各类不可移动文物已逾万件，其中三级以上的珍贵文物达 1 200 多件。随着全国博物馆免费开放的普及，安吉县博物馆也将馆藏珍贵文物进行了精致的陈列，让市民通过参观博物馆了解安吉历史文化。但是，博物馆收藏和陈列的文物毕竟是少数，不仅有更多的文物堆积在库房，更有无数的有形的和无形的文化遗产分布在县域的田间和村落。仅仅依靠一座博物馆根本无法有效地保护和传承安吉悠久的历史文化，一种新型的保护、传承观念和思路逐步形成，最终在国家文物局和浙江省文物部门的关怀和指导下，安吉古城考古遗址公园和安吉古城遗址博物馆完成建设。

二、在地居民的利益实现

安吉古城遗址、龙山越国贵族墓群自发现发掘以来，重新定义了安吉作为一个历史悠久县域的文化内涵，在国家考古遗址公园建设的过程中吸引了包括各级政府领导、业内外专家以及社会公众的广泛关注和赞誉，为安吉县的文化建设和影响力提升作出了巨大贡献。在此基础上，才有了前文所述的当地文化认同感的产生。然而，这只是安吉古城国家考古遗址公园价值实现的一个层面而非全部。如果深入到实地，或者对全国各地国家考古遗址公园的建设运营有一个基本了解的话，就会关注到与大遗址保护和国家考古遗址公园建设利益关系最为密切的群体，正是通常很难引起重点关注的当地居民。

和安吉古城遗址、龙山越国贵族墓群一样，中国绝大多数考古遗址以土遗址为主，遗址部分存于地表，大部分掩埋于地下。它所依附的土地及空间区域是标志其存在的主要物质载体[①]。国土空间是自然地理环境和人类社会活动相互作用形成的人地耦合系统[②]，国土空间包含了国土要素和空间尺度两个层面的内涵。其中，国土要素指山、水、林、田、湖、草、沙等人类活动影响下的土地要素和海洋要素，空间尺度强调的是以上要素的空间边界及其相互之间的空间关系[③]。具体到大遗址而言，其所依附的土地是当地居民生产生活的主要载体。遗址保护的强制性、土地资源的特殊性、遗址与土地的依附性，决定了生活在遗址土地上的居民实现自身发展的艰难性。

《中华人民共和国文物保护法》明确规定"古文化遗址、古墓葬、石窟寺

---

① 中国文化遗产研究院：《大遗址保护行动跟踪研究（上）》，文物出版社，2016 年。

② 郝庆、彭建等：《"国土空间"内涵辨析与国土空间规划编制建议》，《自然资源学报》2021 年第 36 期。

③ 曹宇、王嘉怡、李国煜：《国土空间生态修复：概念思辨与理论认知》，《中国土地科学》2019 年第 33 期。

属于国家所有"。属于国家所有，可以理解为国有资产。我国国有资产主要分为三类，一是经营性国有资产，包含国有金融资产等；二是行政事业性国有资产，包括国有公用财产等；三是资源性国有资产，包括土地、矿藏、水流、森林等自然资源①。以上三类国有资产均有各自对应的国有资产产权界定、登记、评估、转让、变更、损害赔偿等管理制度。产权归属于国家所有的古遗址、古墓葬作为国家最为珍贵的国有资产，却在整个国有资产管理体系中没有得到体现。但是，遗址所依附的土地的所有权和使用权均在《物权法》等法律中有着非常明确的规定。于是，造成了古遗址、古墓葬的所有权与《物权法》中土地所有权相分离的局面。目前，我国土地使用权主要实行有偿分配制度，大量国有文物所附着的土地和房屋范围内有着众多政府机关、企事业单位、城市居民和农村居民等各类使用权人，其中城乡居民是使用权人的主体。在没有地下古遗址、古墓葬等遗存分布的区域，当地的居民可以单纯地在土地管理的法律法规框架下进行各类生产生活活动，这一过程中虽然也有各类较为突出的矛盾和纠纷，但与文物无涉。而在古遗址、古墓葬分布区域，特别是像大遗址这种文物等级高、分布面积广的地下文物埋藏区，所有与土地利用相关的活动都受到文物法律法规的严格控制。此时居民发展生产、改善生活的切身利益需求与国家保护地下文物的法律法规不可避免地产生了难以调和的矛盾。对于世代居住于此的居民而言，无法理解和接受因文物保护的需求阻碍了自身合理的生产生活需求的现实。国家所有的遗址等不可移动文物，理应由国家承担起保护责任，保护的成本自然也应该由国家来承担。

在我国大遗址保护的历程中，国家承担大遗址保护职责和成本的方式可以分为三种模式，即混合居住模式、保护区模式、开放参观模式②。混合居住模式是我国开展大遗址保护专项行动之前最普遍的大遗址保护管理的现状模式。居民与大遗址形成了长期共生共存的局面，大遗址在生产生活活动中持续地受到破坏，国家强制性保护行动的介入，"打乱了"居民正常生产生活的秩序，居民的愤怒自然而然转移到了地下古遗址、古墓葬。这种模式或说这种现状下，土地之上的居民和土地之下的古遗址双双受到了彼此的制约。保护区模式正是改变这一现状的努力和尝试。保护区模式是将大遗址中核心区域价值重

---

① 刘军民：《国土空间规划中大遗址空间管控研究》，《城市发展研究》2022 年第 3 期。
② 中国文化遗产研究院：《大遗址保护行动跟踪研究（上）》，文物出版社，2016 年。

大、遗址本体脆弱、人为或自然因素威胁较为突出的区域采取最为严格的封闭管理措施。这一模式最早源于自然资源保护的行动实践，其保护的效果当然是所有模式中最好的，但同时也是成本极其高昂的。相比于自然保护区而言，大遗址保护区内往往是城郊或农村人口密度较大的区域，保护成本不仅包括已经产生的经济成本，还包括难以估量的发展机会成本。同时，封闭管理也即意味着大量的保护区原住民要根据政府规划被安置到远离原居住区的地方。在安土重迁的中国传统文化中，远离居住地并不是能够被广泛接受的选择，即便是有些地方政府在安置、赔偿等方面给出了高出市场价值的"优厚政策"。开放参观模式其实就是在前面两种模式的基础上进行的一次"具体情况具体分析"。就像《考古遗址保护和管理宪章》所倡导的一样，向公众展示考古遗产是促进了解现代社会起源和发展的至关重要的方法，同时也是公众了解考古遗址保护意义的最重要手段。不可否认，大遗址居住区居民对大遗址造成一定破坏的原因确实有"认识不足"的成分。基于此，文化遗产领域的专家学者、各级文物行政管理从业者长期以来将文物保护的宣传作为工作抓手之一，寄希望于提高广大群众保护文物的意识来扭转面临的文物保护的严峻形势。事实上，这样的宣传在宏观上确实引导了文物保护的正确方向，但具体到一处大遗址的所在地，具体到当地大遗址保护与居民生产生活需求的矛盾时，则变成了苍白无力的说教。因此，大遗址的开放展示模式走向了国家考古遗址公园这一兼顾保护展示、当地居民利益和当地经济社会发展的最新形式。

由于大遗址本身的价值、辨识度和分布面积的原因，国家考古遗址公园建设的规模和范围并不一定包含大遗址的所有空间。取舍之间，仍然会产生以上讨论的三种模式的不同选择，故而同样面临移民搬迁、混合居住和参与建设的不同困难。安吉古城国家考古遗址公园在规划建设过程中，充分利用了各级政府、各个部门和社会力量的资源，较为妥善地解决了当地居民的生产生活和发展面临的困难，实现了在地居民的利益。

出于保护大遗址的需要，国家出台政策搬迁遗址区的原住民无论如何都是一个无法回避的问题。所以，政府需要考虑的是如何让原住民在搬迁和安置中在利益不受损的基础上，给予原住民以发展的红利。安吉古城国家考古遗址公园规划建设中借助于新农村建设项目解决了居民的搬迁和安置问题。新农村建设是 2006 年中共中央、国务院在《关于推进社会主义新农村建设的若干意见》中提出的一项"三农"工作方针政策。相比于传统农村的规划布局，新农村建设更加注重通过合理规划以控制村庄建设用地，不仅能够节约土地资源，还可以在有限的村庄建设空间中兼顾文物保护、环境保护等更多层面的保护需求。安吉古城遗址、龙山越国贵族墓群所在的古城村、石角村是当地两个较大规模的行政村，在新农村建设中为了统一规划和管理将两个行政村合并为古城村。根据新农村建设的分期规划，率先将占压龙山越国贵族墓群和安吉古城遗址核心区域的住户进行了土地调整和置换。原本占压在遗迹本体和遗址重点保护范围内的住房、厂房等建筑物、构筑物的用地调整为农田或文物保护用地。根据《安吉县递铺街道古城村农整安置区规划》，安吉县文物部门在组织编制《安吉古城遗址、龙山越国贵族墓群保护规划》时充分考虑安置区的空间规划需求，将搬迁农户集中安置在窑岗和温州场地块内。窑岗安置区为古城村中心居民点，为引导建设区，规划该区域集中分布多种村域公共设施。遗址保护范围的环境彻底改善，居民在搬迁安置中不仅没有受损而且可享受到后续的发展红利。在越来越强调规划依据的审批制度中，涉及遗址范围或遗址公园范围的一切空间利用行为都应在规划中得以体现，否则就又回到了激发矛盾的老路上。

当然，解决居民的居住安置问题只是实现在地居民利益的第一步。新农村建设的内容不仅是村庄面貌的新，更是农村产业结构的调整更新。农民与土地的分离，实质上就是农村产业结构的重新调整。面临新的产业结构，传统农民的生业方式也必然迎来全新的改变。大遗址的保护展示，或是国家考古遗址公园建设必须要为当地产业结构的调整提出新的可行性方案。安吉古城村传统的产业只有农业（种植业），基本没有第二产业和第三产业。安吉古城国家考古遗址公园引入社会企业参与建设和运营的初衷，一是解决政府财政资金投入的不足，二是致力于发展以安吉古城遗址展示利用为载体的文化教育和旅游服务等第三产业。由文物保护展示引发的当地产业结构调整早在 20 世纪七八十年代就已经在陕西西安等地出现。众所周知的秦始皇兵马俑的震撼面世及其后续的旅游发展，使得当地村民自觉地由从事农业生产转向了与遗址保护展示、环境整治、旅游服务等项工作相结合的服务业，并从中获得了一定的经济收益。虽然游客对于当地居民提供的并不高端的服务颇有微词，但这种自发行动更能体现市场的驱动效果，为后续的规范引导提供了新的思路。

古城村背靠九龙山山脉，面向西苕溪，耕地林地资源十分丰富，是一个典型的农业大村，在传统的农业时代得以成为春秋战国时期越国早期都邑和秦汉时期鄣郡的首个郡治。随着改革开放和市场经济的发展，古城村面临产业结构调整的机遇和挑战。为了发展村集体经济，带动全村村民增加农业收入，古城村村委会通过种植白茶一定程度上改善了古城村的经济发展状况。但是，适宜白茶种植的山体面积十分有限，无法继续扩大种植规模，传统农业发展的瓶颈已经到来，出村务工成为不少村民的选择。2012 年前后，安吉古城国家考古遗址公园建设启动，为古城村的发展注入了新的活力。为了支撑安吉古城国家考古遗址公园内的保护展示、环境整治以及景观营造等内容，作为考古遗址公园的建设运营方必然需要大量的土地、林地等空间。换言之，安吉古城国家考古遗址公园规划建设范围内的村集体土地，都将成为村集体、村民乘机进行产业结构调整的交换资源。事实也是如此，遗址公园运营方在当地政府的支持鼓励下，通过流转、租用等方式，将村民闲置的旧房等改造成遗址公园配套服务设施，将村民承包的土地以及村集体林地改造成为绿地、农业观光园等。安吉古城遗址公园项目累计盘活村民旧房 4 700 平方米，农田加山林流转 4 700 亩，每年带来村经营性收入 180 多万元。2020 年，古城村村集体经营性收入达到 365 万元，2020～2023 年年均增长 70.5%，2021 年直接带动周边 800 余名村民就业，就业村民年增收约 5 万元。2023 年随着安吉县旅游经济的复苏以及国家考古遗址公园的成功挂牌，遗址公园自身及其对周边宋茗茶博园等一批文旅项目的带动作用愈加明显，古城村逐步形成项目集群效应，带动了餐饮民宿等配套服务业发展。

安吉古城国家考古遗址公园经过长达 10 年的规划建设，终于迈出了践行初心使命的第一步。但是，安吉古城国家考古遗址公园还不能自豪地对外宣称获得了成功，正如 2023 年 2 月徐天进教授在"考古山房"学术沙龙上所讲，安吉古城国家考古遗址公园才刚刚起步，能否成为全国学习的样本，还有很长的路要走。

第二节　考古遗址公园在乡村扎根

安吉古城遗址是自然和文化遗产的综合体，也是遗产地居民的特殊文化空间。从考古从业者的角度出发，以安吉古城遗址为代表的地下文化遗产建设成为考古遗址公园后，为遗址本体的全面保护和进一步的考古研究提供了足够的空间和优越的工作条件，为阐释遗址的文化内涵预留了平台，也为展现考古从业者的价值和风采搭建了舞台。但由于角色立场的差异，遗产地的居民和地方政府看到的是考古遗址公园为当地带来的环境改善、投资潜力、文化名望，甚至是可以彰显政绩的项目、引以为傲的谈资。虽然，潜力名望和彰显骄傲的根本是文化遗产本身。但这些外在的、直观的或不便明言的附带价值，往往成为考古遗址公园得以扎根基层的诱因。安吉古城遗址立项建设国家考古遗址公园的过程和成效，恰恰成为周边基层政府或部门青睐和模仿的对象。仅安吉县境内，就有多个乡镇（街道）、国有企业、政府组成部门等陆续将建设遗址公园提上议事日程，甚至已经付诸实施。在此，结合作者曾经参与的上马坎遗址公园、安吉永安寺塔遗址公园、德清慈相寺半月泉遗址公园等案例，回顾遗址公园建设缘起，剖析遗址展示的内涵特色，尝试说明考古遗址公园扎根乡村的可行性和具体路径。

一、上马坎考古遗址公园

上马坎遗址位于溪龙乡溪龙村凉亭岗西北约 500 米处的南侧岗地，东西长约 350 米，南北宽约 200 余米，总面积 70 000 余平方米（彩版一八）。2002 年 10 月，中国科学院古脊椎动物与古人类研究所、浙江省文物考古研究所、安吉县文物保护所进行联合调查时发现。同年 10 月，浙江省文物考古研究所会同安吉县文物保护所联合对该遗址进行局部试掘，首次揭露面积 18 平方米。11 月 18 日，浙江省人民政府在杭州举行"安吉溪龙上马坎发现旧石器文化遗址新闻发布会"，彻底摘掉了浙江旧石器文化遗存"空白省"的帽子。2004 年，浙江省文物考古研究所对该遗址进行考古发掘，揭露面积 100 平方米，发掘深度 9 米，出土大量打制石器。根据文化层及出土的石器制品分析，其时间段第一层为距今 4～1.2 万年；第二层为距今 12.6～4 万年；第三层为距今 78～12.6 万年；第四层大于距今 78 万年[1]。因进一步发掘存在较大安全隐患，也为支援杭长高速长兴段建设，发掘人员转战长兴七里亭遗址，上马坎遗址发掘被迫中止。上马坎遗址是浙江境内最早发现并经过科学发掘的旧石器时代文化遗址，被誉为"浙江旧石器文化遗址考古第一点"，将浙江的历史从 5 万年左右向前推至 80 万年左右，是太湖流域古人类的发源地。2013 年 3 月，上马坎遗址被国务院公布为第七批全国重点文物保护单位。

对于旧石器时代的认识，即便是历史研究乃至考古研究从业者也常常是停

---

① 徐新民：《浙江旧石器考古综述》，《东南文化》2008 年第 2 期。

留在打制石器、茹毛饮血的印象层面，遑论广大人民群众和基层政府的管理人员。上马坎遗址自 2002 年发现发掘以来，在全国层面享誉旧石器时代考古领域，在省内文博界也算小有名气，在县内也成为县领导和溪龙乡主要领导对外介绍安吉的文化代名词之一。得益于遗址不断升级的保护级别和遗址在不同领域积累的知名度和存在感，近二十年内，遗址得到了应有的妥善保护和管理，自然因素和人为破坏的影响微乎其微。横向对比而言，上马坎遗址的保护管理走在同类遗址的前列，但也仅限于守住了保护红线和建设控制蓝线。更进一步的展示阐释，始终无法超出"文化遗产日""国际博物馆日"等节庆性质的解读范围。古遗址展示的难题，前文已经有所涉及。很明显，如果没有适逢其时的机遇，旧石器时代遗址的展示不会成为各方热议的话题。上马坎考古遗址公园的起步正是缘于溪龙乡的发展需求和安吉古城考古遗址公园的经验总结。

与历史时期各类文物遗存数量庞大、分布广泛形成鲜明对比，旧石器时代遗址或地点不仅数量寥寥，而且呈点状零星分布在岗地或山丘上。上马坎遗址的外在环境也没有优于这种一般情况。2002 年中国社会科学院古脊椎与古人类研究所的张森水教授初到西苕溪流域进行考古调查时，上马坎是一处正在被砖瓦厂取土的土岗子。第一天的考古调查，安吉县博物馆的邱宏亮在松土中采集到第一件打制石器，从而揭开了浙江旧石器时代考古的篇章。曾经的取土剖面和考古发掘的剖面一直保留到现在。2013 年，上马坎遗址升格为全国重点文物保护单位，再一次为当地政府特别是溪龙乡人民政府敲响了警钟，围绕上马坎遗址做些什么文章成为乡政府考虑的重要议题。

关于考古遗址保护展示的原则、理念和技术路线的研究已经比较充分了，特别是对良渚遗址、大明宫遗址、汉长安城遗址等享誉国内外的大型都邑宫城遗址。但需要注意的是，之所以能够充分研讨以上问题，是因为国家文物管理部门或遗址所在地政府提出了工作要求并拨付了资金、推动了实践。否则，相关的研讨永远停留在"纸上谈兵"的阶段。溪龙乡人民政府下定决心要做保护展示的文章，文物管理部门、相关领域专家才有机会陆续登场促成上马坎考古遗址公园落地实施。溪龙乡之所以下决心建设上马坎遗址公园，原因是多方面的，既有文物保护的主体责任要求，也有环境治理的民生需求，但利用上马坎遗址的文化内涵和国土空间，为溪龙乡的综合发展汇聚能量更有可能是其中的根本原因。溪龙乡位于安吉县中部，距离安吉县城主城区约 15 千米，行政区域面积 32.3 平方千米，下辖 5 个行政村，辖区内户籍人口约 10 000 人。无论是地理位置、自然资源，还是土地面积、人口规模，溪龙乡在全县 15 个乡镇（街道）中几乎没有多少特色和优势。近年来，安吉白茶的知名度和产业价值持续攀升，溪龙乡境内的优质茶山的经济效益也跟着水涨船高。但是，安吉白茶的种植规模已达顶峰，单纯从规模或者亩产效益方面很难再有突破。在安吉县大力发展全域旅游的背景下，溪龙乡也尝试结合安吉白茶产业发展文化旅游产业。挖掘文化内涵随即成为发展文化旅游产业的当务之急，加之安吉古城考古遗址公园逐渐从设计变成现实，并在文化旅游领域异军突起，溪龙乡将工作目标指向上马坎遗址也就变得顺理成章、上下一心。

如前文所述，上马坎遗址的保护工作坚持了"保护第一、加强管理"的工作方针，先后申报第五批省级文物保护单位、第七批全国重点文物保护单位，编制文物保护专项规划，划定保护范围和建设控制地带。一步一个脚印，一步上一个台阶。20 年来，溪龙乡通过规划管控，严格禁止遗址范围和建控地带内的建设活动，完整保护了张森水先生亲自丈量的 7 万平方米遗址范围。这是建设考古遗址公园的第一前提。同时，溪龙乡在遗址保护区划外合理布置了白茶仙子广场、停车场等基础设施，大大减轻了后续配合设施建设的负担。通过多年不懈努力，溪龙乡政府已基本完成上马坎遗址保护范围内的土地流转和青苗赔偿工作，房屋征迁也基本完成。遗址靠近省道，形象十分突出，交通十分便利，是一处理想的文化标识、宣传教育、休闲游览场所。

其次是如何做出特色。在征求考古专家意见时，上马坎遗址考古发掘的项目负责人徐新民研究员根据他对旧石器时代考古遗址展示的理解，给出了极为中肯且务实的意见：一是讲好旧石器考古科普的故事，二是讲好旧石器考古泰斗张森水先生的故事。尽管上马坎遗址的发现改写了浙江历史，填补了中国大陆的旧石器文化布局空白，但是遗址本身出土打制石器的观赏性并不高甚至可以说极低，能够可视化的内容也并不丰富，不如转而利用有限空间普及旧石器时代的整体背景、人与自然的关系、人类演进过程等科学知识。包括旧石器时代在内的史前考古遗址所揭露的文化，很难还原到具体人的行为和思想，也就很难让前来参观遗址的人产生"共情"。因此，以人为本也是讲好考古遗址故事的重要原则。讲好张森水先生的故事，可以作为这一缺憾的必要补充。已故著名考古学家张森水先生，浙江仙居人。张先生师从旧石器时代考古大家裴文中先生，参与或主持了众多旧石器时代遗址的考古发掘和研究工作。他心系全国、情牵家乡，将改写浙江旧石器空白的历史作为他人生的最后一个重大心愿。在他的建议下，中国科学院古脊椎动物与古人类研究所将科技部基础性工作前期专项"中国晚更新世现代人起源与环境因素研究"的工作范围扩展到浙江地区。张森水先生老骥伏枥，在古稀之年带病坚持调查，与徐新民等浙江考古工作者开展一系列的调查，很快在安吉的上马坎遗址有了重要发现。张先生去世之后，按照他的遗愿把他的骨灰撒在他魂牵梦萦的上马坎遗址，使他能够就近继续关注浙江的旧石器考古事业发展[①]。可见张森水先生对上马坎用情之深，也足见上马坎遗址价值之重。

经过初步讨论后的规划设计，明确了上马坎考古遗址公园的空间结构组合，即考古遗址现场展示区、科教工作区、张森水先生纪念区（图6-1）和林间休闲区等四个核心功能区。其他停车、服务类的后勤保障区融合在遗址周边现有基础设施内，既节约了遗址区内有限的可利用空间，保持了遗址风貌协调完整，也彰显了考古遗址公园与居民生活互为融合的理念（图6-2）。考古遗址的发掘现场早已回填，而且超过9米的地下深度并不适宜揭露展示。幸运的

图6-1 张森水先生纪念岩

① 高星：《在浙江旧石器考古成果新闻发布会上的发言》，浙江省人民政府网站，2010年6月3日。

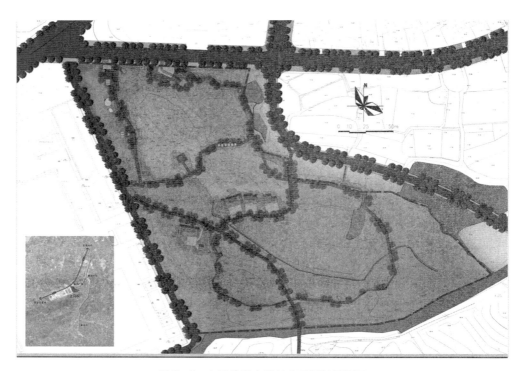

图6-2 上马坎考古遗址公园设计平面图

是探方的位置紧贴土岗剖面,仍有高约 2 米的地上剖面可以露天展示。和八亩墩 D107 越国贵族大墓一样,上马坎遗址若要露天展示,必须采取必要的覆盖和排水措施。露天展示的面积不超过 40 平方米,因此技术难度和投资额都相对较小,各方意见较为统一。张森水纪念岩是一处现状纪念地,不需要做太多干预。唯独科教工作区的面积、功能和布局是各方关注的重点。一则该区域位于遗址保护范围内,即便对地下文物遗存的影响微乎其微,在红线范围涉及建设工程,常常是各级文物行政管理部门重点关注的事项。在实际工作中,往往优先考虑让建设工程避让文物保护红线,以规避潜在风险和审批过程中不可控的麻烦。为此,科教工作区的空间被局限在现有民房建筑的平面范围内。二则该区域内能否预留经营管理功能的空间。溪龙乡之所以投资建设考古遗址公园,最重要的原因自然是履行了政府保护文物的主体责任,但协调文物保护与经济发展的关系更是乡镇政府的核心职能。上马坎考古遗址公园理应肩负起在经济社会发展中的责任。虽然,对这一功能区的划分尚未达成一致意见,但可以预测建成后的遗址公园中必定会出现经营管理的设施。

二、安吉永安寺塔遗址公园

安吉永安寺塔原名灵芝塔，位于安吉县递铺街道马家村南 500 米处的西苕溪东岸山体之上（彩版一九）。2019 年 10 月被国务院公布为第八批全国重点文物保护单位，同时更名为安吉永安寺塔。安吉永安寺塔为一处佛教寺塔建筑。据同治十二年（1873 年）《安吉县志》载："灵芝塔在顺安乡马家渡南山麓，相传五代吴越时建。"20 世纪 90 年代中期，当地文物部门对该塔进行维修勘察时，在塔的构件和遗物上发现 3 处题记。其中塔刹套筒题记中明确记载："重修永安院故塔及屋宇圣像等。时大宋庆历七记（祀）……四月十六入金银塔一所。""安吉县灵芝塔院，景定元年二月初四日下午重修。"由此证实，安吉永安寺塔始建年代不迟于北宋庆历七年（1047 年）。该题记也是塔更为现名的最主要文献依据。根据有关学者对该塔形制结构的研究，认为该塔始建于五代十国的吴越国时期①。吴越国统治者笃信佛教，境内广建佛塔、寺庙，开凿窟龛造像。该时期的塔在中国古代建筑史上具有极其重要的地位和影响，但留存至今的已经很少，安吉永安寺塔作为浙江境内现存最早的古塔之一，其历史价值自然十分重要。

通高 22.46 米的永安寺塔是安吉境内现存唯一的五代时期的高层建筑，在建筑技术、建筑用材、建筑形式等方面，反映了我国古代劳动人民的聪明才智和精湛的工艺技术。远眺永安寺塔，其稳重端庄、修长优美。

图 6-3　安吉永安寺塔出土阿育王塔

① 周意群：《安吉五代灵芝塔》，《东方博物（第五十三辑）》，中国书店出版社，2015 年。

塔身自下而上有规律收分，比例恰当。塔壁砖砌平整，一丁一顺的砌筑方式错落有致，八面转角分明，线条流畅的壶门增强了塔壁的立体感和灵动感。八角形的永安寺塔改变了以前方形塔的平面结构，使其在耐用和抗震方面都得到了加强，在减少风力冲击方面也优势明显。叠涩檐起翘平缓，层脊上用瓦条垒脊置陶脊兽。除塔身形美之外，永安寺塔天宫发现的北宋银质鎏金"宝箧印金塔"（俗称金涂塔），塔身四面为镂空佛像群组成的佛教故事，造型生动、形象逼真、工艺精致、铭文纪年确切，具有较高的艺术价值。因此，早在 20 世纪 80 年代永安寺塔就被浙江省人民政府公布为省级文物保护单位。

安吉永安寺塔不仅是具有重要文物价值的佛教建筑物，还是当地的人文景观、地理标志。安城作为古代安吉县城，具有千余年的历史。站在永安寺塔所在的南山麓，向西北眺望，一千米外的安城尽收眼底，当人们来到安城，首先看到的是永安寺塔。因此，永安寺塔作为安吉县城的标志，千余年来已深深融入人们的心里。古西苕溪河床深、河面宽、水上运输繁忙，船舶以西苕溪岸边的永安寺塔作为航行标志而不失方向，永安寺塔发挥了千余年的导航作用。

正是基于当地居民对安吉永安寺塔的感性认识，该塔在当地享有明显高于县内其他一切文物古迹的知名度、关注度。根据第三次全国不可移动文物普查，安吉县登录各类不可移动文物遗存 908 处，县级以上文物保护单位 71 处，如此众多的文物遗存中，安吉永安寺塔最得民心。以至于当地文物部门为该塔树立文物保护单位标志碑时，看到标志碑上"安吉永安寺塔"的碑文，屡屡向县政府阳光热线、县长热线、媒体等反映他们的质疑。除此之外，由于安吉永安寺塔所处位置交通可达性差、周边竹林树木茂密，常有来此故地重游的群众一时找不到寺塔，竟然拨打 110 报警电话或在社交平台上发布信息，反映"宝塔"被偷走了。处理这类事件虽然有些滑稽甚至繁琐，但是作为基层文物管理人员反而感到非常欣慰，如果每一处古遗址、古墓葬的保存状况都能如此牵动群众的心，基层的文物工作就容易开展了。总之，随着保护级别的提升和当地居民关注度的不断提高，安吉永安寺塔的周边环境、交通状况、预防性保护、展示利用等一揽子问题，切切实实地摆在了面前。

从安吉永安寺塔的名字可以看出，塔只是寺院的一部分，历史上还应该存在一定规模的寺院。虽然在安吉永安寺塔的"四有"档案中，文物本体仅仅特指寺塔本身，但是寺塔周边一定范围内都应该曾属于永安寺的范围。大概也是基于这个层面的考虑，最早划定安吉永安寺塔的保护范围和建设控制地带时，当地文物管理部门相当谨慎。现行的保护范围和建设控制地带范围沿用了最早的做法，即塔基外延 100 米的封闭范围为保护范围，再外延 500 米的封闭范围为建设控制地带。机械地以直线距离为标准划定保护界线当然有不科学的成分，但在不能准确判断地下文物分布范围的情况下，也不失为一种可量化、方便管理的实用办法。实际工作中，狭义的文物管理职责往往就是局限于文物保护范围和建设控制地带内，界线以外的各类建设活动常常不受文物法律法规的约束，比如数量巨大的不可移动文物登录点因为没有法定"两条线"的保护，其生存空间便不断被压缩。得益于安吉永安寺塔"两条线"的权威性，塔身外约 600 米范围内一直保持了既有的地貌、植被和水文环境，为姗姗来迟的考古遗址公园建设保留了弥足珍贵的国土空间。

虽然没有地方志文献和考古出土材料的支持，但根据寺塔和西苕溪的相对位置，寺塔长期作为西苕溪上船只航标塔的推测，想必没有大谬。西苕溪是浙江八大水系之一苕溪的西支，因在湖州城区以西故名。西苕溪源于天目山北侧南北龙山之间的天锦堂，正源名曰西溪，与南溪汇合后始称西苕溪，在湖州与东苕溪合流入太湖，纳入太湖水系，进而归入长江水系。毫无疑问，西苕溪是永安寺塔所在安吉县的母亲河，自新石器时代经商周历汉唐至今，造就了当地数千年的辉煌历史。西苕溪上游为崇山峻岭，海拔高度在 800 米以上，孝丰镇至安吉永安寺塔一带为狭长河谷平原，地面高程急降，安城附近地面高程仅为 10 米[①]，安城以下地势逐渐展开，至梅溪与长兴平原相连地面高程更降至 5 米。西苕溪暴雨频繁，降水多集中在汛期，年际变化较大且中、下游河道迂回曲折，两岸堤身单薄，防洪标准偏低，洪涝灾害仍严重威胁苕溪两岸经济稳定发展和人民生命财产安全，流域治理和水资源保护的任务仍十分艰巨。

安吉永安寺塔遗址公园建设契机的来临正是缘于西苕溪"清水入湖"河道整治工程（简称"清水入湖"工程）的开展。2015 年前后，作为《太湖流域防洪规划》推荐的流域骨干防洪工程之一，"清水入湖"工程被列入国务院规划的 172 项重大工程。在安吉县境内整治河道总长 54.34 千米，其中西苕溪干流 45.75 千米。"清水入湖"工程是牵一发而动全身的系统工程，涉及大量国土空间规划、土地利用性质调整事项，当然还有沿线文物遗存的保护。和国土、住建规划和农业农村部门不同，文物管理部门长期以来的"弱势"地位没

---

① 宋伟忠：《西苕溪水文特征简析》，《浙江水利科技》2001 年第 6 期。

有根本好转。文物保护，特别是基层的文物保护要想主动作为、有所作为，就不得不借机于交通线路、大型项目的开展。无疑，"清水入湖"工程就是这样一个恰逢其时的机遇。安吉县文物管理部门很快就完成了工程沿线的文物调查，并出具了调查报告和处理意见。简而言之，就是提出了文物修缮清单和技术要求。包括安吉永安寺塔在内的 4 处文物保护单位名列其中。文物和水利两家主管部门很快达成了共识，水利部门负责土地征迁赔偿和修缮资金，文物部门负责修缮方案设计、施工和验收。之所以快速形成共识，是因为这项工作既是各自不可推卸的职责，又恰能互相"成全"。根据"清水入湖"工程的实施方案，该工程项目并不是单纯的河道整治和堤岸加固，还必须紧扣水生态文明及河道生态建设的需求，利用原有的地貌条件、生态景观构造休息观赏区，通过岸坡整治、植被种植、滩地梳理达到生态文明建设的综合成效。修缮和环境整治后的安吉永安寺塔、万埭桥、浮塘桥、长安桥成为西苕溪文化景观的重要组成部分，为提升工程的品质和综合效益作出了重要贡献。此举凸显了水利部门的工作创新和亮点。对安吉永安寺塔而言，不仅整治了周边"脏乱差"的自然环境，更是一次性解决了寺塔周边的土地征用难题。无论是已挂牌的国家考古遗址公园，还是正在立项建设的项目，其建设方对土地征用的苦涩都有着极为深刻的体会。

　　借助"清水入湖"工程，安吉永安寺塔周边的局部环境得到明显改善。加之同期进行的浙江省文物"平安工程"，寺塔的安全监测也得到有效保障。至此，安吉永安寺塔算是有了省级文物保护单位的"基本尊严"。2019 年升级全国重点文物保护单位后，对寺塔保护管理和展示利用的要求进一步提高。正当安吉县文物部门向上级文物主管部门积极争取文物保护专项资金无果时，得知"清水入湖"工程尚有结余资金，相关部门已着手准备后续工程的调研论证。相比文物保护专项资金，建设工程资金的适用范围更广泛，乡镇（街道）相关的配套政策也更充分，这在安吉古城考古遗址公园建设过程中已经得到多次验证。为此，极力争取水利部门的支持与合作就成为当务之急。所幸，两家部门所谋所想大体一致。本工程建设任务重点在强化防洪减灾，优化水生态，提升水景观，打造水节点等方面提出综合治理措施，注重西苕溪新时期防洪、排涝、生态、景观、休闲等综合功能的发挥。通过驳岸系统提升、水生态修复、慢行绿道建设以及配套公共服务设施，构筑物布局合理、形态优美、功能完善；结合沿线村庄条件，策划旅游休闲项目，助力乡村振兴，打造生态、美丽、富裕的西苕溪，以满足广大民众的亲水性及美好人居环境的需求，从而提高西苕溪"绿水"的含金量，提升安吉县宜居度和土地价值，从而提高城市的知名度。

经过前期的调研论证、勘察设计最终达成了合作目标，即结合"清水入湖"后续工程（西苕溪滨水生态廊道新建工程），开展安吉永安寺塔环境整治和展示利用工作，以郊野遗址公园的方式呈现滨水文化景观。西苕溪滨水生态廊道新建工程从长潭到小溪口，总长度约56千米，总占地面积约355.6公顷。涉及安吉永安寺塔周边地块，南至11省道，北至西苕溪，东至原城市道路，西至农田，总面积约9 225平方米。为确保地下文物安全和环境整治工程质量，在确定工程范围后，县文物部门立即申请对工程范围进行文物考古调查勘探，并委托相应资质单位单独设计文物展示利用方案，并报上级文物主管部门审批。

不同于上马坎遗址等地下考古遗址的展示，安吉永安寺塔是地上古建筑，虽然也曾进行过考古发掘，但毕竟只在天宫的极小范围内。因此，展示利用不必考虑考古遗址的复原或再现。同时，安吉永安寺塔地处郊野，短期内不具备建设展示馆的条件，事实上也没有必要。本着对安吉永安寺塔自然和历史环境最小干预的原则，工程内容限定在安装场地照明、铺装游步道和消防通道、安放展示标识标牌等必要的公园游览设施范围内（图6-4）。

图6-4　安吉永安寺塔遗址公园效果图

或许有学者认为，如此简单的规划设计没有充分挖掘文物古建筑的历史文化价值，缺乏足够空间对内涵进行阐释说明，缺少专门管理机构，不足以构成一个遗址公园。不可否认，安吉永安寺塔遗址公园的建设尚处于起步阶段，诸多指标还达不到一般意义上的考古遗址公园。但安吉永安寺塔遗址公园现有的规划设计有效地解决了古遗址、古建筑类文化遗产展示的两大难题：一是卓有成效地进行了整体保护和预防性保护，二是切实可行地拓展了多方合作的活化利用方式。无论是考古遗址公园建设还是一般的文化遗产保护利用，保护永远是第一位的。安吉永安寺塔遗址公园建设，改善了文物周边脏乱差的环境，打通了郊野类文物"不见踪迹"的道路，融入了当地居民的日常生活，从无人看管到变成文化景观，减少了郊野类文物绝大部分的安全隐患。再者，书中引入安吉永安寺塔遗址公园的案例，初衷是侧重解读遗址公园建设或是文化遗产展示利用不是文物部门的专利。即便不能像安吉古城考古遗址公园一样引入社会企业参与，也一定要想方设法借力其他政府部门资源。野外的不可移动文物，说到底是人民群众在历史进程中集体创造和传承下来的，理应由全社会共同参与保护和利用。相对而言，政府部门之间的信息互通更为便捷，如果文物部门有心借力，可以说文物保护利用的天地不仅广阔，而且大有可为。

三、半月泉遗址公园

从上马坎遗址和安吉永安寺塔两处遗址公园的建设过程中，可以清楚看到基层政府和相关部门在遗址公园起步阶段不可替代的重要作用。但上马坎遗址和安吉永安寺塔毕竟是全国重点文物保护单位，虽然两者在全国的知名度、关注度还远没有达到"重点"的要求。在相关研究中，考古遗址公园的载体往往都是从全国重点文物保护单位中筛选出来的国家级重要大遗址，这也是国家文物局重点关注支持的对象。即便是在省级考古遗址公园名单中亦是如此。当然，重要大遗址的"头衔"并不是与生俱来的，而是由几代考古工作者发掘和研究出来的。国家文物局挂牌的55家国家考古遗址公园走在考古遗址保护展示利用的最前沿，各地的省级考古遗址公园在前沿的示范引领下亦是紧随其后，成效显著。但考古遗址公园的实践仅限于这些价值重大、保护级别高、社会关注度高的文物保护单位吗？无论从哪个角度讲，答案都是否定的。如何将考古遗址公园的理念和实践延伸到那些名不见经传的普通遗址当中去，是每一个基层文物工作者应该思考和探索的问题。当然，探索需要机遇。

众所周知，考古遗址的展示利用存在一系列难题，其中"可视化"是众多考古遗址难以逾越的障碍。与此同时，"可视化"恰恰成为各类设计公司在竞标考古遗址展示、遗址博物馆展陈设计项目时一较高低的"得分点"。这种迎难而上的考古遗址展示，于国家级大遗址而言，既是学术研究的增长点，又有充分的资金保障，或成或败都不妨一试。如此高昂的试错成本，把无数沉寂在城郊荒野的不可移动文物拒之门外，让本就薄弱乏力的基层文物管理部门望而却步。换言之，只要遗址本身足够可观可感可讲，遗址的展示也就顺理成章，水到渠成。参加过第三次全国不可移动文物普查的文物工作者，都会有一个共同的直观感受，分布在乡野的不可移动文物五花八门，相当数量的文物遗存不仅当地群众喜闻乐见，而且如数家珍。遗憾的是，这类文物遗存的年代往往超不出明清的时代范围，因此也很难进入考古工作者的视野。随着城乡建设不断推进深化和文物保护利用意识的持续强化，以明清时代遗存为主的各类名村名镇街区的建设工程常常需要考古工作的支持，为拓展考古遗址公园的实践领域提供了契机。

2019 年，安吉县孝丰镇作为省级历史文化名镇，启动了一系列历史文化复兴工程。本书作者在前期规划论证阶段提出，除古建筑修复以外，委托考古机构有针对性地开展孝丰城墙周边的考古调查和发掘工作，实现地上地下相结合的立体展示。但由于专项资金管理制度和工期限制等原因，未能如愿。2021 年，安吉县鄣吴镇鄣吴村作为中国历史文化名村，申请到以挖掘展示名村历史文化为主要目标的专项债资金，资金和工期都相对宽松。初次商谈，鄣吴镇人民政府相关负责人就表现出强烈的意愿，因为他们正为历史文化内涵的深入挖掘而感到力不从心。鄣吴镇鄣吴村是晚清民国著名"诗书画印"大家吴昌硕的家乡。鄣吴村的历史在一定程度也可以说是吴氏家族自南宋迁居以来的发展史。多年来对于鄣吴村的文化挖掘、宣传推广、旅游产业发展等都是局限于吴昌硕其人其居其艺，而吴氏家族及众多民间故事传说难以呈现出来。鄣吴镇最初设想重建吴氏宗祠（现为安吉县文物保护点），并修复在 20 世纪六七十年代被村民炸毁的明代吴麟墓（现为安吉县文物保护单位），以此为切入点开启鄣吴村历史文化的挖掘展示。可见，基层政府对辖区内文化遗产资源的活化利用有着强烈的诉求。如果此时文物考古管理人员、专业技术人员没有敏锐地觉察到基层政府发展动态，没有正确引导活化利用的技术路线，不仅会错过让文物活起来的机遇，更有甚者可能发生"好心办坏事"性质的破坏文物事件。

遗憾的是，由于工作调动原因，本书作者未能如愿参加鄣吴镇吴氏宗祠遗址的考古发掘项目，后续考古遗址公园的规划设计无缘继续参与。"失之东隅，收之桑榆"。与安吉仅一山之隔的德清县乾元镇"千年古城"复兴计划项目启动，为慈相寺考古遗址公园的建设奏响了序曲。千年古城复兴是浙江省推进以人为核心的新型城镇化的一项创新性探索，针对的对象是曾为州府县衙所在，但如今地位没落、经济薄弱的小城镇。这样的定位，非常精准地切中了当今古城古镇古村保护利用的要害。乾元镇是德清县自唐宋至 20 世纪 90 年代初的县城所在地，完全符合复兴计划的定位。千年古城复兴计划是发改委牵头的一项经济社会文化综合工程，各个部门各司其职，文化部门当然以挖掘文化内涵为主。在挖掘文化内涵时，乾元镇突然发现文化界和当地群众都津津乐道的乾元古镇竟然没有可以展示的文化遗产。虽然城墙还残留了 200 多米，但城内完全是近几十年的建筑，一定要找文物遗存就只剩下几座古桥和一些散落在街边的建筑石材构件。当地最负盛名的半月泉也荒芜了多年，现场只剩下一个口径 5 米左右的污水坑。各个版本的《德清县志》都明确记载苏轼曾游半月泉，并题诗"请得一日假，来游半月泉，何人施大手，擘破水中天"。在第三次全国不可移动文物普查中，半月泉附近确曾采集到建筑构件和碑刻残件。在乾元镇历次土地平整过程中，还发现柱础、建筑构件、碑刻残件等，但对遗址范围布局、性质等缺少认识。于是，寻找半月泉就成了千年古城复兴工程的开篇破题之事。

半月泉在慈相寺遗址内。慈相寺遗址背靠石壁山，西邻百寮山，南面奉国山，东距东苕溪约 500 米。2022 年 4 月，乾元镇人民政府上报浙江省文物局要求对慈相寺遗址开展考古调查发掘工作。经国家文物局批准，浙江省文物考古研究所联合德清县博物馆，于 2022 年 5 月至 9 月对该遗址进行考古发掘。通过考古发掘，发现了半月泉、墙基、路面、房址、蓄水坑、柱洞柱础等多处遗迹，出土宋至明清时期的青瓷、青花瓷、"时大彬"款紫砂壶底、水注、钱币等文物 40 多件（图 6-5）。找到并确认半月泉，是考古发掘刚开始就完成了的任务，因此乾元镇一度想就此结束发掘工作，转而启动半月泉的景观设计，进而建设一座亭子、栽植两排桂树，便完成了复原"临溪八景"之一的"月泉桂影"的考核任务。作为整个项目的建设主体，乾元镇委托专业机构进行考古发掘的初衷并不是为了全面摸清辖区所有文物资源的分布状况，也不是为了完整复原以半月泉为核心的德清历史文化内涵最为丰富的"遗产区"，所以说，乾元镇政府单纯复原"月泉桂影"景观的思路是完全可以理解的。虽可以理解，但很明显不是最优最佳的方案。乾元镇虽是千年古城且文物资源丰富，但

图6-5　德清县慈相寺半月泉遗址

辖区内从未开展过考古发掘工作，因此对考古遗址所蕴含的价值内涵、独特魅力等缺乏应有的认识。近年来浙江省各县区开展了广泛的"美丽乡村"建设，人造景观、公园小品已经成为极为普遍的文化地标。文化地标本身只要价值观正确、有一定标识意义，群众还能够接受，也就无可厚非。但是半月泉担负了乾元镇"千年古城"复兴计划的重大使命，而且考古证实的文化价值大大超出最初的预期，完全有条件精益求精地建设半月泉考古遗址公园。如果没有接触过考古遗址公园，很容易将其与一般的文化公园等同而视。两者究竟有什么区别呢？

　　就半月泉遗址而言，考古遗址公园通过真实立体、有时空框架的遗址现场来展现复原它所见证的历史。半月泉虽然在当地享有盛名，考古工地的工人都能对半月泉的传说故事侃侃而谈，但他们之中竟无一人见过形如半月的泉口，也无一人能在现场指认半月泉的确切位置。传说中的半月泉是存在的，但它是看不见摸不着的，外地游客到此一游多半会持有将信将疑的态度，毕竟现在人工造景、人为编造历史传说的景区不在少数。据《临溪胜览》载："半月泉者，石壁山岩间泻落之水，汇注于此。凿魄留痕，石礬炤影，周围砌石，恰成半规，池底平铺条石，水经年不竭。其泉仍自石下伏流泻去，以注于第桥。相传晋咸和间，有梵僧过此，曰是中有泉，于是僧昙卓凿石罅如半月。"考古发掘基本证实了以上文献所述情况，遗址现场展示即可，无须过多复原展示。除此之外，自宋代苏轼来游半月泉之后，其名声大噪。宋代韩元吉、吕祖谦，宋元之际赵孟頫，明清许孚远、俞樾等一批当时大儒都曾游历半月泉、慈相寺。在近一千多年的传承过程中，以德清县县令为代表的官府，以慈相寺住持为代表的僧侣，以吕祖谦等为代表的大儒，以苏轼为代表的游人都在半月泉周边留下了或是房屋建筑，或是摩崖碑刻，或是亭台楼阁，或是诗词歌赋。如此丰富的文化内涵，非考古遗址公园不能呈现。像安吉古城考古遗址公园一样，在对考古遗址、文化遗产进行保护展示的同时，适当的经营利用空间是确保遗址公园能够活化场景、增进体验的必要因素。而在山腰台地上发现的棋子、茶具、砚台及其所依附的建筑基址，正是明清至民国时期半月泉附近的观景休闲之地。《临溪胜览》又载："阁在半月泉上……憩坐阁中，清夷闲适，泉韵松涛，冷冷宜耳。阁下多植梅树，春初花盛开，疏影横斜，暗香浮动，诚幽居胜处也。阁中可以品茗，有时亦可宴客。春秋佳日，游屐颇多，往往游宴之余，继以雀戏，牌声劈拍，若与流泉激响，均其节奏，同游者曾以隔院棋声比之，可为一笑。"这幅场景不就是半月泉考古遗址公园未来的具体写照吗？

半月泉遗址发掘结束一个月后，乾元镇完成了考古遗址公园规划设计的修改完善。虽然还是不太完善，但遗址得到了较为全面的保护，重要遗迹得以原址展示，遗址周边环境大为改善。对于基层的考古遗址公园而言，迈出第一步就是一个里程碑。

第三节　让陈列在绿水青山间的文化遗产活起来

距离安吉古城约 20 千米的天荒坪镇余村，也有一处遗址公园名叫余村矿山遗址公园（图 6-6）。两处遗址公园在价值内涵、展示内容方面似乎并无可比较之处，但却都是"绿水青山就是金山银山"理念影响下发展起来的主题公园。余村在 20 世纪八九十年代曾大力发展矿山经济，村集体经济和村民在获得经济实际利益的同时，余村的生态环境也遭到了严重破坏，植被破坏、空气污染等一系列生态环境、人居环境、发展后劲等问题随之而来。经过艰难抉择，余村毅然而然地关闭了矿山、水泥厂，但发展道路在哪里？选择的道路对不对？余村没有底气和信心。2005 年 8 月 15 日，时任中共浙江省委书记习近平同志来到安吉县并参观考察余村时，对余村关停矿山探索新路子的做法给予了高度评价，首次提出"绿水青山就是金山银山"的重要论断①。习近平同志的这一论断通俗易懂、朗朗上口，既强调了金山银山的重要性，更凸显了绿水青山在实现可持续发展和人居环境中的基础性地位，标志着"两山"理念的正式形成。2015 年，中共中央政治局审议通过了《关于加快推进生态文明建设的意见》，将"坚持绿水青山就是金山银山"写入其中，"两山"理念的指导性地位得以确立。2017 年 10 月，中国共产党第十九次全国代表大会报告中特别强调了"必须树立和践行绿水青山就是金山银山的理念"。在修订《中国共产党章程》时将"增强绿水青山就是金山银山的意识"写入总纲。这一系列举措标志着"两山"理念成为中国共产党的重要执政理念之一。2018 年，习近平在全国生态环境保护大会上的讲话中将"绿水青山就是金山银山"作为加强我国生态文明建设必须坚持的六项原则之一。2019 年，习近平在中国共产党十九届四中全会上指出："生态文明建设是关系中华民族永续发展的千年大计，

图 6-6 安吉县余村

---

① 仲音：《绿水青山就是金山银山（人民论坛）——共建人与自然生命共同体》，《人民日报》2022 年 8 月 18 日第 4 版。

必须践行绿水青山就是金山银山的理念。"

安吉县作为绿水青山就是金山银山理念的发源地，如何深入践行这一理念不仅是党政部门施政的首要之义，也是各行各业、社会各个层次都要探索的重要领域。安吉根据本县的基本情况，进行了诸多生态文明建设举措。安吉县始终以"绿水青山就是金山银山"理念为指导，以生态富民为目标和抓手，走出了一条环境优美、产业兴盛、百姓富足的生态发展之路。2017 年，环境保护部公布了安吉县等在内的全国首批 13 个"绿水青山就是金山银山"实践创新基地，开始在县域探索践行绿水青山就是金山银山理念的典型做法，并在全国推广积累经验。2019 年，安吉县同时入选全国绿色发展百强县和全国投资潜力百强县。2020 年，安吉县荣居全国县域旅游综合实力百强县榜首[①]。在安吉县持续践行"绿水青山就是金山银山"理念的进程中，文物工作一直扮演着重要角色。正如前文已经讨论过的，安吉古城考古公园的雏形来自生态博物馆的实践，而生态博物馆的内容又包含着当地文化遗产内涵的深度挖掘。安吉作为一个历史文化悠久的县域，具有丰富多彩的历史文化和鲜明的地方特色。在发展的过程中安吉县积极做好文物资源的管理、保护与展示利用工作，将古越文化、邮驿文化、吴昌硕文化、孝文化、竹文化、茶文化、移民文化等本土资源注入生态内涵，努力推动安吉地域文化与生态的融合发展，彰显了安吉深厚的历史底蕴和文化魅力，为自身发展打上独特的文化印记，赋予生态更多的文化味。

深入理解并认识生态文化只是践行"绿水青山就是金山银山理念"的一个层面，另一个层面便是绿水青山如何转化为金山银山，也即如何发展生态经济。发展生态经济是安吉县践行"绿水青山就是金山银山理念"的核心。安吉县始终坚持"三产联动，融合发展"的生态模式，走出了一条生态经济化与经济生态化的高质量绿色发展之路。比如在农业融合方面，推进生态农业休闲化，建设现代化农业综合园区和粮食生产功能区，培育了以"安吉白茶""安吉冬笋"等为代表的 17 个浙江农产品品牌。推进农业园区向休闲园区转型，建成田园鲁家、山水灵峰休闲农业观光园等 25 个休闲农业园区。加快农业绿色现代化发展，笔架山农业高新区、国家安吉竹产业示范园区建设。在林业融合方面，大力发展林下经济、林下休闲等新型休闲经济模式。利用全域的生态优势和文化特色，打造全县域景区并入选首批国家全域旅游示范区。通过美丽乡村建设，培育出以余村、鲁家村、鄣吴村等为代表的一批乡村旅游示范村。推动旅游业与康养产业融合，打造安吉康养福地。努力打响"中国竹乡、生态安吉""中国美丽乡村"等品牌效应，推进休闲旅游的高端化发展。

和农业、林业等自然景观或生态景观的休闲旅游一样，依托考古遗址的文化休闲游是文化遗产领域践行"绿水青山就是金山银山理念"的必然选择。在全国150多处大遗址中，除圆明园、南宋临安城等少数分布在城市空间外，绝大部分都分布在城市郊区和农村的田野山林之中。安吉古城遗址、龙山越国贵族墓群同样覆盖了古城村的绝大部分农田、山地和林地。因此，可以说生态上的绿水青山同时也是文化遗产的绿水青山。绿水青山向金山银山的转化自然不能缺少文化遗产的社会价值的发挥与转化。近年来，独具文化魅力的考古旅游日渐兴旺，为陈列在绿水青山间的文化遗产价值的转化提供了良好的社会环境和契机。据马蜂窝等旅游平台的统计，2021年考古遗址公园成为深受年轻游客喜爱的旅游"新国潮"，热度持续提升。三星堆国家考古遗址公园、良渚古城遗址公园、景德镇御窑厂国家考古遗址公园、广富林考古遗址展示馆等都是年轻游客乐于探索与分享的考古旅游目的地；河南博物院的考古盲盒也成了年轻人争相购买的旅游新文创。一方面，考古旅游本身就是公众考古的重要形式，在一定程度上可以说是最为"入心入脑"的关键形式。另一方面，考古旅游实实在在地将考古遗址背后蕴藏的多方面价值直观地转化为可感可知的经济社会价值。关于文化遗产的经济社会价值的讨论和争议从未停止，经济社会发展速度越快的时期就会伴生更为激烈的讨论。不可否认，曾经很多地方出现过不顾文物保护单纯追求文物经济价值的局面，但不能因此就否定或禁止社会对于文物经济社会价值的追求。事实上，文物的经济社会价值始终客观存在，我们要讨论和探索的是如何规范和限制，而不是谈之就色变。

"古城考古遗址公园填补了我县文化考古旅游项目空白"。安吉县文化和广电旅游体育局党委书记、局长罗福娣介绍，"跟着考古去旅游"抓住了当下文旅产业最新发展趋势，不仅满足游客对文旅消费的需求，还能满足大家对美好生活的向往。经过长达5年的规划建设和2年多的开放运营，安吉古城考古遗址公园目前已具备向社会公众提供文旅服务的基本条件。目前，安吉县委、县政府将继续对照《国家考古遗址公园管理办法》和标准等要求，进一步全力推进园区环境整治、标识标牌系统、服务设施完善等各项工作，高标准高质量提升遗址公园品质，让陈列在绿水青山间的文化遗产和考古遗址公园真正活起来，成为文化遗产领域践行绿水青山就是金山银山理念的又一创举。

结　语

　　考古遗址公园建设有效推动了大遗址由被动保护向主动保护的转型，是目前大遗址保护利用的热点方案。自 2005 年国家文物局开展大遗址保护专项行动以来，我国已经设立了包括 150 处大遗址在内的大遗址项目库，先后公布了 55 家国家考古遗址公园挂牌单位和 80 处国家考古遗址公园立项单位，国家考古遗址公园建设取得阶段性进展。最新的《大遗址保护利用"十四五"规划》仍将推广考古遗址公园模式和推动国家考古遗址公园高质量发展作为大遗址保护利用的主要抓手，计划开展国家考古遗址公园评定工作，并引导地方人民政府有序建设省级考古遗址公园。大遗址保护利用的考古遗址公园模式蓬勃发展。

　　然而，目前我国通过考古遗址公园模式得到保护和利用的考古遗址仍然占比非常小。现有的国家考古遗址公园挂牌及立项单位皆产生于已公布的国家大遗址保护项目库，与这 150 处国家级大遗址、135 家国家考古遗址公园挂牌及立项单位相对照的是，我国已公布了 1 612 处古遗址和古墓葬类全国重点文物保护单位（占国保单位总量的 31.9%），登记的古遗址和古墓葬类不可移动文物更是达到了 332 740 处（占不可移动文物总量的 43.4%）之多。大遗址保护利用事业仍然任重而道远。

　　目前，大遗址保护利用事业和考古遗址公园建设工作依然面临着体制、机制、土地、资金、人力等问题的困扰。即便是已建成的国家级考古遗址公园当中，也仅有极个别的单位能够实现自给自足[①]。这样看来，是否只有金沙遗址等"天赋异禀"、名声在外的"选手"才有希望实现大遗址保护和利用的可持续发展？事实上，大遗址本身就具有显著的经济价值，而考古遗址公园不仅是

---

① 参见中国文化遗产研究院：《国家考古遗址公园实用手册》，文物出版社，2015 年，第 20 页。

保护和展示大遗址的方案，更是撬动大遗址经济价值以及社会价值的支点，也是实现大遗址可持续发展的方案。安吉古城国家考古遗址公园的实践证明了这一点。

从遗址自身条件来看，安吉古城和龙山越国贵族墓群的考古调查和发掘工作起步较早，取得了一系列科研成果。另外，现存城墙、护城河、高大土墩墓以及城墓相连的空间格局也具有一定的展示性。这些条件都在一定程度上为考古遗址公园建设奠定了基础。不过，无论是遗址在邻近地区同类型遗址中，还是在全国1612处国保单位当中，安吉古城和龙山越国贵族墓群遗址本体的规模、特色和展示条件都未达到遥遥领先的程度。外部条件方面，遗址所在地安吉县优越的区位条件和发达的旅游产业则为考古遗址公园建设提供了有利的社会基础。目前，东部经济发达地区的部分大遗址，以及各地区城镇型和城郊型的部分大遗址都不同程度地具备了类似条件，而这些大遗址恰恰是面临城镇化威胁最为强烈，即保护需求最为迫切的大遗址。安吉古城国家考古遗址公园的创建经验对于国内古遗址、古墓葬类大遗址，尤其是东部发达地区，以及城市建成区和近郊的大遗址保护利用工作具有一定的启发意义。

安吉古城国家考古遗址公园在全国首创了"政府主导＋社会资本＋专家坐堂"的保护、运营、管理模式，示范了一种社会资本全程参与大遗址保护利用工作的新路。而安吉古城国家考古遗址公园的探索充分展示了政府与社会资本合作建设运营考古遗址公园的可能性和优越性。并且，与主要通过遗址外围房地产开发的方式为遗址保护工作筹措资金的模式不同，安吉古城国家考古遗址公园可以看作是社会资本参与大遗址保护事业的2.0版本，即社会资本有效参与了考古遗址公园创建和运营的全过程。政府与社会资本合作建设运营考古遗址公园项目，不但能够有效弥补当期文化事业财政投入的不足，完善财政支出和管理方式，提高财政资金使用效率，还能将政府的政策目标、社会目标和社会资本的组织和技术优势有机结合，促进竞争和创新，从而确保公共利益的最大化，尽可能提前、科学建设大遗址保护利用工程，促进大遗址保护利用融入城市发展进程，最终实现大遗址保护与利用的良性循环。

考古遗址公园建设应当结合地方发展战略，借力社会发展热点，建立多部门协调机制，做到多方参与、融合共享。文物部门的职能和力量毕竟有限，而大遗址保护利用又是一项非常复杂的系统工程，必然触及不同社会群体的经济利益与生活状况，远远超出文物部门的管理权限。其实，考古遗址公园既是大遗址保护的手段和模式，也是一项文化事业和文化产业。对其所在的区域来说，考古遗址公园项目可以有效地改善生态环境、丰富文化供给、引导产业升级、解决居民就业、推动经济发展、促进共同富裕。因此，考古遗址公园建设天然可以与文明城市创建、旅游城市建设、生态文明战略、乡村振兴战略、共同富裕战略等民生工程及国家和地区发展重点方向有机结合、相辅相成。所以，文物部门应当寻求、加强与其他政府职能部门的合作联动，推动创建全民重视文物、保护文物的氛围和自觉，共同守护我们的共同财富。

考古遗址公园建设应当以考古调查、发掘和研究工作为基础，考古调查和发掘提供的科学资料正是考古遗址公园的保护和展示的重点内容，持续有序的考古调查、发掘和研究工作为考古遗址公园提供了扎实的学术依据，是丰富考古遗址公园内涵、永葆考古遗址公园活力的"源头活水"。毫无疑问，树立"全流程考古、可持续考古"的理念、制定长远的考古工作规划、保障考古工作持续有序开展，是考古遗址公园建设与运营，以及大遗址保护、管理乃至申遗工作永恒的重点。

考古遗址公园建设应当以科学的文物保护规划和考古遗址公园建设规划为指导，确保文物保护工作的系统性、科学性、整体性和协同性。文物保护规划编制的过程应当是考古遗址公园各利益相关者寻求最大公约数的过程，即文物保护规划应当与考古发掘和研究现状紧密结合，与区域整体规划有效互动，统筹文物保护与区域经济发展以合理确定保护区划，并明确具体保护措施和展示利用规划。考古遗址公园建设规划严格以文物保护规划为依据，以文物本体和遗址区整体风貌保护为核心，以遗址周边具有显著地域特征的景观要素为助力，在已有考古研究成果基础上，通过恰当的展示方式将遗产价值特征与信息传递给公众，并随着考古工作的不断推进，逐步丰富遗产价值的诠释体系。

大遗址的保护性利用和创造性转化、创新性发展是大遗址保护事业的应有之义和必经之路，考古遗址公园应当兼顾大遗址保护与利用两种功能，丰富大遗址"价值利用"和"相容使用"的形式。利用并不一定等于威胁，相反，大遗址的利用不仅是大遗址保护的延伸，也是大遗址永续保护的保障。考古遗址公园周边符合遗产价值特征的、适当规模的产业开发，以及基于遗址内涵和价值的旅游、研学活动开发及营销不但可以为遗址保护提供资金来源，还可以带动考古遗址公园整体保护管理水平的提升，使大遗址的物质载体与文化意义被当代社会了解、认识、尊重，从而探讨并构建起可持续的考古遗址公园管理运营模式，实现历史与现代的对话与相互成就。另外，在大遗址利用过程中主动作为、积极作为，推动大遗址融入现代社会，既是文物部门的职责，也是宣传文物价值以及文物相关工作价值的有效渠道。而价值的宣传及发挥又能进一步增强文物部门的话语权，推动创设全社会重视文物、保护文物的良好氛围，最终有利于大遗址保护。

"考古研学"相关活动将是遗址公园系统阐释遗址内涵和价值及提升观众游览体验的重要手段，因此也应该是考古遗址公园建设运营的重点事项。安吉古城国家考古遗址公园围绕"考古·博物·艺术·生活"进行营销，在全国首创了考古专题研学课程，开展文化遗产保护利用系列研学活动，在绿水青山间建立起了一座"考古大学堂"，树立了"越国都邑""秦汉鄣郡"等特色文化品牌，实现了高质量的文旅融合。"考古研学"系列活动项目说明除了土地经营模式（以遗址外围地产开发来换取遗址核心区保护）、休闲观光模式外，还可以串联遗址内涵和价值来发展考古专题的研学活动，在更大限度地保护遗址原真性和完整性、更大限度地传递遗址的内涵和价值的同时，发挥遗址的社会功能，为大遗址保护利用提供资金来源。

考古遗址公园既要重建设，也要重运营。首先，考古遗址公园建设应当因地制宜、量力而行。贪多求大、不计成本的考古遗址公园施工则会导致其建成后维护、管理和运营成本十分巨大，难以为继。另外，即便遗址区任何建设活动都必须慎之又慎，遗址公园还是应当根据可承载人流量进行必要的配套设施建设，不仅包括考古研究中心、遗址博物馆，还应包括为公众提供餐饮和住宿服务的场所，对于交通条件不甚发达的考古遗址公园来说更是如此。最后，旅游营销也应当是考古遗址公园运营的重要工作。为遗址公园的旅游产品和服务制定负责任的推广与营销计划，并不是仅仅意在访问量和销售量的最大化，而是能够更好地传递遗址的内涵和价值，把公众的意愿和最恰当产品、服务联系起来，满足公众需求，提升旅游体验。

"文物承载灿烂文明，传承历史文化，维系民族精神，是老祖宗留给我们的宝贵遗产，是加强社会主义精神文明建设的深厚滋养。保护文物功在当代、利在千秋。"当代中国正处在实现中华民族伟大复兴的关键阶段，我们从未如此接近中华民族伟大复兴的目标，对于历史文化的需求和文化自信的水平都达到了新的高度，文物保护工作也受到了史无前例的重视。2022年召开的全国文物工作会议将新时代文物工作方针定为"保护第一、加强管理、挖掘价值、有效利用、让文物活起来",强调文物工作保护与利用并重,进一步突出了文物利用的重要性和社会价值。雄关漫道真如铁,而今迈步从头越。为了让收藏在博物馆里的文物、陈列在广阔大地上的遗产、书写在古籍里的文字都活起来,丰富全社会历史文化滋养,也为了更好地认识中华文明取得的灿烂成就,认识中华文明对人类文明的重大贡献,不断增强民族凝聚力、民族自豪感、中华文化影响力,考古和文物工作者应自觉承担起传播考古和历史研究成果、推动文化遗产的创造性转化和创新性发展的使命,在大遗址保护利用的广阔天地作出应有贡献,并且必然大有可为!

后　记

　　从 2013 年挂牌省级考古遗址公园算起，安吉古城考古遗址公园的探索实践刚好走过了十个年头。十年来，以习近平同志为核心的党中央高度重视大遗址的考古发掘与展示利用工作，特别是 2020 年 9 月 28 日，习近平总书记在第十九届中央政治局第二十三次集体学习时强调"建设中国特色中国风格中国气派的考古学，更好认识源远流长博大精深的中华文明"。国家考古遗址公园建设成为发展考古事业和展示中华文明的重要载体和焦点。因此，顺应国家考古遗址公园发展潮流的安吉古城，在国家文物局、浙江省文物局以及全国各地专家和社会各界同仁的关心支持下，历经十年的建设终于在 2022 年底面向全社会开放。

　　十年磨一剑。作为参与者之一，笔者见证了安吉古城由考古到大遗址再到公园的艰辛历程。考古遗址公园规划建设的前提和基础是持续而系统的考古发掘研究工作，这在全国早已形成共识，笔者在正文各章节中均有不同程度的论述。在此前提之下，还需强调另一个共识，即考古遗址公园是一个极具实践特征的复杂工程。在这一复杂工程的推进过程中，当地政府的主导作用是否得以正确发挥，关系到考古遗址公园能否顺利起步，以及能否沿着胜利的方向不断前进。在安吉古城考古遗址公园的起步阶段，以彭忠心（时任安吉县文化广电新闻出版局局长）为代表的安吉县文物工作者怀着主动作为、干事创业的热情，将当地政府的规划、考古专家的期盼以及社会企业的诉求合而为一，完美地发挥了"粘合剂"的作用，没有让土地、资金等成为束缚考古遗址公园发展的阻力，联合起越来越多的支持力量推动遗址公园向前发展。安吉古城立项国家考古遗址公园之后，政府、专家和企业保持了长期而稳定的有效联系，成为推动考古遗址公园建设的最宝贵经验。

　　为总结这一宝贵经验，笔者在安吉县文物局任职时曾多次撰写政务信息和新闻稿，对外进行简要介绍。随着遗址公园的全面开放和自身工作调动，笔者感到系统的梳理和总结已经迫在眉睫。2021 年底，笔者的写作计划得到浙江省文物局"新鼎计划"优秀青年文博人才项目支持，同时得到安吉县文物局资助，开始了书稿撰写。

在参与安吉古城国家考古遗址公园规划建设过程和写作过程中，田正标、徐天进、王巍、刘斌、方向明、焦南峰、高蒙河、张颖岚、吴必虎等老师关于安吉古城文化内涵、遗址公园定位、遗址博物馆展陈、发展前景的讨论，不仅为考古遗址公园的发展指明了方向，也为笔者撰写书稿提供了思想指引和理论素材。山东大学在读博士生高月查阅大量文献资料后撰写了正文的第二章内容。安吉县文物局楼志强、王正南、林成博，安吉县古城遗址保护中心周意群、柯安顺、李强，遗址公园运营方黄模敏、蔡雨虹等为书稿提供了必要的图片、数据等资料。上海古籍出版社贾利民对书稿提出了十分中肯有益的意见和建议，并为书稿的顺利出版付出了大量时间精力。南京师范大学夏也婷、方可心，太原师范学院宋雯慧、索娜英等也为书稿修改提供了帮助。撰稿期间，妻子李圆圆、儿子张博彦为笔者创造了清静独立的写作环境，父母、岳父母自始至终给予了关心和支持。在此，一并表示衷心感谢。

写作过程中，笔者查阅了大量有关文化遗产保护展示的理论研究和案例研究文献。即便如此，笔者深感自身理论和学识的不足。加之考古遗址公园发展日新月异，因此书中难免有错误与不当之处，敬请同仁和读者批评见谅。

张士轩

2023 年 5 月 7 日

图书在版编目(CIP)数据

安吉古城考古遗址公园研究 / 张士轩,高月著. —
上海:上海古籍出版社,2023.8
ISBN 978-7-5732-0779-1

Ⅰ.①安… Ⅱ.①张… ②高… Ⅲ.①文化遗址-国
家公园-研究-安吉县 Ⅳ.①K878

中国国家版本馆 CIP 数据核字(2023)第 140504 号

责任编辑:贾利民
装帧设计:王楠莹
技术编辑:耿莹祎

安吉古城考古遗址公园研究
张士轩 高 月 著
上海古籍出版社出版发行
(上海市闵行区号景路 159 弄 1-5 号 A 座 5F 邮政编码 201101)
(1) 网址:www. guji. com. cn
(2) E-mail: guji1@guji. com. cn
(3) 易文网网址:www. ewen. co
浙江临安曙光印务有限公司印刷
开本 710×1000 1/16 印张 14.75 插页 8 字数 250,000
2023 年 8 月第 1 版 2023 年 8 月第 1 次印刷
印数:1—1,100
ISBN 978-7-5732-0779-1
K·3414 定价:78.00 元
如有质量问题,请与承印公司联系